Mathias Anneken

Anomaliedetektion in räumlich-zeitlichen Datensätzen

Karlsruher Schriften zur Anthropomatik
Band 61
Herausgeber: Prof. Dr.-Ing. habil. Jürgen Beyerer

Eine Übersicht aller bisher in dieser Schriftenreihe
erschienenen Bände finden Sie am Ende des Buchs.

Anomaliedetektion in räumlich-zeitlichen Datensätzen

von
Mathias Anneken

KIT Scientific Publishing

Karlsruher Institut für Technologie
Institut für Anthropomatik und Robotik

Anomaliedetektion in räumlich-zeitlichen Datensätzen

Zur Erlangung des akademischen Grades eines Doktors der Ingenieurwissenschaften von der KIT-Fakultät für Informatik des Karlsruher Instituts für Technologie (KIT) genehmigte Dissertation

von Mathias Anneken, M.Sc.

Tag der mündlichen Prüfung: 4. Mai 2022
Erster Gutachter: Prof. Dr.-Ing. habil. Jürgen Beyerer
Zweiter Gutachter: Univ.-Prof. Dr. Stefan Pickl

Impressum

KIT Scientific Publishing

Karlsruher Institut für Technologie (KIT)
KIT Scientific Publishing
Straße am Forum 2
D-76131 Karlsruhe

KIT Scientific Publishing is a registered trademark
of Karlsruhe Institute of Technology.
Reprint using the book cover is not allowed.

www.ksp.kit.edu

Print on Demand 2023 – Gedruckt auf FSC-zertifiziertem Papier

ISSN 1863-6489
ISBN 978-3-7315-1300-1
DOI 10.5445/KSP/1000158519

Abstract

Supporting human operators in monitoring tasks plays an increasingly important role, as the sheer volume of data from heterogeneous sensors can be overwhelming. It is crucial that the most important information for critical decisions is presented transparently to humans in order to strengthen situational awareness. In this thesis, the maritime space is used as an example for the development of different data fusion methods for this very purpose.

The maritime space as an application scenario offers a well suited environment for testing the methods due to its enormous economic importance for world trade, the occurrence of various anomalies and criminal acts such as piracy and illegal fishing, and the availability of data sources.

The developed and investigated methods cover the whole range from simple positional and kinematic anomalies to contextual anomalies and complex anomalies. Various data sets with real vessel traffic information are used for the investigation. In addition, the procedures are partially tested in live trials with coast guards as end users.

To develop the procedures, the Object-Oriented World Model is first extended by behavioural models as a basis, and the EUCISE data model is identified as a foundation for modelling the available background knowledge. The first investigated methods detect anomalies in position and kinematics based on single data points or entire trajectories. While some anomalies are detected, the misclassification rates are significantly too high for actual use and certain anomalies cannot be determined without further knowledge about the context.

In the next step, a multi-agent system is set up that simulates the behaviour of the observed objects by means of game-theoretic models. The necessary utility functions are derived both knowledge-based and data-driven. With the integrated context information, the identification of real anomalies can be improved.

Furthermore, it is shown how context information can be integrated into neural networks for the classification of ship types using features derived from georeferenced information.

In the last step, complex anomalies in the form of specific situations are modelled based on dynamic Bayesian Networks and evaluated in live trials. Contextual information, such as the weather, as well as data sources with varying reliability are integrated in order to recognize different scenarios co-designed by end users.

Overall, it is shown that automatic methods can detect anomalies of different types. The methods are evaluated with real data to show the possibility of their actual use as decision support for humans in real application scenarios.

Kurzfassung

Eine Unterstützung des Menschen in Überwachungsaufgaben spielt eine immer wichtigere Rolle, da die schiere Menge der anfallenden Daten von heterogenen Sensoren eine Überforderung des Menschen zur Folge hat. Hierfür müssen dem Menschen in kritischen Entscheidungen die wichtigsten Informationen transparent dargebracht werden, um so das Situationsbewusstsein zu stärken. In dieser Arbeit wird der maritime Raum als Beispiel für die Entwicklung verschiedener Datenfusionsverfahren zu ebendiesem Zweck herangezogen.

Der maritime Raum als Anwendungsszenario bietet durch seine enorme wirtschaftliche Bedeutung für den Welthandel, das Auftreten verschiedenster Anomalien und krimineller Handlungen wie Piraterie und illegaler Fischerei und die Verfügbarkeit von Datenquellen ein gut für die Erprobung der Verfahren geeignetes Umfeld.

Die entwickelten und untersuchten Verfahren decken hierbei die gesamte Bandbreite von einfachen Positions- und kinematischen Anomalien, über kontextuelle Anomalien bis zu komplexen Anomalien ab. Für die Untersuchung werden verschiedene Datensätze mit realen Schiffsverkehrsinformationen genutzt. Außerdem werden die Verfahren teilweise in Live Trials mit Küstenwachen erprobt.

Zur Entwicklung der Verfahren wird als Grundlage zunächst das objektorientierte Weltmodell um Verhaltensmodelle erweitert sowie das EUCISE-Datenmodell als Basis für die Modellierung des verfügbaren Hintergrundwissens identifiziert. Die ersten untersuchten Verfahren detektieren Anomalien in der Position und der Kinematik basierend auf einzelnen Datenpunkten oder ganzen Trajektorien. Hierbei wurde festgestellt, dass zwar Anomalien erkannt werden, die Korrektklassifikationsrate für einen tatsächlichen Einsatz aber deutlich zu hoch ausfällt sowie bestimmte Anomalien ohne Kontext nicht bestimmbar sind.

Im nächsten Schritt wird ein Multiagentensystem aufgestellt, welches das Verhalten der beobachteten Objekte durch spieltheoretische Modelle simuliert. Die hierzu notwendigen Nutzenfunktionen werden sowohl wissensbasiert als auch datengetrieben hergeleitet. Mit den integrierten Kontextinformationen können echte Anomalien deutlich besser von normalem Verhalten abgegrenzt werden.

Des Weiteren wird gezeigt, wie mit Hilfe von Merkmalen, die aus georeferenzierten Informationen abgeleitet werden, Kontextinformationen zur Klassifikation von Schiffstypen in neuronalen Netzen integriert werden können.

Im letzten Schritt werden komplexe Anomalien in Form von spezifischen Situationen basierend auf dynamischen Bayes'schen Netzen modelliert und in Live Trials erprobt. Hierbei werden Kontextinformationen, wie das Wetter, sowie Datenquellen mit unterschiedlicher Zuverlässigkeit integriert, um Situationen in verschiedenen durch Endanwender/-innen mitgestalteten Anwendungsszenarien zu erkennen.

Insgesamt wird gezeigt, dass mit automatischen Verfahren Anomalien unterschiedlicher Art erkannt werden können. Die Verfahren werden jeweils mit realen Daten evaluiert, um die Möglichkeit des tatsächlichen Einsatzes als Entscheidungsunterstützung für Menschen in realen Anwendungsszenarien aufzuzeigen.

Danksagung

Diese Arbeit entstand am *Lehrstuhl für Interaktive Echtzeitsysteme (IES)* des *Karlsruher Instituts für Technologie (KIT)* in enger Kooperation mit dem *Fraunhofer-Institut für Optronik, Systemtechnik und Bildauswertung (Fraunhofer IOSB)*. Die Zusammenarbeit mit den Kolleginnen und Kollegen des Lehrstuhls und am *Fraunhofer IOSB* war mir immer ein großes Vergnügen.

Insbesondere möchte ich Herrn Prof. Jürgen Beyerer für die Betreuung der Arbeit danken. Nur dank der fruchtbaren Diskussionen bei den Freitagsrunden und Sommerseminaren war es möglich, diese Arbeit in der vorliegenden Form abzuschließen. Außerdem gilt Herrn Prof. Stefan Pickl mein Dank für die Übernahme des Korreferats.

Großer Dank für die interessanten Diskussionen und das Vertrauen in mich und meine Fähigkeiten gilt Sebastian Robert, Yvonne Fischer und Elisabeth Peinsipp-Byma.

Weiter gilt mein Dank dem *Karlsruhe House of Young Scientists (KHYS)* für die Unterstützung meines Auslandsaufenthaltes am *NATO Centre for Maritime Research and Experimentation (CMRE)* in La Spezia, Italien. Großer Dank gilt auch den Kolleginnen und Kollegen am *CMRE*, allen voran meinen Betreuerinnen Anne-Laure Jousselme und Elena Camossi, für die spannenden Diskussionen und die gute Zusammenarbeit.

Nicht zuletzt gilt mein Dank auch meiner Familie sowie meinen Freundinnen und Freunden für die langjährige Unterstützung während des Studiums und des Promotionsvorhabens.

Inhaltsverzeichnis

Anhang

Symbolverzeichnis

In diesem Kapitel werden die in dieser Arbeit verwendeten Notationen und Symbole eingeführt.

Generelle Notationen

Skalare	kursive lateinische und griechische Kleinbuchstaben	x, α
Vektoren	fette lateinische und griechische Kleinbuchstaben	$\mathbf{x}, \boldsymbol{\alpha}$
Mengen	kalligraphische lateinische Großbuchstaben	$\mathcal{A}$

Allgemeine Bezeichnungen

$\mathbb{N}$	Menge der natürlichen Zahlen inklusive Null
$\mathbb{R}$	Menge der reellen Zahlen
$\mathbb{R}_0^+$	Menge der positiven reellen Zahlen inklusive Null
d_{gc}	Großkreisdistanz
$\mathbf{P}$	Wahrscheinlichkeit
Ω	Zustandsraum

Objektorientiertes Weltmodell

B	Aktion
$\mathcal{B}$	Menge von Aktionen
A	Attribut
$\mathcal{A}$	Menge von Attributen
E	Entität
$\mathcal{E}$	Menge von Entitäten
C	Konzept
$\mathcal{C}$	Menge von Konzepten
$\mathcal{C}^r$	Menge von relevanten Konzepten
R	Repräsentant
$\mathcal{R}$	Menge von Repräsentanten
$\mathcal{R}^r$	Menge von relevanten Repräsentanten
$\mathcal{R}^p$	Menge von beobachteten Repräsentanten
S	Situation
$\mathcal{S}$	Menge von Situationen
H	Verhaltensausprägung
$\mathcal{H}$	Menge von Verhaltensausprägungen

Spieltheorie

Γ	Spieltheoretisches Spiel
$\mathcal{N}$	Menge von Spielern
n	Anzahl der Spieler
B^Γ	Strategie
$\mathcal{B}^\Gamma$	Menge von Strategien
$\mathbf{u}$	Nutzenfunktion

$\mathbf{c}$	Konfliktpunkt in einem Verhandlungsspiel
$\mathcal{P}$	Auszahlungsraum in einem Verhandlungsspiel
T	Spielertyp in einem Bayes-Spiel
$\mathcal{T}$	Menge von Spielertypen
p	Beliefs über die Spielertypenverteilung

Inverse Reinforcement Learning

$\mathbf{x}$	Zustand
B	Aktion
$\mathcal{B}$	Aktionsraum
$\mathbf{P}_{\mathcal{B}}$	Übergangswahrscheinlichkeiten zwischen zwei Zuständen durch Aktionen
γ	Lernrate
u	Belohnung für den Übergang zwischen zwei Zuständen durch Aktionen
π	Policy
$\hat{\pi}$	Optimale Policy

1 Einleitung

»Alles, was entsteht, tut dies im Kontext zahlloser Ursachen und Bedingungen.«

— Dalai Lama

1.1 Motivation

Die Weltmeere haben eine enorme wirtschaftliche Bedeutung und ermöglichen den weltweiten Handel mit Gütern. Laut der Konferenz der Vereinten Nationen für Handel und Entwicklung [UNC20, S. 29] wurden im Jahr 2019 rund 80 % des Welthandels über den Schiffsverkehr abgewickelt. Schätzungsweise 793,26 Mio. TEU[1] wurden weltweit in Containerhäfen umgeschlagen. Dabei bestand die Welthandelsflotte aus 95 402 Schiffen, mit einer Tragfähigkeit von 1,97 Mrd. dwt[2] – ein Wachstum der Gesamttragfähigkeit um 2,61 % zum Vorjahr. Mit 42,6 % – eine Steigerung um 2,87 % zum Vorjahr – entfällt auf Schüttgutfrachter der größte Teil der Tragfähigkeit, gefolgt von Öltankern mit 28,7 % – eine Steigerung um 0,98 % zum Vorjahr. Containerschiffe machten 13,4 % – eine Steigerung um 4,89 % zum Vorjahr – der Gesamttragfähigkeit aus. Der Bedarf an neuen Containerschiffen mit einem Ladungsvolumen von mehr als 15 000 TEU wuchs dabei im Vergleich zu 2018 um 33 %. Insgesamt wird geschätzt, dass mehr als 1,6 Mio. Menschen auf internationalen Handelsschiffen arbeiten.

[1] Engl. »twenty-foot equivalent unit«, dt. »Zwanzig-Fuß-Standardcontainer«.

[2] Engl. »deadweight tonnage« als Maßeinheit für die Gesamttragfähigkeit eines Schiffes.

Neben diesem hohen Stellenwert für den Welthandel dienen die Weltmeere auch als Grundlage für weitere Wirtschaftszweige. Laut der Ernährungs- und Landwirtschaftsorganisation der Vereinten Nationen [FAO20, S. 3] stieg im Jahr 2018 der weltweite Gesamtfang an Fisch um 5,4 % im Vergleich zum Durchschnitt der vorherigen drei Jahre auf 96,4 Mio. Tonnen Fisch (Lebendgewicht). Im Jahr 2018 arbeiteten geschätzt 38,98 Mio. Menschen im Primärsektor Fischerei. Im Jahr 2018 wurden 67 Mio. Tonnen Fisch (Lebendgewicht) mit einem Gesamtexportwert von 164 Mrd. US-Dollar international gehandelt. Dies entspricht fast 38 % aller weltweit gefangenen oder gezüchteten Fische.

Im Bereich der Tourismusbranche erfreuten sich Kreuzfahrten in den letzten Jahren immer größerer Beliebtheit. Vor dem COVID-19-Ausbruch konnte die Anzahl der Reisenden laut der Cruise Lines International Association [CLI20] im Durchschnitt der letzten 10 Jahre um jeweils über 5 % gesteigert werden.

Durch diese wirtschaftlichen Erfolge entstehen jedoch unterschiedliche Gefahren und Probleme.[3] Laut dem International Maritime Bureau der Internationalen Handelskammer (ICC) [ICC20] wurden 2019 insgesamt 162 versuchte und erfolgreiche Piratenangriffe sowie bewaffnete Überfälle gemeldet. Im

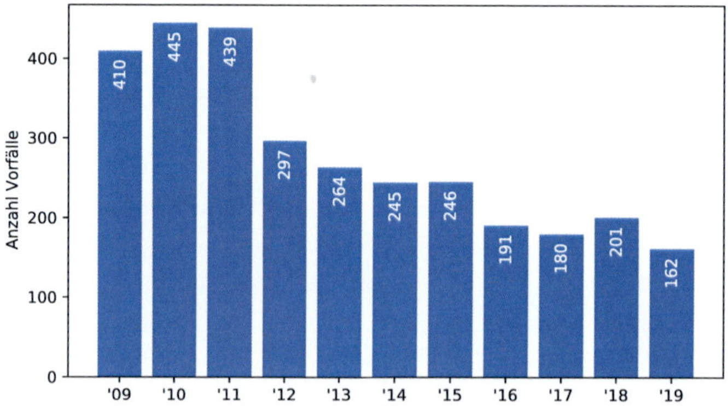

Abbildung 1.1: Durch das ICC International Maritime Bureau erfasste Piratenangriffe und bewaffnete Überfälle in den Jahren 2009 bis 2019

[3] https://www.sueddeutsche.de/wissen/digitale-suche-piraten-1.4274342, letzter Abruf am 04.03.2020.

Vergleich dazu wurde zwischen 2015 und 2019 im Mittelwert 196 Fälle registriert. Die gemeldeten Vorfälle der letzten 10 Jahre sind in Abbildung 1.1 dargestellt. Hier ist ein Abwärtstrend der Fallzahlen zu beobachten, jedoch wurden laut [One20] zwischen 2018 und 2019 ein Anstieg der gekidnappten Besatzungsmitglieder um 60 % festgestellt.

Um nachhaltigen Fischfang zu ermöglichen, ist es wichtig, IUU(engl. »illegal, unreported and unregulated«)-Fischerei zu verhindern. Schätzungen [Agn09] nach entsteht durch IUU-Fischerei ein jährlicher wirtschaftlicher Schaden zwischen 10 und 23,5 Mrd. US-Dollar. Dies entspricht einer Fangmenge zwischen 11 und 26 Mio. Tonnen.

Weiterhin kommt es auf hoher See immer wieder zu Seeunglücken und Havarien. So wurden der Bundesstelle für Seeunfalluntersuchung für die Jahre 2018 und 2019 jeweils 112 Seeunfälle gemeldet [BSU20]. In den letzten Jahren kam es auf (europäischen) Gewässern immer wieder zu Kollisionen zwischen verschiedenen Schiffen, z. B. kollidierten im Ärmelkanal am 01.07.2017 ein Massengutfrachter und ein Öltanker [MAI18], am 20.03.2018 ein Stückgutfrachter und ein Fischerboot [MSI19] und am 19.02.2019 in der Ostsee ein Stückgutfrachter und ein Besatzungsversorgungsschiff [DMA19]. Beim zuletzt genannten Unfall kam es neben den Schäden am Schiff auch zu Verletzungen der Besatzungsmitglieder.

Die wirtschaftliche Bedeutung auf der einen und die Gefahren und Probleme auf der anderen Seite zeigen deutlich die Wichtigkeit der Kontrolle und Überwachung des maritimen Raums. Als Exportnation wurden hierzu bspw. in Deutschland durch das Bundesministerium für Wirtschaft und Energie verschiedene maritime Forschungsprogramme [Bun17] mit dem Ziel ausgelobt, die maritime Wirtschaft zu stärken. Zu den geförderten Anwendungsfeldern gehören dabei auf dem Gebiet der »Echtzeittechnologien für die Maritime Sicherheit« unter anderem:

- »Schutz maritimer Infrastrukturen und der dort beschäftigten Menschen,
- Überwachung maritimer Gebiete zur Prävention illegaler Aktivitäten,

- Schutz und Sicherung der globalen Versorgungskette,
- Sicherheit der maritimen Transportsysteme sowie der Seefahrer und Passagiere,
- mariner Umweltschutz durch Beobachtung und Vermeidung von Unfällen.« [Bun17]

Innerhalb der Europäischen Union (EU) sind von den 27 Mitgliedstaaten 22 Küstenanrainerstaaten. Diese sind für die Kontrolle und Überwachung einer Küstenlinie von über 68 000 km verantwortlich. Daher wurde innerhalb der EU als Antwort auf die globalen Herausforderungen und Fragestellungen zum Thema der maritimen Sicherheit die EU-Strategie für maritime Sicherheit (EUMSS) [Cou14] entwickelt. Die Sicherheit im Seeverkehr ist ein gemeinsames Bedürfnis für das Wohlergehen und den Wohlstand der EU und der Welt. Die Meere fördern das Wachstum und erbringen wichtige Umweltleistungen. Ihre Sicherheit ist Teil des Fundaments, auf dem unsere Gesellschaft aufbaut. Die EUMSS basiert auf der Verbesserung der Zusammenarbeit über Grenzen und Sektoren hinweg, um Stabilität, Rechtsstaatlichkeit und verantwortungsvolle Regierungsführung im globalen maritimen Bereich zu fördern.

Die EUMSS ist ein gemeinsames Unterfangen aller zivilen und militärischen Behörden der EU und der Mitgliedstaaten. Sie ruft alle Beteiligten dazu auf, sich zu engagieren und die EU mit kritischen Kapazitäten auszustatten, um einen einheitlichen Rahmen für eine kohärente Entwicklung und gemeinsame Reaktion zu schaffen. Um ihre Ziele nachhaltiger zu erreichen, fördert diese Strategie die multilaterale Zusammenarbeit mit internationalen Foren, regionalen Organisationen und Drittstaaten.

Die vier Grundprinzipien der EUMSS bilden hierbei ein sektorübergreifender Ansatz, die funktionale Integrität, ein maritimer Multilateralismus sowie die Achtung von Regeln und Prinzipien. Die Strategie soll dazu dienen, dass die Kooperation aller relevanten Akteure zur besseren Koordination und Bewältigung der komplexen und ineinander verwobenen Herausforderungen optimiert wird; die Zusammenarbeit innerhalb der EU fundiert auf bestehenden

Verantwortlichkeiten und Kompetenzen gestärkt wird: die EU bei der Zusammenarbeit mit internationalen Organisationen, Drittstaaten und privaten Interessenvertretern als einheitliche, kohärente Stimme wahrgenommen wird; die geteilte, transparente und regelbasierte Führung zugunsten der Stabilität und der Umwelt unter Achtung der Menschenrechte und des Seerechtsübereinkommens erfolgt.

Um die Zusammenarbeit zwischen Behörden zu verbessern und damit Doppelarbeit und ein fragmentiertes Situationsbewusstsein zu verhindern, wird das Common Information Sharing Environment (CISE) aufgebaut, durch das existierende nationale und EU-weite Systeme miteinander vernetzt werden. Darüber hinaus werden die Forschung und Innovation gestärkt, indem in Forschungsrahmenprogrammen diese Thematiken adressiert werden.

Die so ausgeschriebenen Forschungsprogramme sehen die Stärkung des Situationsbewusstseins durch den Einsatz neuartiger Technologien zur Verarbeitung und Präsentation von maritimen Informationen für Behörden und andere Akteure aus der Privatwirtschaft oder nicht staatliche Seenotrettungsdienste als einen wichtigen Punkt, um den Problemen und Herausforderungen gerecht zu werden.

1.2 Zielsetzung der Arbeit

Ziel dieser Arbeit ist es, verschiedene Verfahren zu entwickeln, die es ermöglichen, das Situationsbewusstsein eines/einer Anwenders/Anwenderin bei der Durchführung von Überwachungsaufgaben (z. B. Küstenwachen und Seenotrettung) zu stärken. Diese Verfahren sind Teil von Entscheidungsunterstützungssystemen (EUS) und sollen dem Menschen bei der Verarbeitung und Analyse immer größer werdender Mengen an verfügbaren heterogenen Sensordaten eine Hilfestellung geben. Hierbei stellt sich die Frage, wie komplex die Verfahren gewählt werden müssen, um unterschiedliche Situationen von Interesse erkennen zu können.

Basierend auf dieser Fragestellung werden verschiedene datengetriebene und wissensbasierte Verfahren für die maritime Anwendungsdomäne implementiert und erprobt. Hierbei soll unter anderem auch gezeigt werden, wie wissensbasierte Verfahren mit Hilfe von maschinellen Lernverfahren unterstützt werden können. Um diese Aufgabe zu erfüllen, wird ein vorhandenes Weltmodell um Verhaltensmodelle erweitert.

In einem realen Einsatzszenario sollen die Verfahren kritische Situationen zeitnah erkennen können. Daher werden sie mit realen Daten erprobt, um sicherzustellen, dass nicht nur Situationen in rein synthetischen Daten erkannt werden bzw. dass nicht nur künstliche Anomalien detektiert werden, die nur schwer Rückschlüsse auf das Verhalten mit realen Daten ziehen lassen.

Aus dem Ziel, Verfahren zur Situationserkennung für die Verwendung in EUS bereitzustellen, können die folgenden drei Hypothesen abgeleitet werden:

Hypothese 1: Der Einsatz maschineller Lernverfahren zur Unterstützung der Anwender/-innen in maritimen Überwachungsszenarien benötigt die Integration von Kontextwissen, um komplexere Situationen abdecken zu können.

Hypothese 2: Die Einbindung von Verhaltensmodellen für die Repräsentanten und Konzepte zur Interaktion untereinander in das Objektorientierte Weltmodell ermöglicht die Prädiktion von plausiblem Verhalten.

Hypothese 3: Es ist möglich, komplexe Situationen unter Einbindung von Kontextinformationen und unsicheren Datenquellen in Echtzeit in realen Anwendungsszenarien zu erkennen.

1.3 Eigene wissenschaftliche Beiträge

Basierend auf der Zielsetzung und den abgeleiteten Hypothesen liefert diese Arbeit in den folgenden Bereichen Beiträge:

Untersuchung von Verfahren zur Detektion von Positions- und kinematischen Anomalien Bisherige Betrachtungen haben Verfahren zum Erkennen von Positions- und kinematischen Anomalien im maritimen Raum zumeist mit synthetischen Anomalien erprobt oder rein qualitative Aussagen als Bewertung getroffen. Hier wird daher ein Datensatz annotiert und basierend auf diesem werden verschiedene Verfahren zur Anomaliedetektion erprobt. Hierdurch können die Grenzen dieser Verfahren besser herausgearbeitet werden, um zu zeigen, dass zum Erkennen kontextueller Anomalien (oder zum Ausschließen von Normalverhalten) komplexere Verfahren benötigt werden.

Erweiterung des OOWMs um ein Verhaltensmodell Das bisherige Objektorientierte Weltmodell (OOWM) dient zur maschinellen Verarbeitung der Umgebung und zum Abgleich mit Hintergrundwissen zu möglichen Objektkonzepten und Attributen. In dieser Arbeit wird das OOWM um Verhaltensmodelle erweitert. Um einen Abgleich des modellierten Verhaltens mit dem gezeigten Verhalten einzelner Objekte zu schaffen, wird hierbei der beobachtbare Bereich der einzelnen Objekte mit betrachtet, um ein möglichst realitätsnahes Verhalten darzustellen.

Spieltheoretische Modellierung von Schiffsverhalten Basierend auf den theoretischen Ergänzungen zur Darstellung von Verhalten im OOWM wird als eine mögliche Implementation ein spieltheoretisch motiviertes Modell aufgestellt. Hierbei soll insbesondere die Interaktion zwischen den einzelnen Objekten Beachtung finden.

Unterstützung der Generierung von Nutzenfunktionen Zur Bewertung von möglichen Aktionen der Objekte im OOWM können Nutzenfunktionen herangezogen werden. Da diese nicht immer einfach für den Menschen greifbar zu modellieren sind, wird gezeigt, wie maschinelle Lernverfahren genutzt werden können, um Nutzenfunktionen aus vorhandenen (historischen) Daten abzuleiten.

Deep-Learning-basierte Klassifikation von Schiffstypen Basierend auf einem Convolutional Neural Network (CNN) wird gezeigt, wie durch eine Zeitreihenbetrachtung verschiedener Attribute eines Schiffes zusammen mit geographischen Merkmalen die Bestimmung von Schiffstypen durchgeführt werden kann.

Verfahren zur Detektion komplexer Anomalien unter Verwendung unterschiedlich zuverlässiger Sensorquellen Einige Situationen von Interesse stellen sich als komplexe Verflechtung unterschiedlicher Faktoren über einen gewissen Zeithorizont dar. Um diese erfolgreich zu erkennen, wird gezeigt, wie ein dynamisches Bayes'sches Netz (DBN) dazu genutzt werden kann, unterschiedlich zuverlässige Sensorquellen miteinander zu verknüpfen und somit illegale Verhaltensmuster in Echtzeit zu erkennen.

1.4 Gliederung der Arbeit

Die vorliegende Arbeit gliedert sich wie folgt: In Kapitel 2 werden die Grundlagen zu EUS, Situationsbewusstsein, Datenfusion sowie Anomaliedetektion vorgestellt und auf den maritimen Anwendungsbereich übertragen.

In Abschnitt 3.1 wird das allgemeine Vorgehen zur Erreichung der Zielsetzung basierend auf der Forschungsstrategie *Design and Create* nach [Oat05] präsentiert. Der Abschnitt 3.2 stellt die verschiedenen in dieser Arbeit verwendeten Datensätze vor.

Basierend auf den Iterationen aus dem *Design-and-Create*-Ansatz werden in den Kapiteln 4 bis 10 verschiedene Lösungen präsentiert, die teilweise aufeinander aufbauend die Forschungsfragen dieser Arbeit beantworten. Dabei gliedern sich diese Iterationen immer in die gleichen Teilschritte: eine Problembeschreibung mit Zielsetzung, die verwendete Methodik, das Ergebnis und die daraus abgeleiteten Schlussfolgerungen.

In Kapitel 11 wird die gesamte Arbeit zusammengefasst und es wird ein Ausblick für zukünftige Arbeiten gegeben.

2 Entscheidungsunterstützungssysteme – Stand der Forschung und Technik

»Wenn ich weiter geblickt habe, so deshalb, weil ich auf den Schultern von Riesen stehe.«

— Isaac Newton

Dieses Kapitel behandelt den Stand der Forschung und Technik für Entscheidungsunterstützungssysteme (EUS) (engl. »decision support systems«) sowie als Teil von EUS die Themen Situationsbewusstsein, Datenfusion und Umweltmodellierung. Als eine Komponente zur Verbesserung des Situationsbewusstseins innerhalb von EUS wird außerdem der Stand der Technik im Bereich der maritimen Anomaliedetektion vorgestellt. Zum Abschluss wird eine Zusammenfassung gegeben.

Allgemein sprechen Hansen et al. [Han19, S. 296] von einem EUS als einem Informationssystem, das es ermöglicht, Hypothesen in Entscheidungssituationen zu überprüfen und so Fachleuten bei der Entscheidungsvorbereitung zu helfen. Ein/-e Benutzer/-in trifft hierfür Annahmen über die Zusammenhänge, die zwischen den relevanten Variablen herrschen, und überprüft diese dann anhand der vorhandenen Datenlage.

Laut Hansen et al. wird der Begriff EUS aber auch stärker auf solche System eingegrenzt, die auf Basis mathematischer Methoden und Modelle (z. B. Prognosen, Simulationen und Optimierungen) optimale (oder zumindest für den Anwendungsfall ausreichend genaue) Lösungen aus möglichen Handlungsalternativen ermitteln können oder neue Zusammenhänge, also bisher unbekanntes Wissen, in Datenbeständen finden können.

Power [Pow20] beschreibt ein EUS als ein interaktives computergestütztes System oder Subsystem, das Entscheidungsträgern dabei helfen soll, Probleme zu identifizieren und zu lösen, Entscheidungsprozesse durchzuführen und schlussendlich Entscheidungen zu treffen. Ein EUS greift dafür auf Kommunikationstechnologien, Daten, Dokumente, Wissen und/oder Modelle zurück. Power versteht EUS als einen allgemeinen Begriff für jede Computeranwendung, welche die Fähigkeit einer Person oder Gruppe, Entscheidungen zu treffen, verbessert. Dabei unterscheidet er die folgenden fünf Arten von EUS:

Kommunikationsgesteuertes EUS: Durch Nutzung von Netzwerk- und Kommunikationstechnologien werden die Zusammenarbeit, Kommunikation und Entscheidungsfindung erleichtert. Hierbei umfassen Netzwerk- und Kommunikationstechnologien u. a. lokale Netzwerke oder das Internet. Zu den verwendeten Werkzeugen gehören virtuelle Whiteboards, Videokonferenzen und Bulletin-Boards.

Datengesteuertes EUS: Ein System, das dem/der Benutzer/-in insbesondere den Zugriff auf interne und teilweise auch externe Daten – häufig in Form von Zeitreihen – und deren Verarbeitung ermöglicht. Als elementarer Bestandteil dienen hier einfache Dateisysteme, um den Zugriff auf die Daten zu gewährleisten. Ein Data-Warehouse-System bietet neben dem eigentlichen Zugriff noch weitere Funktionalitäten. Den höchsten Grad an Funktionalität bietet die analytische Verarbeitung der Daten in Kombination mit der Sammlung und Verarbeitung von historischen Daten. Hierbei können auch Echtzeitdaten in die Analysen einfließen, um Betriebsleistungen u. a. zu überwachen.

Dokumentgesteuertes EUS: Durch die Integration unterschiedlicher Speicher- und Verarbeitungstechnologien wird eine vollständige Dokumentensuche und -analyse ermöglicht. Bei den Dokumenten handelt es sich bspw. um Richtlinien, Produktspezifikationen, Kataloge und historische Unternehmensdokumente, Sitzungsprotokolle oder andere wichtige Korrespondenzen.

Wissensbasiertes EUS: Durch spezielle Problemlösungskompetenzen werden Empfehlungen und Vorschläge unterbreitet. Diese Kompetenzen basieren auf speziellem Domänenwissen, dem Verständnis von Problemen, die in dieser Domäne auftreten, sowie der Fähigkeit, Lösungsvorschläge für einen Teil dieser Probleme generieren zu können.

Modellgesteuertes EUS: Hier werden insbesondere quantitative mathematische Modelle, bspw. Finanz-, Optimierungs- oder Simulationsmodelle, eingesetzt. In diesen Modellen werden von Experten/Expertinnen und Personen mit Entscheidungsbefugnis Parameter variiert und unterschiedliche Daten als Ausgangslage in die Modelle gegeben, um so eine Entscheidungssituation zu analysieren. Es werden also insbesondere »Was wäre wenn?«-Szenarien erarbeitet und Sensitivitätsanalysen durchgeführt. In der Regel sind die Modelle nicht datenintensiv, es werden also keine großen Datensätze vorgehalten.

Einsatzgebiete für EUS sind z. B. die Verbesserung von Geschäftsprozessen [Fel16], die Optimierung der Entscheidungsfindung in dynamischen Umgebungen [Smi09] oder die Unterstützung der medizinischen Diagnose und Pflege [Ber07].

Nach Paradice et al. [Par11, S. 215] ermöglicht es ein EUS, Informationen schnell zu prozessieren, mehrere Alternativen in Betracht zu ziehen und flexibel auf Veränderungen zu reagieren. Dabei werden Ressourcen koordiniert und Verhaltensmuster zur Prädiktion zukünftiger Aktionen eingelernt. Insbesondere in Überwachungs- und Katastrophenszenarien gilt es hierbei das Situationsbewusstsein der Anwender/-innen aufrechtzuerhalten, damit Konflikte in komplexen Situationen zielführend gelöst werden können.

2.1 Situationsbewusstsein

Das Situationsbewusstsein fällt in der Arbeitswissenschaft in das Teilgebiet der Ergonomie. Ergonomie wird von Bullinger-Hoffmann und Mühlstedt wie folgt definiert:

> »Die Ergonomie (von altgriech. ἔργον ergon, „Arbeit“, „Werk“ und νόμος nomos, „Regel“, „Gesetz“) ist die Wissenschaft von der Gesetzmäßigkeit menschlicher bzw. automatisierter Arbeit. Ziel der Ergonomie ist es, die Arbeitsbedingungen, den Arbeitsablauf, die Anordnung der zu greifenden Gegenstände (Werkstück, Werkzeug, Halbzeug) räumlich und zeitlich optimiert anzuordnen sowie die Arbeitsgeräte für eine Aufgabe so zu optimieren, dass das Arbeitsergebnis (qualitativ und wirtschaftlich) optimal wird und die arbeitenden Menschen möglichst wenig ermüden oder gar geschädigt werden, auch wenn sie die Arbeit über Jahre hinweg ausüben.« [Bul16, S. 399 f.]

Gemeinsam mit anderen Definitionen (bspw. [EQU08, S. 3]) wird von Ergonomie gesprochen, wenn die Zusammenarbeit von Menschen mit anderen Teilen eines Systems (z. B. Maschinen) betrachtet wird. Laut Bullinger-Hoffmann und Mühlstedt [Bul16, S. 9] werden neben den beiden Hauptrichtungen Produkt- und Prozessergonomie noch weitere Unterdisziplinen unterschieden. Eine dieser Unterdisziplinen ist die kognitive Ergonomie. Diese behandelt das menschliche Verhalten und die Informationsverarbeitung.

Ein wichtiges Konzept in diesem Zusammenhang ist das Situationsbewusstsein (engl. »situation awareness«). In vielen unterschiedlichen Anwendungsdomänen wurde das Situationsbewusstsein von Menschen betrachtet, dazu zählen unter anderem Piloten/Pilotinnen in der Luftfahrt [End98], die Leitwarte von Energieübertragungsnetzen [End08], Fahrerassistenzsysteme für das autonome Fahren [Lie16], die Mensch-Roboter-Kooperation [Pul15], Cybersecurity [Jaj17], Krisenmanagement nach Naturkatastrophen [Shi20], Aufspüren von Grippeausbrüchen [Gro19], Aufgaben in der Anästhesie [Sch13] und der Akutmedizin [Pie08] oder Unterstützung von Offshorebohrungen [Sne06, Sne13]. In diesen Anwendungsfällen geht es abstrahiert immer darum, dass Menschen Entscheidungen fällen sollen und dafür verschiedene Informationen verarbeiten müssen, was wiederum ein gutes Situationsbewusstsein voraussetzt.

Eine weithin geläufige Definition des Situationsbewusstseins wurde von Endsley nach [End95b] basierend auf den Ergebnissen aus [End87] aufgestellt:

> »Situation awareness is the perception of the elements in the environment within a volume of time and space, the comprehension of their meaning, and the projection of their status in the near future.« [End88, S. 792]

Diese Definition beschreibt Situationsbewusstsein als Modell eines mentalen Zustands. Dieser Zustand wird als Grundlage für Entscheidungen genutzt. Der Prozess zum Erreichen oder Aufrechterhalten von Situationsbewusstsein gliedert sich in die drei Teile »Wahrnehmung«, »Verstehen« und »Projektion«. Der gesamte Zyklus ist in Abbildung 2.1 dargestellt.

Nach Endsley [End95b] ist der erste Schritt zum Erreichen von Situationsbewusstsein das Wahrnehmen des Zustands, der Attribute sowie der Dynamik aller relevanten Elemente in der Umgebung. In einem maritimen Anwendungsszenario sind dies z. B. Schiffe mit ihren Attributen (bspw. Position oder Geschwindigkeit) oder bathymetrische Informationen.

Der zweite Schritt beschreibt das Verstehen der gegenwärtigen Situation. Das Verstehen gründet auf den Informationen aus der Wahrnehmung der Umwelt. Dabei ist es wichtig, dass diese Elemente nicht nur einfach vorhanden sind, sondern in Hinblick auf die Aufgabenstellung verstanden werden. Anwender/-innen werden hier also ein holistisches Bild der Umgebung erstellen, indem die Wichtigkeit von Objekten und Ereignissen bewertet werden.

Das Projizieren der zukünftigen Aktionen und die Auswirkung auf die Umwelt beschreibt die höchste Ebene des Situationsbewusstseins. Hierfür werden die Ergebnisse der ersten beiden Ebenen verwendet, um basierend auf dem Wissen um den Zustand und die Dynamik der Elemente sowie auf dem

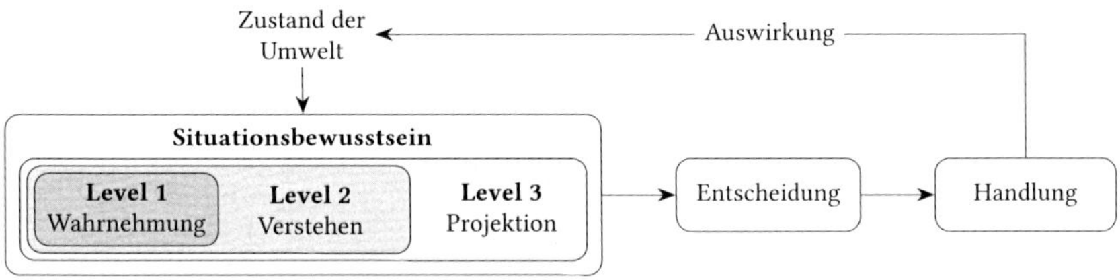

Abbildung 2.1: Modell des Situationsbewusstseins nach [End95b]

Verständnis der Situation eine Prädiktion für einen (zumindest kurzen) Zeithorizont durchführen zu können.

Das Treffen von Entscheidungen hat nach Endsley [End95b] als einen maßgeblichen Eingang das Situationsbewusstsein, das durch die drei Ebenen beschrieben wird. Es findet also eine Entkopplung der Entscheidung und Durchführung einer Aktion einerseits und des Situationsbewusstseins andererseits statt.

Verfahren zur Messung von Situationsbewusstsein werden nach Fracker in drei Kategorien eingeteilt [Fra91]: subjektive, explizite und implizite Methoden. Subjektive Methoden basieren auf persönlichen Einschätzungen der Anwender/-innen selbst oder einer beobachtenden Person. Eine bekannte subjektive Messmethode stellt SART [Tay90] dar. Bei expliziten Methoden werden Informationen von der Testperson aus dem Gedächtnis entweder während oder nach der Aufgabe abgerufen. SAGAT [End95a] ist eine der bekanntesten Methoden dieser Kategorie. Implizite Messmethoden schauen auf die Qualität der Ausführung einer Aufgabe, um so Rückschlüsse auf das Situationsbewusstsein zu geben. Diese Methoden werden daher auch als leistungsbezogene Messmethoden bezeichnet. Dabei ist zu bedenken, dass ein gutes Situationsbewusstsein nur die Wahrscheinlichkeit für eine gute Ausführung einer Aufgabe erhöht [End00].

In [End95b] geht Endsley außerdem auf unterschiedliche Faktoren ein, die das Situationsbewusstsein beeinflussen. Dazu gehören die Fähigkeiten, Erfahrungen und das jeweils durchlaufene Training eines Menschen. Weitere Faktoren bilden die eigenen Ziele, Meinungen und Erwartungshaltungen. Einen Einfluss auf das erreichbare Situationsbewusstsein kann auch das Systemdesign haben. Zum Systemdesign gehören die Funktionen des Systems, die Benutzerschnittstelle, die Komplexität des Systems, der Automatisierungsgrad und die Arbeitsbelastung.

2.2 Entscheidungsunterstützung für den maritimen Raum

Für Küstenwachen, Seenotrettungsdienste, Strafverfolgungsbehörden und andere zivile oder nicht zivile Organisationen gibt es ein großes Interesse, Seegebiete zu beobachten und unter bestimmten Gegebenheiten einzugreifen. Im Allgemeinen stehen hierzu unterschiedliche EUS zur Verfügung. Ein wichtiger Punkt hierbei ist, einem/einer Anwender/-in ein möglichst gutes Situationsbewusstsein zu vermitteln.

In maritimen Überwachungsszenarien wird das Thema des Situationsbewusstseins als »Maritime Domain Awareness« (MDA) [IMO12] oder »Maritime Situational Awareness« [Eur09] bezeichnet. Unter dem Begriff MDA versteht die International Maritime Organization (IMO)

> »The effective understanding of any activity associated with the maritime environment that could impact upon the security, safety, economy or environment.« [IMO12, S. 11]

Die Europäische Kommission definiert den Begriff des maritimen Situationsbewusstseins wie folgt:

> »Maritimes Situationsbewusstsein ist die genaue Wahrnehmung und korrekte Einschätzung des Risikopotenzials aller Tätigkeiten im maritimen Bereich, die die Sicherheit, die Wirtschaft oder die Umwelt der Europäischen Union und ihrer Mitgliedstaaten beeinflussen können.« [Eur09, S. 2]

In beiden Definitionen geht es also darum, die Umwelt wahrzunehmen, die Inhalte und die Aktivitäten der Akteure zu verstehen und im Falle von Gefahrensituationen diese korrekt bewerten zu können. Ein Hilfsmittel, um maritimes Situationsbewusstsein zu erlangen, ist das sogenannte Recognized Maritime Picture (RMP):

> »The composite unambiguous and validated picture of activities over a maritime area of interest showing validated info

from data sources, vessel characteristics, vessel kinematics, vessel tracks, vessel identification and classification results. The construction of an RMP consists of detecting objects of interest (ships), classifying them, assessing what they are doing, and deciding whether any type of follow-on action is required.« [Lan17, S. 9]

Das RMP dient also dazu, die vorhandenen Informationen zusammenzutragen und darzustellen, um darauf aufbauend weitere Aktionen durchführen zu können. Auch wenn in der Definition auf validierte Informationen eingegrenzt wird, so wird dieser Begriff in der weitläufigen Literatur häufig weniger scharf abgegrenzt, sodass auch nicht validierte Informationen mit aufgenommen werden. Dabei werden auch Informationen, die ein Schiff selbst ohne weitere Verifikation preisgibt, direkt in das RMP integriert. Im Folgenden werden verschiedene Sensoren und Systeme vorgestellt, die als Grundlage zum Aufbauen eines RMP dienen können oder selbst direkt ein EUS darstellen.

2.2.1 Eingesetzte Sensoren und Systeme zur Datenerfassung

In maritimen EUS wird eine Vielzahl an unterschiedlichen Systemen zur Datenerfassung eingesetzt, dazu zählen Radio-Detection and Ranging (Radar), optronische Systeme sowie Informationsquellen, die über unterschiedliche Funksysteme Auskunft über den Schiffsverkehr geben. Die Sensoren befinden sich auf Schiffen, an Land oder auf Satelliten bzw. die Systeme werden über terrestrische Empfänger oder über Satelliten für die weitere Verarbeitung bereitgestellt.

2.2.1.1 Radar – Radio-Detection and Ranging

Radarsysteme werden in der maritimen Anwendungsdomäne sowohl zur Navigation [Hen20c] als auch zur Überwachung [Tha20a, Hen20b, Ray20] verwendet. In beiden Fällen nutzen die eingesetzten Systeme Frequenzen aus dem

X- (Frequenz 8–12 GHz, Wellenlänge 3,75–2,5 cm) oder S-Band (Frequenz 2–4 GHz, Wellenlänge 15–7,5 cm). Letzteres Frequenzband wird verwendet, um eine bessere Detektion von Schiffen bei rauer See zu ermöglichen.

Die Detektionswahrscheinlichkeit hängt bei den Systemen zum einen vom eingesetzten Frequenzband, zum anderen aber auch von den Eigenschaften des zu detektierenden Objekts ab. Insbesondere der Radarquerschnitt ist von großer Bedeutung. Bei Einsatz eines typischen Systems [Hen20b] kann ein Schwimmer mit einem Radarquerschnitt von ca. 0,1 m^2 in 1 km Entfernung detektiert werden, ein kleines Boot oder ein Jetski bei einem Radarquerschnitt von ca. 1,5 m^2 in 20 km und ein Schiff mit einem Radarquerschnitt von ca. 100 m^2 in 40 km Entfernung.

2.2.1.2 Optronische Systeme

Neben Radarsystemen werden auch optronische Systeme [Tha20b, Hen20a] verwendet. Diese dienen häufig zur weiteren Identifikation der Schiffe, bspw. anhand des am Bug befindlichen Schiffsnamens oder der erkennbaren Aufbauten. Neben Kamerasystemen im sichtbaren Bereich werden die Systeme zusätzlich mit elektrooptischen Entfernungsmessern und Infrarotsensoren ausgestattet. Um die Anwender/-innen zu entlasten, werden die Systeme mit Verfahren zur Objekterkennung und -verfolgung bspw. zur automatischen Nachführung der Kamera ausgestattet.

2.2.1.3 AIS – Automatic Identification System

Das Automatic Identification System (AIS) [IMO20a] wurde zur Kollisionsverhütung auf See entwickelt. Die Grundidee liegt darin, automatisch Informationen über ein Schiff an andere Schiffe in der Nähe sowie an Behörden zu übermitteln.

In der International Convention for the Safety of Life at Sea (SOLAS) [IMO14] wird in Kapitel 5 Regel 19 »An Bord mitzuführende Navigationssysteme und Ausrüstung« [Bun02] festgelegt, dass Empfänger und Sender für AIS auf Schiffen installiert sein müssen, wenn es sich um Fahrgastschiffe handelt oder diese auf internationalen Fahrten eine Bruttoraumzahl von 300 überschreiten (für Frachtschiffe auf nationalen Fahrten gilt als Grenze eine Bruttoraumzahl von 500). Weitere Vorgaben zur Ausrüstung von AIS wurden bspw. durch das U.S. Coast Guard Navigation Center [US 20] oder das Europäische Parlament und den Rat der Europäischen Union [Eur02] herausgegeben.

Das AIS muss laut SOLAS dabei folgende Aufgaben erfüllen:

- »selbsttätig an entsprechend ausgerüstete Landstationen, Schiffe und Luftfahrzeuge bestimmte Angaben liefern, insbesondere zu Identität des Schiffes, Typ, Position, Kurs, Geschwindigkeit und Navigationszustand sowie weitere sicherheitsbezogene Angaben;
- selbsttätig solche Angaben von ähnlich ausgerüsteten Schiffen empfangen;
- Schiffe überwachen und ihre Bahn verfolgen;
- mit landgestützten Einrichtungen Daten austauschen« [Bun02, S. 17].

In Tabelle 2.1 ist eine Übersicht der schiffsspezifischen Daten gegeben, die durch das AIS übertragen werden. Es werden hier statische, dynamische und reisespezifische Daten unterschieden. Neben eindeutigen Identifikationsmerkmalen, wie der MMSI und der IMO-Nummer, enthalten die statischen Informationen noch einen Schiffstyp sowie die Länge und Breite des Schiffs. Zu den dynamischen Daten zählen insbesondere Position, Kurs, Geschwindigkeit und der Navigationsstatus. Für Letzteren werden nach [IMO15, S. 6] Werte vorgegeben (z. B. »In Fahrt« (engl. »underway by engines«) oder »Vor Anker« (engl. »at anchor«)).

Als reisespezifische Daten werden der Tiefgang, das Ziel mit geschätzter Ankunft sowie die Gefahrgutklasse der Ladung angesehen. Die unterschiedlichen Informationen werden in definierten Intervallen übertragen. Für die statischen und reisespezifischen Daten gilt ein Intervall von 6 Minuten. Für die dynamischen Daten gelten die Intervalle aus Tabelle 2.2.

Da die Informationen des AIS in vielen Fällen händisch eingegeben werden und es keine Verifikation der Übertragung gibt, ist eine Manipulation der Daten nicht ausgeschlossen. Laut einer Studie [Har07], in der Fehlerarten in AIS-Daten untersucht wurden, enthalten 1 % der Daten fehlerhafte Positionen (z. B. Breitengrad größer 90° oder Längengrad größer 180°), 2 % Fehler in der MMSI, 30 % einen fehlerhaften Navigationsstatus und 74 % ungenaue Schiffstypen. Weitere Studien zur Integrität der AIS-Daten wurden bspw. in [Fel13, Fel15] vorgestellt. In diesen wird insbesondere auf die Problematik fehlerhafter Kurs- und Kursänderungsinformation bei der Kollisionsverhütung eingegangen.

Laut [Iph16] gibt es drei hauptsächliche Arten von Fehlern in den Daten: fehlerhafte Daten, die nicht absichtlich gesendet werden, Verfälschungen, die

Tabelle 2.1: Inhalte der schiffsspezifischen AIS-Nachrichten nach [IMO15, S. 5 f.]

Statisch	Maritime Mobile Service Identity (MMSI)
	Rufzeichen und Name
	IMO-Nummer
	Länge und Breite in Metern
	Schiffstyp
	Position der Antenne
Dynamisch	Position als Breiten- und Längengrad
	Indikator der Positionsgenauigkeit
	Zeitstempel in koordinierter Weltzeit (UTC)
	Kurs über Grund in Grad
	Orientierung in Grad
	Geschwindigkeit über Grund in Knoten
	Kursänderungsrate in Grad pro Minute
	Navigationsstatus
Reisespezifisch	Tiefgang
	Gefahrgutklasse der Ladung
	Ziel und geschätzte Ankunftszeit
	Wegpunkte der Route

absichtlich gesendet werden, und Täuschungsversuche durch Dritte. Unbeabsichtigte falsche Daten können z. B. durch Probleme mit der Sendeeinrichtung, Fehler in externen Sensoren (Position durch das Global Navigation Satellite System (GNSS)) oder eine fehlerhafte manuelle Eingabe (z. B. Rechtschreibfehler) entstehen.

Verfälschte Daten, die absichtlich versendet werden, sollen Aktivitäten verschleiern oder andere in die Irre führen. Dies kann unter anderem eine falsche Identität [The12, Vas18], das Verschwinden des eigenen Schiffes [The19] oder die Angabe falscher Positionen oder Aktivitäten sein [Kat13].

Durch das Erzeugen eines nicht vorhandenen Schiffes oder das Verschleiern der Identität eines Schiffes kann ein Dritter falsche Positionen verschicken, damit das Verhalten eines Schiffes legitim aussieht [Bal14, Kon18].

Auch wenn das Maritime Safety Committee in seiner 79. Sitzung [IMO20a] übereingekommen ist, dass eine Veröffentlichung der frei verfügbaren durch Schiffe generierten AIS-Daten die Sicherheit von Schiffen und Häfen gefährden kann, werden diese Daten trotzdem durch verschiedene Plattformen wie »Marine Traffic«[1], »Vessel Finder«[2] oder »AISHub«[3] bereitgestellt.

Tabelle 2.2: Übertragungsintervalle der dynamischen AIS-Nachrichten für »Class A« Transceiver nach [IMO15, S. 7]

Schiffsstatus	Intervall
Vor Anker / festgemacht und <3 kn	180 s
Vor Anker / festgemacht und >3 kn	10 s
0–14 kn	10 s
0–14 kn und Kursänderung	3 1/3 s
14–23 kn	6 s
14–23 kn und Kursänderung	2 s
>23 kn	2 s
>23 kn und Kursänderung	2 s

[1] https://www.marinetraffic.com/, letzter Abruf am 04.03.2020.

[2] https://www.vesselfinder.com/, letzter Abruf am 04.03.2020.

[3] https://www.aishub.net/, letzter Abruf am 04.03.2020.

2.2.1.4 LRIT – Long-Range Identification and Tracking

Das System Long-Range Identification and Tracking (LRIT) [IMO20b, deu13] dient zur globalen Identifikation und Routenverfolgung von Schiffen. Die SOLAS [IMO14] beschreibt in Kapitel 19 Regel 1 die Rechte und Verpflichtungen der Behörden und Rettungsdienste, um Informationen über dieses System zu erhalten.

Alle berechtigten Entitäten können die LRIT-Informationen der nationalen, regionalen und kooperierenden LRIT-Datenzentren durch Anfragen an das International LRIT Data Exchange erhalten. Dabei soll jede Administration eine Liste der Schiffe unter eigener Flagge, die Auskunft über das LRIT-System geben müssen, zusammen mit weiteren Informationen an ein selbstgewähltes LRIT-Datenzentrum übertragen. Die jeweilige Administration hat die Aufgabe, diese Liste aktuell zu halten. Schiffe sollen ihre Informationen nur dem LRIT-Datenzentrum mitteilen, das durch ihre jeweilige Administration ausgesucht wurde.

Die LRIT-Ausrüstung ist dabei für alle Fahrgastschiffe sowie für Fracht- und sonstige Schiffe mit einer Bruttoraumzahl größer 300 auf internationaler Fahrt erforderlich. Sie dient dazu, die Identität sowie die Position des Schiffes mit Zeitstempel zu übertragen.

2.2.1.5 VMS – Vessel Monitoring System

Zur Überwachung der Fischerei wird das Vessel Monitoring System (VMS) [Eur20a] eingesetzt. Dieses satellitengestützte System überträgt in regelmäßigen Abständen Informationen über Position, Kurs und Geschwindigkeit der überwachten Fischerboote an die jeweiligen Behörden.

VMS wurde als Erstes von der EU als verpflichtend für größere Schiffe vorgeschrieben. Heutzutage wird das System aber weltweit zur Überwachung und Kontrolle von Fischerei eingesetzt. Die EU-Rechtsprechung sieht vor, dass alle Küstenmitgliedsländer der EU ein mit den übrigen VMS kompatibles VMS aufsetzen müssen. Mit diesem können die Länder ihre Informationen miteinander teilen und die EU-Kommission kann das Einhalten der Regeln und Gesetze überwachen.

2.2.2 Entscheidungsunterstützungssysteme auf Schiffsbrücken

Zur Unterstützung der Schiffsbesatzung wurden verschiedene Systeme eingeführt. Diese sollen vorhandene Informationen aus den unterschiedlichen Quellen sinnvoll aufbereiten und so der Entscheidungsunterstützung dienen.

2.2.2.1 ARPA – Automatic Radar Plotting Aid

Eine Anlage des Systems Automatic Radar Plotting Aid (ARPA) dient zur Visualisierung von Radar-Plots. Dafür werden neben dem Radar noch zusätzlich der Kreiselkompass und die Fahrtmessanlage ausgewertet. Dabei sollen Schiffe in der Umgebung automatisch verfolgt und zusammen mit Zusatzinformationen wie Kurs, Geschwindigkeit und Passierabstand (engl. »closest approach«) angezeigt werden. Technische Spezifikationen wurden 1979 als Resolution der Vollversammlung A. 422 (XI) der IMO angenommen [IMO79]. Die ARPA-Anlage unterstützt bei der Schiffsführung und kann so einen Beitrag zur Erhöhung der Sicherheit auf See liefern.

2.2.2.2 ECDIS – Electronic Chart Display and Information System

Bei dem Electronic Chart Display and Information System (ECDIS) handelt es sich um ein Navigationsinformationssystem. Es dient dazu, unterschiedliche Datenquellen aufzubereiten und für die Navigation darzustellen. Die genauen Anforderungen an ein ECDIS werden durch die IMO definiert [IMO96]. Es erfüllt dabei die Anforderungen der IMO als alternatives Navigationsmittel zu Navigationskarten auf Papier.

Zu den dargestellten Informationen gehören Position, Kurs und Geschwindigkeit des eigenen Fahrzeugs sowie anderer Fahrzeuge in der Umgebung über Radar, AIS oder Echolot und die Darstellung von Electronic Navigational Charts (ENCs) (elektronische Navigationskarten). Zusätzlich kann hierbei auf weitere Informationen zu den dargestellten Objekten zurückgegriffen werden. Dies beinhaltet bspw. Teile der Seehandbücher und des Leuchtfeuerverzeichnisses. Außerdem kann das ECDIS Warnmeldungen erzeugen, indem Informationen zum Tiefgang sowie zur Position und Fahrt mit den anderen Quellen verknüpft werden. Hiermit kann der Gefährdung durch seichte Gewässer oder Sperrzonen entgegengewirkt werden.

2.2.3 Entscheidungsunterstützungssysteme an Land

Neben den Unterstützungssystemen direkt an Bord der Schiffe gibt es unterschiedliche Systeme, die Küstenwachen und andere Behörden an Land bei ihren Aufgaben unterstützen sollen. So hat die European Maritime Safety Agency (EMSA) bspw. verschiedene Systeme eingerichtet, um den Mitgliedsländern der EU Hilfsmittel an die Hand zu geben, mit denen sie Umweltverschmutzungen oder illegale Aktivitäten besser erkennen können.

2.2.3.1 VTS – Vessel Traffic Service

Bei dem Vessel Traffic Service (VTS) [IMO20c] handelt es sich um ein landseitiges System, das bei der Verwaltung des Schiffsverkehrs in Häfen und auf Wasserstraßen unterstützen soll. Dabei sind die zugrundeliegenden Fähigkeiten sehr unterschiedlich ausgestaltet. Diese reichen von der einfachen Anzeige der Position der Schiffe und anderer Verkehrsteilnehmer über die Darstellung von wetterbedingten Gefährdungspotentialen bis zu umfassenden Unterstützungswerkzeugen zur Verwaltung des Verkehrs. Das kommerziell erhältliche VTS-System STYRIS VTS [Air18] bspw. besitzt ein System zum Erkennen von bestimmten Regeln über vordefinierte Gebiete (Schiff fährt in oder aus Gebiet, mögliche Kollision mit stationären Hindernissen oder Überprüfung des zulässigen Tiefgangs) oder zu ausgewählten Schiffen (Vergleich mit Referenzroute, mögliche Kollision mit anderen Schiffen oder Position beim Ankern außerhalb des Schwojekreises).

Nach der SOLAS [IMO14] Kapitel V können Staaten ein VTS einrichten, wenn diese der Meinung sind, dass die Verkehrsdichte bzw. das Gefährdungspotential dies rechtfertigt.

Beim Eindringen in ein VTS-Gebiet melden sich Schiffe im Normalfall bei den jeweiligen Behörden und können von den VTS-Kontrollzentren nachverfolgt werden. Innerhalb des Gebiets sind Schiffe dazu angehalten, spezifische Frequenzen im Auge zu behalten, da sie darüber Navigationsmeldungen und Warnungen erhalten können. Außerdem können VTS-Operator/-innen das Schiff bei einem Vorfall oder bei Verkehrsflussregulierungen direkt kontaktieren.

Im Juli 1948 wurde ein Überwachungsradar in Liverpool, England, eingerichtet. Dies war der erste Hafen der Welt, in dem dies erfolgte. Zusammen mit der Möglichkeit, über Funk Kontakt mit den überwachten Schiffen aufzunehmen, um so Nachrichten auszutauschen, stellt dies formal auch das erste VTS dar.

Die IMO erkannte 1968 in der *Resolution A.158 (ES.IV)* die Wichtigkeit eines VTS für die sichere Navigation zu See an. Durch immer bessere Technologien und Fortschritte in der Ausrüstung zur Schiffsverkehrsüberwachung mussten klare Richtlinien zum Einsatz eines VTS geschaffen werden. Insbesondere sah man die Gefahr, dass Schiffsführende in ihrer Verantwortung, das Schiff zu navigieren, eingeschränkt werden. Deshalb wurde 1985 in der *Resolution A.578 (14)* von der IMO die Richtlinie zum Einsatz eines VTS verabschiedet.

2.2.3.2 EMSA CleanSeaNet

Mit dem CleanSeaNet hat die EMSA ein satellitenbasiertes System zur Detektion von Ölteppichen und involvierten Schiffen für die Mitgliedstaaten der EU bereitgestellt [Eur20c]. Das System unterstützt bei der Detektion und Nachverfolgung von Ölverschmutzungen auf der Wasseroberfläche sowie bei der Überwachung von Umweltverschmutzungen in Notfallsituationen und bietet Unterstützung zur Identifikation der Verursacher.

Das CleanSeaNet verwendet dazu Satellitenbilder, die durch ein Synthetic Aperture Radar (SAR) aufgenommen werden. Dies ermöglicht eine weltweite

Abdeckung maritimer Gebiete bei Tag und Nacht und unabhängig von Nebel oder Bewölkung. Diese Bilder werden bezüglich Ölverschmutzung, Schiffsaktivitäten und meteorologischer Variablen ausgewertet. Dadurch stehen unter anderem folgende Informationen zur Verfügung:

- Position und Ausmaße des Ölteppichs
- Informationen zur Konfidenz der Detektion
- Details zu möglichen Verursachern
- Zusätzliche optische Satellitenbilder zur weiteren (ggf. manuellen) Auswertung

Für den Dienst wird in Abstimmung mit den Anforderungen der Endanwender/-innen die Abdeckung der Satellitenbilder geplant. Die Bilder werden dann zusammen mit weiteren Informationen (z. B. meteorologische, ozeanografische und zur Schiffsdetektion ergänzende Informationen wie AIS) von erfahrenen Fachleuten bewertet, um mögliche Verschmutzungen und deren Wahrscheinlichkeit zu erkennen sowie die Quellen der Verschmutzung ausfindig zu machen.

Sollte eine mögliche Verschmutzung erkannt werden, so werden die betroffenen Länder direkt informiert. Den nationalen Behörden werden die relevanten Bilder zur Verfügung gestellt, um darauf aufbauend Warnmeldungen verfassen zu können. Die Fähigkeit, die nötigen Informationen nahezu in Echtzeit bereitzustellen, ermöglicht es den Küstenstaaten, geeignete Gegenmaßnahmen zeitnah einzuleiten und den Verursacher zur Rechenschaft zu ziehen. Zur weiteren Unterstützung werden zusätzliche Satellitenbilder angeboten.

2.2.3.3 EMSA SafeSeaNet

Um allgemein die Sicherheit im maritimen Raum, den Schutz und die Sicherung von Häfen, den Schutz der Meeresumwelt und die Effizienz des maritimen Verkehrs und Transports zu erhöhen, hat die EMSA das SafeSeaNet [Eur20e] als ein Schiffsverkehrsüberwachungs- und Informationssystem eingeführt.

Ziel des SafeSeaNet ist es, ein Netzwerk zum Datenaustausch zwischen den maritimen Behörden in der EU, in Norwegen und Island aufzubauen. Die wichtigsten übertragenen Informationen sind die folgenden:

- Schiffsposition und andere Informationen über AIS
- Historische Schiffspositionen
- Geschätzte Ankunfts- und Abfahrtszeiten
- Sicherheitsrelevante Informationen, z. B. Details zu geladenen Gefahrengütern
- Reports zu vergangenen sicherheitsrelevanten Vorfällen oder Umweltverschmutzungen durch Schiffe
- Details zu Abfällen an Bord
- Position der übrigen einwandigen Tanker[4]
- Liste an Schiffen, die EU-Häfen nicht anlaufen dürfen
- ENCs mit Informationen zur Tiefe, zu Verkehrstrennungsgebieten etc.

Eine zusätzliche Komponente besteht in dem automatischen Erkennen von bestimmtem Schiffsverhalten (engl. »automated behaviour monitoring«) [Eur18]. Hierbei werden unter anderem Daten aus den Systemen LRIT, AIS und VMS zusammengeführt. Neben anderen Fähigkeiten ist das System dazu in der Lage, folgende Verhaltensmuster zu erkennen:

- Ankerplatz außerhalb eines Hafens
- Treibende Schiffe
- Rendezvous zweier Schiffe
- Manipulation der Positionsangabe
- Fährt (zu einer bestimmten Zeit) in oder aus einem Gebiet

[4] Nach der *Verordnung (EU) Nr. 530/2012 des Europäischen Parlaments und des Rates.* wird der Transport von Schweröl durch einwandige Tanker von oder nach Häfen der EU-Mitgliedstaaten verboten.

- Lückenhafte Selbstauskunft
- Spontane Kurs- oder Geschwindigkeitsänderung
- Steuert auf Küste zu oder von Küste weg
- Geringer Abstand zur Küste

Diese Verhaltensmuster können in Form von Regeln miteinander verknüpft werden, um automatische Alarme zu generieren.

2.2.4 Relevante Standards und Interoperabilität

Durch die große Menge an Stakeholdern wurde eine große Anzahl an Standards entwickelt und es wurden Projekte gestartet, um einen Austausch von Daten und Informationen zu ermöglichen. Hier wird daher nur eine Auswahl der relevanten Standards präsentiert. Zunächst gilt es eine allgemeine Unterscheidung zwischen den im militärischen Bereich gängigen Methoden und den zivilen zu treffen. Zu den militärischen Standards zur Interoperabilität zählen insbesondere sogenannte Standardization Agreements (STANAGs), die durch die NATO-Mitgliedstaaten verabschiedet werden. Dazu zählen bspw. die STANAG 4607 [NAT10] für die Übertragung von Detektionen basierend auf z. B. Radarsystemen oder die STANAG 4676 [NAT14] zum Thema Objektverfolgung.

Im zivilen Bereich gibt es z. B. das Inter-VTS Exchange Format (IVEF) [IAL11] zum Austausch von Informationen zwischen VTS. Des Weiteren gibt es einige Bestrebungen im EU-Rahmen, Daten und Informationen zwischen Behörden und Mitgliedstaaten auszutauschen. Dazu zählen bspw. die beiden Projekte MARSUR und EUCISE2020, die im Folgenden weiter beschrieben werden.

MARSUR – Maritime Surveillance

Das Projekt Maritime Surveillance (MARSUR) [Eur12] wurde im September 2006 durch die European Defence Agency (EDA) gestartet. Es soll ein Netzwerk aufbauen, indem existierende Lösungen für den Austausch von Daten im maritimen Raum genutzt werden sollen. Dieser Austausch soll zwischen den Marinen der teilnehmenden Mitgliedstaaten sowie verschiedenen EU-Behörden stattfinden. Dabei soll Doppelarbeit vermieden und auf den Einsatz bestehender Technologien, Daten und Informationen gesetzt werden. Dies soll insgesamt zu einer effizienten und kostengünstigen Zusammenarbeit führen, die allgemein die Sicherheit auf See erhöhen soll.

Seit Beginn des Projekts schließen sich weitere Mitgliedstaaten den Bestrebungen an, den Informationsaustausch untereinander durch das MARSUR-Netzwerk zu verbessern. Dabei werden weitere Projekte und Initiativen gestartet, um die Funktionalitäten und den Grad der Vertraulichkeit des MARSUR-Netzwerkes zu verbessern und mögliche neue, von den Mitgliedstaaten vorgeschlagene Anforderungen zu berücksichtigen. Dies geschieht insbesondere unter der Beachtung der nötigen technischen Elemente, um die Nutzung in einem voll funktionsfähigen Kontext zu gewährleisten. Eine bestehende Herausforderung ist hier die Etablierung eines gemeinsamen Datenmodells und einer einheitlichen Datensemantik, um so den Austausch zwischen den verschiedenen Systemen zu erleichtern.

EUCISE2020 – European test bed for the maritime Common Information Sharing Environment in the 2020 perspective

Die Initiative CISE beschreibt einen gemeinsamen Informationsraum für maritime Behörden der EU-Mitgliedstaaten [Tho19]. Die Entwicklung wurde 2009 vorgestellt und seitdem verfeinert und vorangetrieben. Vorgängerprojekte sind unter anderem BlueMassMed [Blu12] und MARSUNO [MAR11].

Die zugrundeliegende Architektur soll es den an der maritimen Überwachung interessierten oder aktiv beteiligten Behörden ermöglichen, Informationen und Daten auszutauschen. Zurzeit werden in vielen Fällen von unterschiedlichen EU- und Mitgliedstaatsbehörden Daten zu Grenzschutz, Fischereikontrolle, Sicherheit auf See, Umweltschutz, Zoll etc. separat aufgezeichnet und nicht miteinander geteilt [Eur20b]. Der Austausch solcher Informationen kann solche Prozesse effizienter und kostengünstiger gestalten, da hierbei Synergien ausgenutzt werden können.

Die Initiative weist dabei folgende Charakteristika auf:

- Ein freiwilliger Kooperationsprozess, um den Austausch relevanter Informationen zu verbessern
- Ein dezentraler Rahmen zum Austausch der Daten
- Ein zu bestehenden Systemen und Diensten komplementärer Ansatz, um einen Mehrwert zu erbringen und dabei Dopplungen zu vermeiden
- Vermeidung von Anpassungen der administrativen Strukturen der Mitgliedstaaten sowie der EU-Legislatur

Im 7. Forschungsrahmenprogramm (FP7) der EU wurde 2014 das Projekt »European test bed for the maritime Common Information Sharing Environment in the 2020 perspective« (EUCISE2020) gestartet, mit dem Ziel die Entwicklung eines voroperationellen Netzwerks für den Informationsaustausch aufzubauen [Eur20d]. Dieses Netzwerk sollte der erste Schritt auf dem Weg zu einem voll funktionsfähigen Informationsraum CISE sein. Das Projekt wurde im März 2019 abgeschlossen.

Im Rahmen von EUCISE2020 wurde ein Datenmodell [EUC16] entwickelt. Dieses wird durch die EMSA weiter betreut [DG 17]. Es ermöglicht, wichtige Entitäten für EUS im maritimen Raum abzubilden. Innerhalb weiterer Förderungen, z. B. Maritime Integrated Surveillance Awareness (MARISA)[5], ein Projekt gefördert durch das EU-Rahmenprogramm für Forschung und Innovation Horizont 2020, wurden Ergänzungen zu diesem Modell durchgeführt, um bspw. insbesondere Anomalien besser abbilden zu können.

S-100 – IHO Universal Hydrographic Data Model

Um die Interoperabilität zwischen digitalen Systemen zu verbessern, wird durch die International Hydrographic Organization (IHO) das Datenmodell S-100 [IHO18] eingeführt, das zur Entwicklung von digitalen Produkten

[5] https://www.marisaproject.eu/, letzter Abruf am 04.03.2020.

und Diensten für die hydrographische, maritime und geoinformatische Gemeinschaft gedacht ist. Die einzelnen Bestandteile basieren auf Standards, die durch das International Organization for Standardization Technical Committee 211 (ISO/TC211) entwickelt wurden.

Für die Entwicklung sind insbesondere auch die Erfahrungen aus der Verwendung bisheriger Standards für hydrographische Informationen (S-57) eingeflossen. S-100 verwendet als Grundlage Klassen-, Objekt- und Paketdiagramme nach der Unified Modelling Language. Der S-100-Standard bietet einen theoretischen Rahmen von Komponenten, der auf der ISO 19100-Serie aufbaut. Diese Standards und Spezifikationen werden auch als Grundlage für die meisten aktuellen Aktivitäten zur Entwicklung von Geostandards verwendet und sind eng mit anderen Initiativen zur Entwicklung von Standards verbunden, wie z. B. dem Open Geospatial Consortium (OGC). Die IHO hat auch zugehörige Register entwickelt, die in Verbindung mit dem S-100-Standard verwendet werden sollen. Sie stellen die Infrastruktur und die Mechanismen zur Verfügung, die erforderlich sind, um die oben aufgeführten Ressourcen zu verwalten, zu pflegen und bei Bedarf zu erweitern.

Das Datenmodell besteht aus zwölf zusammenhängenden Teilen, die einem/einer Anwender/-in die entsprechenden Werkzeuge und den Rahmen für die Entwicklung und Pflege von hydrographischen Daten, Produkten und Registern geben. Sie spezifizieren für hydrographische und verwandte Informationen Methoden und Werkzeuge für das Datenmanagement, die Verarbeitung, die Analyse, den Zugriff, die Darstellung und die Übertragung solcher Daten in digitaler/elektronischer Form zwischen verschiedenen Anwendern/Anwenderinnen, Systemen und Standorten. S-100 beschreibt den Standard, der für den Austausch von hydrographischen und verwandten Geodaten zwischen nationalen hydrographischen Ämtern sowie zwischen anderen Organisationen und für die Weitergabe an Hersteller, Schiffer und andere Datennutzer verwendet werden soll.

2.3 Umweltmodellierung in der Entscheidungsunterstützung

Die Umweltmodellierung beschäftigt sich mit der Abbildung der realen Umgebung in eine maschinell interpretierbare Repräsentation [Kak87]. Hierbei sind insbesondere die Verknüpfung der durch Sensorik erschlossenen Informationen mit Vorwissen über die Welt und die Darstellung und Präsentation zur Entscheidungsunterstützung von besonderer Bedeutung.

Zunächst wird hier der generelle Informationsfluss eines EUS in Überwachungsszenarien dargestellt. Hierbei wird insbesondere darauf eingegangen, an welcher Stelle ein Umweltmodell von Bedeutung ist. Im Anschluss werden allgemein anerkannte Modelle zur Datenfusion erläutert. Darauf aufbauend wird das OOWM als eine Ausprägung eines Weltmodells vorgestellt.

2.3.1 Informationsfluss in Überwachungssystemen

Überwachungssysteme werden dazu eingesetzt, räumlich-zeitlich begrenzte Ausschnitte der realen Welt zu beobachten. Der Informationsfluss in solchen Systemen wurde in [Fis12, Fis16] näher skizziert. Diesen Arbeiten folgend werden alle Elemente der realen Welt als Entitäten bezeichnet. Eine Entität repräsentiert hier neben physikalischen Objekten auch Objektattribute sowie Beziehungen zwischen Objekten, Ereignissen und Situationen. Die Gesamtheit der Entitäten beschreibt dann den vollständigen Zustand der realen Welt auf allen Abstraktionsebenen.

In Abbildung 2.2 wird der Informationsfluss zwischen diesen Entitäten der realen Welt und einem Überwachungssystem dargestellt. Ellipsen bezeichnen Prozesse und Rechtecke die Informationsaggregate. Der generelle Kreislauf beginnt bei der Beobachtung der realen Welt. Die dabei entstehenden Sensordaten werden zusammen mit dem vorhandenen Wissen über die Welt ausgewertet. Das Resultat dieser Auswertung ist ein Weltmodell. Durch dieses

Weltmodell kann zum einen ein Lernprozess bedient werden, der das Hintergrundwissen anreichert. Zum anderen kann zusammen mit dem Hintergrundwissen ein Inferenzprozess bedient werden. Dieser kann durch Schlussfolgerungen Informationen zu nicht beobachtbaren oder nicht beobachteten Entitäten generieren und dem Weltmodell wieder zurückgeben. Außerdem kann ein Plan entwickelt werden, der durch den letzten Prozess, das Handeln, eine Interaktion mit der realen Welt ermöglicht. Die einzelnen Prozesse können sowohl autonom durchgeführt als auch durch den Menschen interaktiv beeinflusst werden.

Im Folgenden wird auf die einzelnen Prozesse genauer eingegangen:

Beobachten: Der erste Schritt, das Beobachten, besteht in der Erfassung der realen Welt mit Hilfe von Sensoren. Ein Sensor kann hierbei neben einem technischen Gerät auch der Mensch sein, der Informationen in das Überwachungssystem gibt. Nicht alle Entitäten der realen Welt sind beobachtbar und nicht alle Entitäten der realen Welt werden beobachtet, obwohl die Sensorik diese erfassen könnte. Die verwendete Sensorik

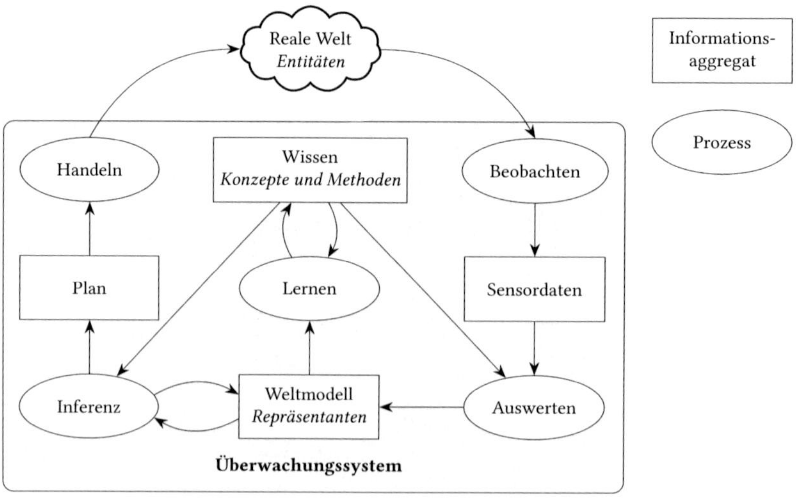

Abbildung 2.2: Schematischer Informationsfluss in Überwachungssystemen nach [Fis12]

kann wie in Abschnitt 2.2 beschrieben heterogen gestaltet sein. Dies bezieht sich nicht nur auf die Sensormodalität (z. B. elektro-optisch, Radar etc.), sondern auch auf Abdeckungsbereiche, Abtastraten usw.

Auswerten: Der Auswertung der Sensordaten seht Wissen in Form von Konzepten und Methoden zur Verfügung, um ein Weltmodell zu formen. Die abstrakten Konzepte dienen hierbei als Blaupause, um mögliche Klassen von Entitäten im Weltmodell beschreiben zu können. Die Signalverarbeitung wird durch die Methoden durchgeführt. Diese beinhalten also Algorithmen, um bspw. in Bilddaten Objekte zu erkennen.

Das Weltmodell enthält für Entitäten der realen Welt Repräsentanten. Die Konzepte des Wissens geben dabei einen Rahmen vor, um Repräsentanten aus den Sensordaten abzuleiten. Sie enthalten also bspw. die Objektmerkmale eines bestimmten Typs. Bedingt durch die dynamische Umgebung werden Informationen im Weltmodell über eine gewisse Zeit bereitgehalten. Dies ermöglicht den zeitlichen Verlauf eines Ereignisses besser zu interpretieren.

Lernen: Das erstellte Weltmodell kann dazu verwendet werden, innerhalb eines Lernprozesses neues Wissen zu generieren. Dies kann bspw. ein Verhaltensmuster sein, das durch maschinelle Lernverfahren bestimmt wurde.

Inferenz: Informationen über nicht direkt beobachtbare Entitäten können mit Hilfe des Weltmodells und eines Inferenzprozesses abgeleitet werden. Dieser nutzt die Methoden und Konzepte des Wissensaggregats, um aus den Informationen des Weltmodells weitere Informationen abzuleiten, die das Weltmodell anreichern. Dies kann bspw. die Geschwindigkeit sein, wenn nur der zeitliche Verlauf von Positionsdaten zur Verfügung steht.

Des Weiteren kann über die Inferenz ein Plan generiert werden, der Handlungsvorschläge umfasst. Handlungsvorschläge sind bspw. die Anpassung der Sensorik sowie der Einsatz weiterer Sensoren bzw. Sensorträger oder Anweisungen an Entitäten, um Ereignisse zu verhindern (z. B. eine Kollision zwischen zwei Schiffen).

Handeln: Der Zyklus wird durch das Handeln geschlossen. Hierbei werden ausgewählte oder alle Handlungsvorschläge durchgeführt. Diese haben einen direkten Einfluss auf die reale Welt und verändern damit ggf. deren Zustand.

2.3.2 Datenfusion als Grundlage für die Umweltmodellierung

Datenfusion steht für maschinelle Konzepte in Analogie zu menschlichen und tierischen Fähigkeiten, unterschiedliche Sinneseindrücke, Erfahrungen und logisches Denkvermögen zu kombinieren [Mit12]. Diese Prozesse dienen Tieren und Menschen dazu, die Überlebenschancen zu erhöhen [Hal01], indem bspw. die Umgebung besser beurteilt wird und damit Bedrohungen identifiziert werden.

Hall und Llinas [Hal01] sowie Klein [Kle04] sind sich einig, dass häufig mehrere sich ergänzende Sensoren nötig sind, um eine Situation korrekt einzuschätzen. Dabei ergeben sich drei generelle Vorteile beim Einsatz multipler Sensoren [Kle04, S. 2 f.]:

- Aufgrund der zugrundeliegenden Sensormodalität und der objektabhängigen Signatur können ggf. einige Objekte nur durch bestimmte Sensoren erkannt werden.
- Die Signatur eines Objekts kann gegenüber einer bestimmten Sensormodalität maskiert oder durch Gegenmaßnahmen geschützt sein, nicht aber gegenüber einer anderen.
- Durch Verdeckungen kann die Sicht durch einen Sensor eingeschränkt sein. Durch einen zweiten Sensor kann ggf. trotzdem das Objekt weiter beobachtet werden.

Eine generelle Übersicht über das Thema Datenfusion geben bspw. die Fachbücher von Mitchell [Mit12], Klein [Kle04] oder Hall und Llinas [Hal01]. In der Literatur werden Begriffe wie »Sensorfusion«, »Datenfusion«, »Informationsfusion« und »Multisensor-Datenfusion« jedoch nicht immer einheitlich gebraucht.

Der Begriff »Informationsfusion« wird z. B. von Dasarathy als Oberbegriff für alle Fusionsprozesse gesehen. Er schreibt dazu:

> »Information Fusion encompasses theory, techniques and tools conceived and employed for exploiting the synergy in the information acquired from multiple sources (sensor, databases, information gathered by human, etc.) such that the resulting decision or action is in some sense better (qualitatively or quantitatively, in terms of accuracy, robustness, etc.) than would be possible, if any of these sources were used individually without such synergy exploitation.« [Das01, S. 75]

Demgegenüber sieht White »Datenfusion« als Oberbegriff, der auch die »Informationsfusion« mit einschließt. So definiert die Datenfusionsgruppe des Joint Directors of Laboratories (JDL) »Datenfusion« wie folgt:

> »A process dealing with the association, correlation, and combination of data and information from single and multiple sources to achieve refined position and identity estimates, and complete and timely assessments of situations and threats as well as their significance.« [Whi91, S. 5]

Eine prägnante Zusammenfassung dieser Definition gibt Lambert:

> »Data fusion is the process of utilising one or more data sources over time to assemble a representation of aspects of interest in an environment.« [Lam01a, S. 2]

Der Begriff »Sensorfusion« bezeichnet nach Klein [Kle04, S. 2] die Kombination aus mehreren Sensoren, um so genauere oder zusätzliche Daten bezüglich Ereignissen und Objekten im Beobachtungsraum der Sensoren zu erhalten. Im Gegensatz dazu sehen bspw. Lambert [Lam03] und Snidaro et al. [Sni11] jedoch nur die resultierenden Objektinformationen, aber keine Ereignisse als Ergebnis der »Sensorfusion«.

»Multisensor-Datenfusion« richtet insbesondere den Fokus auf die Auswertung mehrerer Sensoren, um eine Aufgabe zu erfüllen. Mitchell definiert diese wie folgt:

> »[T]he theory, techniques and tools which are used for combining sensor data, or data derived from sensory data, into a common representational format.« [Mit12, S. 1]

Ziel dabei ist, die Qualität der Informationen im Gegensatz zur losgelösten Auswertung der einzelnen Quellen zu verbessern.

Weitere, insbesondere im englischen Sprachgebrauch gängige Begriffe sind »Low-Level Data Fusion« und »High-Level Data Fusion«. Nach Blasch et al. [Bla12] wurden diese Begriffe von Waltz et al. [Wal90] eingeführt. Die sensornahen Prozesse (z. B. Merkmalsextraktion und Zustandsschätzung) werden hierbei als »Low-Level Processing« zusammengefasst, wohingegen Situations- und Bedrohungsbewertung (zusammen mit Verhaltensanalysen, Verknüpfung zwischen Entitäten und Ereignissen und Prädiktionen zukünftiger Zustände) als »High-Level Processing« zusammengefasst werden. Dies deckt sich mit der folgenden Definition nach Klein:

> »Data fusion consists of low-level and high-level processes. The low-level processes include target detection, classification, identification, and tracking. High-level processes encompass situation and threat assessment.« [Kle04, S. 95]

Damit deckt die Datenfusion alle Prozesse bis auf »Handeln« aus dem generellen Informationsfluss aus Abschnitt 2.3.1 ab. Der Prozess »Beobachten« zielt dabei auf die »Low-Level Data Fusion« ab, wohingegen die Prozesse »Auswerten«, »Lernen« und »Inferenz« zum Bereich der »High-Level Data Fusion« gehören. Die beiden im Folgenden vorgestellten Modelle zur Datenfusion können ihrerseits auch direkt auf die Prozesse des Informationsflusses abgebildet werden.

In dieser Arbeit wird »Datenfusion« analog zu [Whi91] als Oberbegriff für »Sensor- und Informationsfusion« gesehen. Ihr Resultat fasst wie nach [Kle04] beschrieben Informationen zu Objekten und Ereignissen zusammen. Allgemein wird von einer »Multisensor-Datenfusion« ausgegangen, also der Beteiligung mehrerer (heterogener) Sensorquellen (siehe Abschnitt 2.2). Die aufgezeigten Methoden und Verfahren können der »High-Level Data Fusion« zugeordnet werden.

Ein generelles Modell zur Datenfusion wurde in Form des JDL Data Fusion Model (bzw. JDL-Modell) durch die U.S. JDL Data Fusion Group entwickelt und 1988 vorgestellt. Es wurde ursprünglich entworfen, um der Kommunikation zwischen Experten/Expertinnen zum Thema Datenfusion einen Rahmen zu geben [Das08]. Das JDL-Modell stellt damit keine vollständige Architektur der verschiedenen Prozesse und Interaktionen dar und wurde über die Jahre immer wieder angepasst [Ste98, Ste99, Ste01, Lli04]. Das durch Steinberg und Bowman in [Ste04] vorgestellte Modell besteht aus fünf Leveln und ist in Abbildung 2.3 dargestellt.

Bedworth und O'Brien [Bed99] beschreiben die verschiedenen Level wie folgt:

Level 0 bezieht sich auf die Signalverarbeitung und die grundsätzliche Auswertung der vorhandenen Sensordaten und deren räumlich-zeitliche Registrierung.

Level 1 beschreibt die Schätzung und Prädiktion der kontinuierlichen (z. B. Kinematik und Position) und diskreten (z. B. Identität) Zustände von Objekten.

Level 2 verfeinert das Bild der vorhandenen Situation durch die Untersuchung der Relationen zwischen den unterschiedlichen Entitäten und

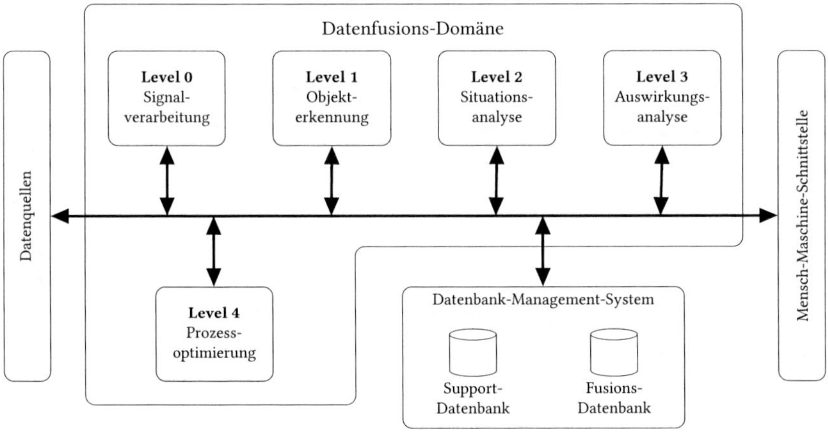

Abbildung 2.3: JDL-Modell nach [Ste04]

Ereignissen im Kontext der Umgebung, um die Situation interpretierbar zu machen.

Level 3 befasst sich mit den unterschiedlichen Handlungsmöglichkeiten und ihren Auswirkungen auf die gegenwärtige Situation.

Level 4 beschreibt die Optimierung des Ressourceneinsatzes. Hierbei werden die vorhandenen Sensoren, Kommunikationsmöglichkeiten etc. erneut beauftragt, um vorhandene Ziele zu erfüllen.

Zu den Datenquellen (links in Abbildung 2.3) gehören nach Das [Das08, S. 3] lokale und entfernte Sensoren, die für das Datenfusionssystem zugänglich sind, Informationen aus dem Referenzsystem und menschliche Eingaben. Die Mensch-Maschine-Schnittstelle (rechts in Abbildung 2.3) dient zur Interaktion des Menschen mit dem Datenfusionssystem. Das Datenbank-Management-System beinhaltet die Verwaltung der für die Fusion relevanten Daten (z. B. Sensordaten, Umweltinformationen, Modelle und Schätzungen).

Nach Lambert [Lam01b] kann eine Verbindung zwischen dem JDL-Datenfusionsmodell und dem Situationsbewusstsein nach Endsley (siehe Abschnitt 2.1) hergestellt werden. Die Level 1 bis 3 aus dem Situationsbewusstseinsmodell lassen sich, wie in Abbildung 2.4 dargestellt, direkt den Leveln 1 bis 3 des JDL-Modells zuordnen.

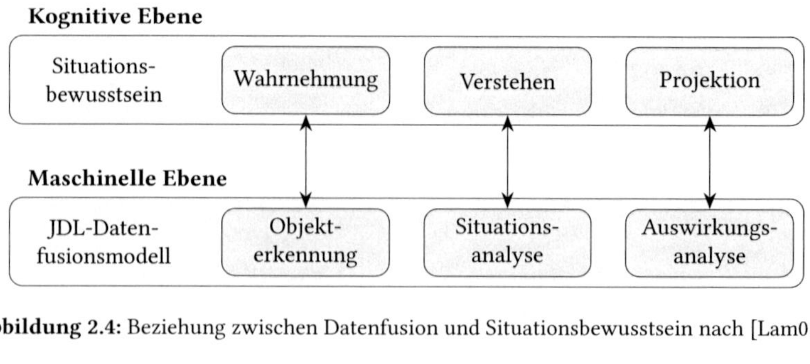

Abbildung 2.4: Beziehung zwischen Datenfusion und Situationsbewusstsein nach [Lam01b]

2.3.3 Grundlagen zum Objektorientierten Weltmodell

In [Ghe08] stellen Gheta et al. das Objektorientierte Weltmodell (OOWM) als eine auf einem objektorientierten Ansatz basierende Umweltmodellierung vor. Das OOWM folgt dem in Abschnitt 2.3.1 dargestellten Informationsfluss. Abbildung 2.5 zeigt eine schematische Darstellung des Modells. Dieses Weltmodell soll autonomen Systemen ermöglichen auf das Wissen über die Umgebung zuzugreifen. Dabei dient das OOWM als Informationszentrale für die sensorischen und kognitiven Prozesse.

Basierend auf wahrscheinlichkeitstheoretischen Überlegungen werden Prozesse zum Hinzufügen, Aktualisieren und Löschen vorgestellt. Gheta et al. [Ghe10] lassen dafür das Modell auf den folgenden drei Säulen fußen:

- Jede Information ist assoziiert mit einem Objekt und einer Relationsinstanz,
- jede Information enthält eine Aussage über ihre Unsicherheit als Degree of Belief (DoB),
- die Verarbeitung der Informationen und die Qualitätssicherung des Modells basieren auf Bayes'schen Fusionsmechanismen.

Im OOWM existieren für mögliche Ausprägungen der Entitäten der realen Welt Klassen. Bei einer Beobachtung wird für eine Entität eine passende Instanz zu der jeweiligen Klasse erstellt. Diese wird im OOWM als Repräsentant bezeichnet. Beobachtbare Eigenschaften einer Entität werden als Attribute dargestellt. Diese werden über eine Wahrscheinlichkeitsverteilung beschrieben, die den DoB repräsentiert.

Das Konzept der Klassen ermöglicht es, verschiedene Abstraktionsniveaus darzustellen [Küh10]. Die Klassen befinden sich in Relation zueinander, wobei eine Kinderklasse mindestens die gleiche Anzahl an Attributen wie die Elternklasse besitzt. Werden die Repräsentanten zum Beginn eines Einsatzes noch mit wenigen Informationen instanziiert, so werden die Informationen über den weiteren Zeitraum angereichert und der Abstraktionsgrad für die einzelne Instanz verringert sich. Die dafür benötigte Aktualisierung des Weltmodells wird in [Bau10b, Ghe10] als Bayes'sches Filterproblem modelliert.

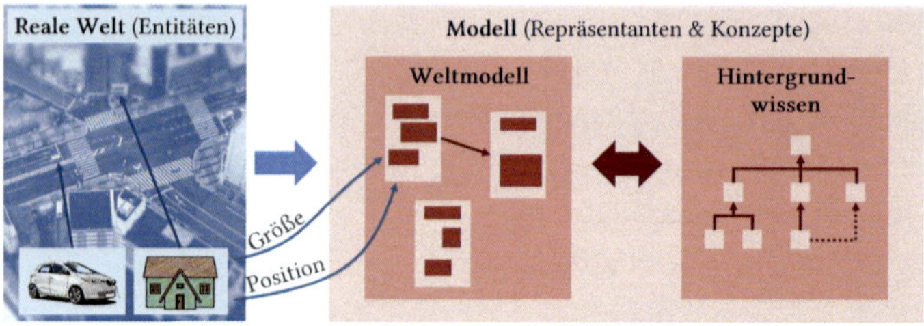

Abbildung 2.5: Schematische Darstellung des Objektorientierten Weltmodells nach [Ann19a]

Eine Herausforderung ist die Datenassoziation. Hierbei wird entschieden, ob eine Beobachtung einem Repräsentanten zugeordnet werden kann. Diese Problematik ist Teil der Datenfusion. Da im OOWM eine hierarchische Struktur vorliegt, kann diese für die Assoziation ausgenutzt werden, um damit das Ergebnis zu verbessern [Bel15].

Das OOWM wurde bereits für unterschiedliche Anwendungsdomänen erprobt. Dazu zählen humanoide Roboter [Bau10b], Videoüberwachungssysteme [Emt08, Bau10a] und maritime Überwachungsszenarien [Kuw12, Fis16]. Die hier im Folgenden genutzte zugrundeliegende Formalisierung orientiert sich dabei an [Kuw16].

Im OOWM werden für alle (in der Anwendungsdomäne relevanten) Entitäten $\mathcal{E}$ der realen Welt, die durch die vorhandenen Sensoren beobachtet werden können, Repräsentanten erstellt. Ein Repräsentant $R \in \mathcal{R}$ wird durch eine Menge von Attributen beschrieben: $\mathcal{A}_R = \{A_1, \dots, A_n\}, n \in \mathbb{N}$. Ein Attribut A_i wird durch eine Wahrscheinlichkeitsverteilung $\mathbf{P}_{A_i}(a)$ als DoB in dem Wert des Attributs dargestellt. Die Verteilung $\mathbf{P}_{A_i}(a)$ kann sowohl diskret als auch kontinuierlich sein. Der Repräsentant R kann durch die Verbundwahrscheinlichkeitsverteilung

$$\mathbf{P}(R) = \mathbf{P}(\mathcal{A}_R) = \prod_{A \in \mathcal{A}_R} \mathbf{P}_A(a) \tag{2.1}$$

dargestellt werden. Um eine Entität E auf den zugehörigen Repräsentanten R abzubilden, wird ein Assoziationsmechanismus benötigt. Weitere Details zu diesen Algorithmen können z. B. [Bau10b] entnommen werden.

Das Hintergrundwissen wird in Form von Konzepten $\mathcal{C}$ gespeichert. Die Konzepte bestehen dabei aus einer Menge von Attributen und können als Prototypen für Repräsentanten angesehen werden. Ein Konzept $C \in \mathcal{C}$ ist durch eine Menge an Attributen $\mathcal{A}_C = \{A_1, \dots, A_m\}, m \in \mathbb{N}$ gegeben. Ein Konzept C kann durch die Verbundwahrscheinlichkeitsverteilung

$$\mathbf{P}(C) = \mathbf{P}(\mathcal{A}_C) = \prod_{A \in \mathcal{A}_C} \mathbf{P}_A(a) \tag{2.2}$$

beschrieben werden.

Die Assoziationswahrscheinlichkeit eines Repräsentanten R zu einem Konzept C ist nach [Kuw16] gegeben durch

$$\mathbf{P}(C \mid R) = \frac{1}{z}\mathbf{P}(C) \prod_{A_i \in \mathcal{A}_R} \left(\int_{\mathbb{R}} \mathbf{P}_{A_i}(a) \cdot \mathbf{P}_{A_c}(a)\,\mathrm{d}a \right) \tag{2.3}$$

mit A_c als korrespondierendem Attribut des Konzeptes C zu dem Attribut A_i des Repräsentanten R und z als Normalisierungsparameter.

Die formale Beschreibung einer Situation orientiert sich an [Fis16]. Nach Ye et al. ist eine Situation wie folgt beschrieben:

> »A situation is defined as an external semantic interpretation of sensor data. Interpretation means that situations assign meanings to sensor data. External means that the interpretation is from the perspective of applications, rather than from sensors. Semantic means that the interpretation assigns meaning on sensor data based on structures and relationships within the same type of sensor data and between different types of sensor data.« [Ye12, S. 39]

Eine Situation S muss nicht unbedingt von allen Repräsentanten abhängen. Die Untermenge der relevanten Repräsentanten ist durch $\mathcal{R}^r \subseteq \mathcal{R}$ gegeben.

Der Zustandsraum einer Situation ist dann gegeben durch

$$\Omega_S := \bigtimes_{R \in \mathcal{R}^r} R \times \mathbb{T} = \bigtimes_{R \in \mathcal{R}^r} \bigtimes_{A_i \in \mathcal{A}_R} A_i \times \mathbb{T}. \tag{2.4}$$

Mit $\mathbb{T}$ wird hier die Zeitdimension bezeichnet. Die einzelnen Zeitpunkte $t \in \mathbb{T}$ können entweder kontinuierlich $\mathbb{T} = \mathbb{R}_0^+$ oder diskret $\mathbb{T} = \mathbb{N}$ sein. Eine Situation S_t zum Zeitpunkt t kann als Abbildung beschrieben werden:

$$S_t : \Omega_S \to \{0, 1\}. \tag{2.5}$$

Dabei beschreibt $S_t = 0$ oder $\bar{S}_t$, dass eine Situation nicht existiert, wohingegen $S_t = 1$ oder S_t beschreibt, dass sie existiert.

Ein Element des Zustandsraums Ω_S zum Zeitpunkt t wird als $\omega_t \in \Omega_S$ bezeichnet. Eine Trajektorie durch den Zustandsraum für ein Zeitintervall $\mathbf{d} = (t_1, t_2, \dots, t_k)$ wird durch die Elemente $\boldsymbol{\omega}_\mathbf{d} = (\omega_{t_1}, \omega_{t_2}, \dots, \omega_{t_k})$ beschrieben. Eine Situation $S_\mathbf{d}$ über ein Zeitintervall $\mathbf{d}$ ist durch

$$S_\mathbf{d} : \bigtimes_{i=1}^{k} \Omega_S \to \{0, 1\} \tag{2.6}$$

gegeben.

Die Existenz einer Situation zu einem Zeitpunkt t (bzw. analog für ein Zeitintervall $\mathbf{d}$) kann durch Wahrscheinlichkeiten beschrieben werden. Daher kann S_t als binäre Zufallsvariable angesehen werden:

- Σ_S ist eine Sigma-Algebra auf Ω_S und daher eine Untermenge der Potenzmenge von Ω_S.
- $\mathbf{P}$ ist ein Wahrscheinlichkeitsmaß auf (Ω_S, Σ_S).
- $(\Omega_S, \Sigma_S, \mathbf{P})$ ist ein Wahrscheinlichkeitsraum und $\mathbf{P}$ eine Verteilung für S_t mit der Existenzwahrscheinlichkeit $\mathbf{P}(S_t = s)$ für $s \in \{0, 1\}$.

Durch diese Definitionen ist es möglich, Aussagen über die Existenz einer Situation durch die Inferenz über die Trajektorie ω_d zu treffen.

Konzepte, Attribute, aber auch mögliche Situationen müssen an die jeweilige Anwendungsdomäne angepasst werden. Hierzu können im maritimen Raum bspw. die in Abschnitt 2.2.4 vorgestellten Standards als Grundlage benutzt werden.

2.4 Anomaliedetektion in räumlich-zeitlichen Datensätzen

Die Anomaliedetektion behandelt Verfahren, um innerhalb eines Datensatzes jene Instanzen zu identifizieren, die nicht mit dem normalen Verhalten übereinstimmen. Dazu schreiben Chandola et al.:

> »Anomaly detection refers to the problem of finding patterns in data that do not conform to expected behavior.« [Cha09, S. 1]

Laut dieser Definition geht es also um das Auffinden von Mustern, die so nicht zu erwarten sind.

Ausgehend von dem durch Endsley eingeführten Modell des Situationsbewusstseins sollen Verfahren der Anomaliedetektion eine automatische Unterstützungsfunktion anbieten, um große Datenmengen für den Menschen besser handhabbar zu machen. Solche Algorithmen lassen sich dem Level 2 (oder höher) des JDL-Modells zuordnen.

Eine allgemeine Übersicht über das Thema Anomaliedetektion wurde von Chandola et al. [Cha09] zusammengestellt. In diesem Übersichtsartikel werden Anomalien in drei Kategorien unterteilt:

- *Punkt-Anomalien* (engl. »point anomaly«): Wenn ein einzelnes Datum als anormal in Hinblick auf die restlichen Daten gewertet werden kann, wird dieses Datum als eine *Punkt-Anomalie* angesehen.
- *Kontext-Anomalien* (engl. »contextual anomaly« oder »conditional anomaly«): Ein Datum gilt als anormal innerhalb eines gegeben spezifischen Kontextes. Hierbei werden Kontextattribute und Verhaltensattribute betrachtet. Ein Kontextattribut ist z. B. in

räumlichen Datensätzen Breiten- und Längengrad. Unter Verhaltensattributen werden alle Nichtkontextattribute verstanden.

- *Kollektiv-Anomalien* (engl. »collective anomaly«): Eine Sammlung an zusammengehörigen Daten wird als *Kollektiv-Anomalie* bezeichnet, wenn diese durch ihr gemeinsames Auftreten als anormal angesehen werden kann.

Riveiro et al. [Riv18] greifen diese Überlegungen in ihrem Übersichtsartikel zur Anomaliedetektion im maritimen Anwendungsbereich auf. Zusätzlich zu der durch Chandola et al. aufgestellten Teilung in drei Anomaliekategorien werden von Riveiro et al. folgende weitere Unterteilungen vorgenommen:

- *Datenbezogene Anomalien*
- *Positionsbezogene Anomalien*
- *Kinematische Anomalien*
- *Kontextuelle Anomalien*
- *Komplexe Anomalien*

In den hier betrachteten Überwachungsszenarien kann allgemein davon ausgegangen werden, dass räumlich-zeitliche Daten vorliegen. *Punkt-Anomalien* entsprechen hier einem Datum zu einer bestimmten Zeit, während *Kollektiv-Anomalien* eine Trajektorie betreffen. *Kontext-Anomalien* bedingen weitere Informationen, also den eingebetteten Kontext. Die ersten drei Kategorien für maritime Anomalien können sowohl als *Punkt-* als auch als *Kollektiv-Anomalien* auftreten. Bei den *kontextuellen* und *komplexen Anomalien* nach Riveiro et al. handelt es sich nach der Unterteilung von Chandola et al. um *Kontext-Anomalien.* Die Einteilung in die verschiedenen Kategorien ist nicht immer trennscharf möglich.

Um Anomalien erkennen zu können, muss das Normalverhalten extrahiert werden. Laut Riveiro et al. [Riv18] werden drei generelle Vorgehensweisen unterschieden:

- *Datengetriebene Verfahren*

Tabelle 2.3: Übersicht zum Stand der Forschung im Bereich Anomaliedetektionsverfahren in räumlich-zeitlichen Datensätzen (insbesondere aus dem maritimen Raum)

	Position / Kinematik	Kontextuell	Komplex	Datengetrieben	Signaturbasiert	Datenpunkte	Tracks / Tracklets
Statistische Ausreißer							
[Lax09, Mil16, Kow12]	■	□	□	■	□	■	□
[Lax14, Kat13, Eti12]	■	□	□	■	□	□	■
[Liu14]	□	■	□	■	■	■	□
Clusteranalyse							
[Gui13, Pal13a]	■	□	□	■	□	■	□
[Mel06, Sha14b, Dah07, Ros12]	■	□	□	■	□	□	■
[Vri12]	□	■	□	■	■	□	■
Probabilistische graphische Modelle							
[Sai18, And10, Sou16]	■	□	□	□	■	□	■
[Lan10, Pil12, Krü12]	□	□	■	□	■	■	□
[Fis14, Dab15]	□	□	■	□	■	□	■
Künstliche neuronale Netze							
[Ngu18, Ngu19, Jia16, Jia17]	■	□	□	■	□	□	■
[Abu18, Aki17]	□	■	□	■	□	□	■
Multiagentensystem							
[Yan07, Man10]	□	■	□	□	■	■	□
[Bra11]	□	□	■	□	■	■	□
Fuzzylogik							
[Tes17]	□	■	□	□	■	■	□
[Pri17]	□	□	■	□	■	■	□
andere							
Regelbasiert: [Pat17]	□	□	■	□	■	■	□
NLP: [Tes18]	□	■	□	□	■	□	□

- *Signaturbasierte Verfahren*
- *Hybride Verfahren*

Datengetriebene Verfahren sind zumeist unüberwachte Lernmethoden. Es wird davon ausgegangen, dass die Daten zum größten Teil aus normalen Instanzen bestehen. Für Anomalien wird nun versucht die Abweichung zu definieren. *Signaturbasierte Verfahren* sind Expertensysteme, die z. B. auf Regeln basieren, um so vordefinierte Muster wiederzuerkennen. Es handelt sich hier also meistens um überwachte Lernmethoden. *Hybride Verfahren* kombinieren die beiden Ansätze. Für gewisse Faktoren ist es einfacher, ein datengetriebenes Modell zu generieren, während die Spezifika von komplexen Anomalien häufig nur schwer in den Daten zu finden sind.

In Tabelle 2.3 ist eine Übersicht zu den im Folgenden vorgestellten Arbeiten aus dem Bereich Anomaliedetektion in räumlich-zeitlichen Datensätzen mit Hauptaugenmerk auf dem maritimen Raum zu finden. In der Übersicht werden die verschiedenen Arbeiten nach ihrer grundsätzlichen Methodik gruppiert und die Art der Anomaliedetektion, das Extraktionsverfahren sowie der Aspekt, ob einzelne Datenpunkte oder Tracks (ganze Trajektorien) / Tracklets (Teiltrajektorien) betrachtet werden, gekennzeichnet.

2.4.1 Positions- und kinematische Anomalien

Eine Möglichkeit, punktweise *Positions-* und *kinematische Anomalien* zu erkennen, besteht aus der Betrachtung der Position, Geschwindigkeit oder anderer Zustandsgrößen im vorliegenden Datensatz als Wahrscheinlichkeitsverteilungen. Durch die Verwendung von Daten des bisherigen Verkehrs in einer bestimmten Region kann die Wahrscheinlichkeitsdichte bestimmt werden. Daraus abgeleitet kann über einen Grenzwert die Position eines Schiffs als Anomalie gewertet werden. So vergleichen Laxhammar et al. [Lax09] zwei Verfahren zur Schätzung der Wahrscheinlichkeitsdichte: *Kernel-Density-Estimation (KDE)* und *Gaussian-Mixture-Model (GMM)*. Sie trainieren die Modelle mit realen Daten und bewerten die Leistung der Algorithmen mit künstlichen Anomalien. Um die Leistung der Modelle zur Reproduktion des normalen Verhaltens zu bewerten, wird die Log-Likelihood (im Deutschen auch logarithmische Plausibilitätsfunktion) für alle Punkte der Validationsdaten berechnet und daraus werden der Median und das erste Perzentil bestimmt. Für die Leistung der Anomaliedetektion wird die für die Erkennung einer Anomalie erforderliche Anzahl an Beobachtungen verglichen. Dieses Verfahren kann keine Anomalien erkennen, für die der Verlauf (vollständig oder teilweise) der Trajektorie von Bedeutung ist.

Um den Verlauf einer Trajektorie zu bewerten, wurde von Laxhammar [Lax14] der Algorithmus *Conformal Anomaly Detector* basierend auf der *Conformal-Prediction*-Methodik nach [Vov05] vorgestellt. Die *Conformal-Prediction*-Methodik liefert zuverlässige und gut kalibrierte Maße für das Vertrauen in die Vorhersagen, die von Verfahren des maschinellen Lernens getroffen werden. Der *Conformal Anomaly Detector* soll die untere Grenze für die Wahrscheinlichkeit, dass eine Vorhersage korrekt ist, abschätzen. Zur Berechnung der Ähnlichkeit zwischen zwei Trajektorien wird der Hausdorff-Abstand verwendet. Der Algorithmus wird mit realen Daten eingelernt. Die Anomalien für die Validierung werden hingegen simuliert. Diese simulierten Anomalien sind bestimmten Verhaltensmustern nachempfunden, z. B. einem Schiff, dessen Ruder sich nicht mehr bewegen lässt. Diese ausgewählten künstlichen Anomalien wurden dabei erfolgreich erkannt.

Ein statistischer Hypothesentest wird von Katsilieris et al. [Kat13] benutzt, um Verfälschungen der AIS-Daten zu erkennen. Diese Information kann dann wiederum dazu verwendet werden, um Rückschlüsse auf illegales Verhalten zu erlangen.

Neben diesen statistisch motivierten Verfahren wird das Normalverhalten zur Erkennung von kinematischen Anomalien auch durch Clustering-Algorithmen bestimmt. In der Arbeit von Etienne et al. [Eti12] wird ein Zonengraph erstellt, der die Verbindung zwischen wichtigen Interessensgebieten darstellt. Die Verbindung zwischen diesen Zonen wird als Route definiert. Auf der Grundlage aller Trajektorien in einer Route wird die Hauptroute bestimmt. Für jede Trajektorie wird die Entfernung zur Route berechnet und das neunte Dezil dieser Entfernungen wird als Hüllkurve um die Route definiert. Ein Punkt außerhalb der Hülle wird als Ausreißer betrachtet. Angesichts der relativen Zeit, die ein Schiff auf der Route im Vergleich zur Hauptroute benötigt, können Ausreißer in Form von späten oder frühen Schiffen identifiziert werden.

Melo et al. [Mel06] schlagen einen Merkmalsraum vor, der Polynome niedrigen Grades für die Erkennung und Klassifizierung von Straßenspuren verwendet. Als Clusteranalyse zum Zusammenfassen ähnlicher Trajektorien wird ein *k-Means*-Algorithmus verwendet. Die verschiedenen Fahrspuren werden weiter in Kategorien klassifiziert. Der vorgeschlagene Algorithmus wird mit realen Daten getestet.

Shao et al. [Sha14b] verwenden für die Korrelation der Trajektorien und die Clusteranalyse einen *Fuzzy-k-Nearest-Neighbor*-Ansatz sowie den *Fuzzy-c-Means*-Algorithmus. Es wird *Fuzzy-Logik* zur Modellierung von Unsicherheiten in den Trajektorien verwendet. Die vorgeschlagenen Algorithmen werden mit verschiedenen Arten von Abtastsystemen ausgewertet.

Dahlbom und Niklasson [Dah07] verwenden Splines, um die Haupttrajektorie eines Clusters darzustellen. Es werden die zugrundeliegenden Daten unter Verwendung des Mittelwertes der normierten Abstände zwischen jedem Trajektorienpunkt und dem nächstgelegenen Clusterpunkt zusammengefasst. Anschließend werden die Cluster mit Hilfe von Splines geschätzt, um die Komplexität der Darstellung zu reduzieren.

Ein Algorithmus, der einen mittleren Pfad für normale Routen schätzt, wird von Rosen und Medvedev [Ros12] vorgeschlagen. Der mittlere Pfad ist definiert als die Trajektorie, die den euklidischen Abstand zu jeder anderen Trajektorie im gleichen Cluster minimiert. Anomalien werden dann durch den Vergleich einer neuen Trajektorie mit diesem mittleren Pfad erkannt und ein Anomaliewert wird berechnet. Der Algorithmus wird sowohl mit simulierten Daten als auch mit einem realen Datensatz ausgewertet.

Basierend auf einem unüberwachten Lernverfahren werden Routen basierend auf AIS-Satellitendaten von Guillarme und Lerouvreur [Gui13] extrahiert. Zunächst werden die Trajektorien in Stopp- und Bewegungsanteile segmentiert. Danach werden die Bewegungsteile weiter in lineare Segmente aufgeteilt.

Diese linearen Segmente werden dann durch den OPTICS-Algorithmus zu Clustern gruppiert. Die Qualität jedes Clusters wird von Hand bewertet.

Pallotta et al. [Pal13a, Pal13b] stellen den Algorithmus *Traffic Route Extraction and Anomaly Detection* vor. Dieser verwendet den DBSCAN-Algorithmus [Est96] zur Identifizierung von Haltebereichen und zur Clusteranalyse der Bewegungsmuster. Die Idee besteht darin, sowohl das Verhalten mit geringer Wahrscheinlichkeit als auch die zukünftigen Positionen der Schiffe zu erkennen. Der Algorithmus ist punktbasiert und kann mit ungleicher Länge in den Trajektorien sowie mit Lücken aufgrund der Abdeckung der Sensoren umgehen.

Neben diesen Clustering-Algorithmen werden außerdem Verfahren untersucht, die den zeitlichen Verlauf innerhalb der Trajektorie direkt betrachten. Zur Beschreibung der normalen Trajektorie wird von Kowalska und Peel [Kow12] ein Gauß-Prozess verwendet. Das auf dem Gauß-Prozess basierende Regressionsmodell wird dazu genutzt, auf Basis von einer bestimmten Anzahl an Punkten einer Trajektorie den nächsten zu schätzen. Neben Anomalien in Form von realen Daten, die in ihrer Position verschoben wurden, wurde das Verfahren auch in zwei Fallstudien erprobt. Hierbei konnte das anormale Verhalten, das durch die simulierten Szenarien Drogenschmuggel, Menschenschmuggel und Terrorismus generiert wurde, erkannt werden.

Für die Vorhersage der Position von Schiffen auf offener See haben Millefiori et al. [Mil16] eine Methode auf Basis des Ornstein-Uhlenbeck-Prozesses vorgestellt. Mit diesem stochastischen Prozess als Grundlage wird die Zustandsschätzung über längere Zeiträume ermöglicht. Bei ihrer Auswertung vergleichen sie die auf dem Ornstein-Uhlenbeck-Prozess basierende Methode mit einem klassischen Ansatz, der auf einem Zufallsprozess mit additivem weißem Rauschen auf der Geschwindigkeit basiert. Dabei zeigen Millefiori et al., dass ihr Ansatz eine deutlich bessere Abschätzung der Unsicherheit bzgl. der Position liefert als der Vergleichsansatz.

Saini et al. [Sai18] schlagen einen auf dem *Hidden Markov Model (HMM)* basierenden Ansatz für die Klassifizierung von Trajektorien vor. Sie kombinieren zwei unterschiedliche HMMs, eines für die Gesamttrajektorie und eines für die einzelnen Segmente. Für die Kombination wird ein genetischer Algorithmus eingesetzt. Darüber hinaus testen sie die Robustheit dieser Methodik durch Hinzufügen von additivem weißem Gauß'schem Rauschen.

Auch Andersson und Johansson [And10] verwenden ein HMM, um anormales Verhalten zu erkennen. Ziel ist es, Piratenangriffe aufzudecken. Sie trainieren das HMM mit simulierten Daten, die das normale Verhalten von Schiffen in einem bestimmten Gebiet beschreiben. Die Daten werden in diskrete Zustände unterteilt, die der Änderung spezifischer Werte ähneln: *Abstand zu anderen Objekten*, *Schiffsgröße*, *Identifikationsnummer*, *Geschwindigkeit* und *Richtung*. Anschließend wird das Modell mit Hilfe eines simulierten Piratenangriffs ausgewertet.

Souza et al. [Sou16] benutzen ein HMM, um Langleinenfischereischiffe[6] zu analysieren. Es soll der Bereich einer Trajektorie erkannt werden, in dem die Schiffe am Fischen sind. Hierbei wird nur die Geschwindigkeit des Schiffes betrachtet. Durch den spezifischen Verlauf des Geschwindigkeitsprofils können die Fischereiaktivitäten erkannt werden. Es werden außerdem Verhaltensmuster zweier weiterer Fischereiarten bestimmt. Die gefundenen Muster können jedoch nicht die Fischereiart selbst klassifizieren, sondern nur anzeigen, ob ein Schiff eines Typs gerade am Fischen ist.

Neuere Arbeiten befassen sich mit (tiefen) neuronalen Netzen, um Anomalien zu erkennen. Ein rekurrentes neuronales Netz (RNN) wird von Nguyen et al. in [Ngu18] verwendet, um unvollständige Trajektorien zu rekonstruieren, Anomalien in den Verkehrsdaten zu erkennen und den tatsächlichen Typ eines Schiffes zu identifizieren. Da AIS-Daten nicht zwangsläufig äquidistant in der Zeit aufgenommen werden, wird ein Embedding verwendet, um eine neue Darstellung als Eingabe für das neuronale Netz zu generieren, die demgegenüber unempfindlich ist.

Eine weitere Möglichkeit zum Einsatz neuronaler Netze wird von Nguyen et al. [Ngu19] in Form des sogenannten GeoTrackNet vorgestellt. Dieses Netz

[6] Details zu diesen Schiffen können bspw. http://www.fao.org/fishery/vesseltype/260/en, letzter Abruf am 04.03.2020, entnommen werden.

bildet basierend auf einem *Variational Recurrent Neural Network* die Schiffstrajektorien als probabilistische Repräsentation ab. Mit Hilfe dieser Repräsentation wird durch eine *A-contrario*-Detektion auf Anomalien geschlossen. Dabei gilt, dass eine neue Positionsmeldung mit einer geringeren Wahrscheinlichkeit als bei den umliegenden Datenpunkten auf eine Anomalie hindeutet.

Autoencoder werden von Jiang et al. [Jia16] zur Klassifikation von Abschnitten in Langleinenfischereischiffstrajektorien in »am Fischen« und »nicht am Fischen« benutzt. Darüber hinaus schlagen Jiang et al. [Jia17] ein partitioniertes *Long Short-Term Memory (LSTM)* zur punktbasierten binären Klassifikation von AIS-Trajektorien in Fischerei- oder Nichtfischereiaktivitäten vor. Sie evaluieren ihr Modell im Vergleich zu anderen RNNs und erzielen ein signifikant besseres Ergebnis als übliche wiederkehrende Netzwerkarchitekturen, die auf LSTM oder *Gated Recurrent Units* basieren.

2.4.2 Kontextuelle Anomalien

Die bisher gezeigten Ansätze beschränken sich insbesondere auf die Verwendung der Positions- und Kinematikdaten, um Anomalien zu finden oder Verhalten zu klassifizieren. In den verschiedenen Anwendungsdomänen stehen jedoch häufig weitere Informationsquellen zur Verfügung, die bei der Anomaliedetektion als Kontext in solche Klassifikationen einfließen können.

Liu et al. [Liu14] verfolgen einen Ansatz, der dem von Pallotta et al. ähnelt. Sie versuchen dabei jedoch die durch die IMO festgelegten Richtlinien zu berücksichtigen. Außerdem passen Liu et al. den DBSCAN-Algorithmus an, um explizit besser mit Kurs- und Geschwindigkeitsinformationen umgehen zu können. Mit ihrem Algorithmus können Liu et al. anormale Muster erkennen.

In [Abu18] beschreiben Abualhaol et al. eine Möglichkeit, mit Hilfe eines LSTM die Abfertigungszeiten (Löschen und Beladen) eines Schiffes im Hafen zu schätzen. Als Eingang dienen hier AIS-Nachrichten. Außerdem fließen Informationen zu den Häfen in die Berechnungen mit ein. Dazu zählt z. B. die konvexe Hülle über die Schiffspositionen im Hafengebiet.

Akinbulire et al. [Aki17] benutzen einen *Reinforcement-Learning*-Ansatz, um die Verfolgung von Schiffen, die in illegalen Aktivitäten involviert sind, zu planen. Um dem großen Aktionsraum beim *Reinforcement-Learning* entgegenzuwirken, wird ein *Fuzzy-Inference-System* eingesetzt.

Vries und Someren [Vri12] verwenden die Methode *piecewise linear segmentation*, um die Trajektorien von Seeschiffen zu komprimieren. Diese komprimierten Trajektorien werden dann zu Clustern zusammengefasst. Die Erkennung von Anomalien wird mit Hilfe von Kernel-Methoden durchgeführt. Darüber hinaus wird Expertenwissen einbezogen. Die Algorithmen werden mit einem Datensatz, der vor der niederländischen Küste bei Rotterdam aufgenommen wurde, validiert.

Yang et al. [Yan07] beschreiben, wie Agenten in einem Verhandlungsspiel Ausweichmanöver von Schiffen optimieren können. Für die Abschätzung des optimalen Kurses zur Vermeidung einer Kollision wird ein Verhandlungssystem verwendet: Jedes Schiff in einer möglichen Kollision wird als Agent modelliert. Auf der Grundlage eines monotonen Konzessionsprotokolls müssen die Agenten Zugeständnisse machen, um eine Einigung zu erzielen. Wenn sie sich nicht auf eine Strategie einigen können, wird eine Lösung auf der Grundlage eines anderen Algorithmus verwendet.

Ein Multiagentensystem (MAS) für die Meeresüberwachung wird von Mano et al. [Man10] vorgestellt. Jedes Schiff in einem Gebiet wird von einem individuellen Agenten überwacht. Diese Agenten schätzen den Kritikalitätswert für das zugewiesene Schiff als eine Kombination verschiedener Regeln in Bezug auf den Zustand des Schiffes und das Gebiet um das Schiff herum. Da sich die Bedingungen im überwachten Bereich verändern können, ist es als adaptives System konzipiert.

Teske et al. [Tes17] versuchen durch eine *Fuzzy*-Regelbasis eine Risikoabschätzung abzugeben. Hierbei fließen Informationen zum Wetter, zu möglichen Kollisionen, dem erwarteten Einfluss eines Vorfalls auf die Umwelt sowie Angriffs- und Ereigniswahrscheinlichkeiten ein.

Einen gänzlich anderen Ansatz verfolgen Teske et al. in [Tes18]. Sie verwenden *Natural-Language-Processing*, um Ereignisse basierend auf einer Schlüsselwortliste aus Artikeln zu extrahieren. Hierbei werden Artikel aus unterschiedlichen Zeitungen und Zeitschriften (z. B. »The Maritime Executive« und »The New York Times«) verwendet. Im ersten Schritt wird dazu erkannt, ob sich ein Artikel tatsächlich mit maritimen Ereignissen befasst. Dafür werden die einzelnen Artikel mit Hilfe eines *bag-of-words*-Models repräsentiert und klassifiziert. Im Anschluss werden u. a. auf Basis der Schlüsselwortlisten Details zum Ereignis extrahiert (z. B. der Ort des Ereignisses).

2.4.3 Komplexe Anomalien

Erkennen komplexer Anomalien basiert auf der Identifikation komplexer Verhaltensmuster, die durch den gegebenen Kontext eine Abweichung darstellen. DBNs werden von Fischer et al. [Fis14] verwendet, um Situationen von Interesse, z. B. den Warenschmuggel, zu modellieren. Da ein DBN mehrere Parameter hat, die von Fachkundigen möglicherweise nicht intuitiv ausgewählt werden können, haben Fischer et al. einen Ansatz entwickelt, um diese Parameter zu schätzen, indem sie nur einige wenige intuitive Parameter angeben.

Darüber hinaus stellt Fischer in [Fis16] einen ganzheitlichen Ansatz zur Situationsanalyse vor, der auf einem situationsspezifischen DBN basiert. Dies beinhaltet sowohl die Modellierung des Netzes als auch die Darstellung gegenüber den Endnutzern/Endnutzerinnen. Wichtig für die Funktionalität sind die Fähigkeit des Netzes, das Domänenwissen zu modellieren, und die Behandlung von verrauschten Eingangsdaten. Für die Auswertung werden simulierte und reale Daten verwendet, um die Erkennungsqualität des Ansatzes zu beurteilen.

Lane et al. [Lan10] erstellen Bayes'sche Netze, die Kriterien und Merkmale von Schiffen kombinieren, um verdächtige Situationen zu erkennen. Die fünf Hauptkriterien sind: »Abweichung von den normalen Routen«, »Erkennung verdächtiger AIS-Aktivitäten«, »unerwartete Ankunft im Hafen«, »zwei verdächtig nahe beieinander liegende Schiffe« und »ein Schiff, das in ein bestimmtes Interessengebiet einfährt«.

Pilato et al. verwenden in [Pil12] zwei Bayes'sche Netze, um eine Frühwarnung über einen bevorstehenden Piratenangriff zu ermöglichen. Zur Verwaltung des Domänenwissens ist eine maritime Ontologie integriert. Während eines der vorgeschlagenen Netze die Möglichkeit bewertet, dass das Schiff ein Piratenschiff ist, indem es die Eigenschaften des Schiffes bewertet, schätzt das andere Netz den Grad der Bedrohung anhand der Entfernung zwischen den Schiffen ab. Die Netz-Parameter werden mit Hilfe von Simulationen ausgewählt.

Ein komplexes Bayes'sches Netz mit insgesamt vierzig Knoten wird von Krüger et al. [Krü12] benutzt, um Warenschmuggel im Litoral zu erkennen. Sie verwenden kleine Beispiele, um die prinzipielle Funktionsweise des Modells zu zeigen, aber es gibt keine Auswertung auf der Grundlage von simulierten oder von realen Daten.

DBNs werden von Dabrowski und Villiers [Dab15] zur Modellierung potentieller Piratenangriffe verwendet. Die Grundlage des Modells ist ein simulierter Piratenangriff, jedoch wird die Validierung mit realen Daten durchgeführt.

Neben diesen auf probabilistischen graphischen Modellen basierten Ansätzen gibt es in der Literatur noch weitere Arbeiten mit dem Ziel, komplexe Anomalien zu erkennen. Brax [Bra11] führt z. B. eine zustandsbasierte Anomaliedetektion mit diskreten Zuständen für *Orientierung*, *Geschwindigkeit*, *Position* und *relative Position zum nächsten Schiff* in Form eines MAS ein. Mit diesen Zuständen werden die Wahrscheinlichkeiten für verschiedene Rollen in Form von Agenten (z. B. Überfall-Agent, Schmuggler-Agent oder befreundeter Agent) berechnet. Für die Auswertung werden verschiedene Szenarien, die bestimmten Situationen ähneln, simulativ generiert und zur Erprobung des Ansatzes benutzt.

Patroumpas et al. [Pat17] verwenden logische Ausdrücke in Form von *Event-Calculus*, um komplexe Ereignisse zu erkennen. Dafür wird Expertenwissen bspw. in Form verschiedener geographischer Gebiete mit unterschiedlichen Randbedingungen eingeführt. Das System kann dann benutzt werden, um Rückschlüsse zu den modellierten Ereignissen zu erhalten. Primeau et al.

[Pri17] hingegen verwenden ein *Fuzzy-Inferenz-System*, um Schmuggelaktivitäten in AIS-Daten zu erkennen.

2.5 Zusammenfassung

Für die Bedienung komplexer Systeme ist das mentale Modell des Situationsbewusstseins von großer Bedeutung. Insbesondere in Systemen, in denen Benutzer/-innen kritische Entscheidungen treffen müssen, wie bspw. bei Überwachungsaufgaben, ist ein gutes Situationsbewusstsein wichtig, um Fehlentscheidungen entgegenzuwirken oder die Konsequenzen zu mindern.

Eine Möglichkeit, das Situationsbewusstsein zu stärken, ist der Einsatz geeigneter EUS. Essentieller Teil dieser Systeme ist eine Datenfusion, welche die beiden Bereiche »Low-Level Datafusion« und »High-Level Datafusion« abdeckt. Nach dem JDL-Modell bezieht sich Ersteres auf die sensornahe Verarbeitung von Daten, also Merkmalsextraktion, Objekterkennung sowie das Nachverfolgen von Objekten. Letzteres nimmt dies als Grundlage, um daraus höherwertige Informationen abzuleiten, z. B. über die Existenzwahrscheinlichkeit einer Situation.

Um Inferenzen auf allen vorhandenen Daten zu ermöglichen, werden Weltmodelle, wie das OOWM, eingesetzt. Ein Weltmodell soll die reale Welt in einer maschinell verwertbaren Repräsentation abbilden. Dabei sollen Informationen nur in der benötigten Abstraktionsebene vorgehalten werden. Durch domänenspezifisches Wissen kann das Weltmodell weiter angereichert werden. Für den maritimen Raum kann hierfür auf unterschiedliche Standards und Projektergebnisse zurückgegriffen werden.

Um neben statistischen Ausreißern auch andere Situationen von Interesse erkennen zu können, werden unterschiedliche Verfahren zur Anomaliedetektion verwendet. Diese setzen auf einem Weltmodell auf und können bestimmte Ereignisse erkennen. Daher ist das Zusammenspiel verschiedener Algorithmen sinnvoll, um auch komplexere Ereignisse zuverlässig erkennen zu können.

3 Allgemeines Vorgehen

»Der Zufall begünstigt den vorbereiteten Geist.«
— Louis Pasteur

3.1 Forschungsstrategie Design and Create

Diese Arbeit orientiert sich an der Forschungsstrategie *Design and Create* nach [Oat05, S. 108 ff.]. Diese Forschungsstrategie zählt zu den *Design-Science-Research*-Vorgehensmodellen, die in verschiedenen Forschungsprojekten, wie durch Indulska und Recker [Ind10] sowie Amrollahi et al. [Amr14] in ihren Übersichtsartikeln gezeigt wird, Verwendung finden. Cater-Steel et al. [Cat19] untersuchten die Verwendung dieser Vorgehensmodelle bei (australischen) Dissertationen im Bereich der Informationssysteme. Außerdem wurde in den Arbeiten von Arnott und Pervan [Arn12, Arn16] gezeigt, dass solche Strategien vermehrt bei der Entwicklung von EUS Verwendung finden.

Mit *Design and Create* wird ein iterativer Problemlösungsansatz bezeichnet, der darauf abzielt, Informationstechnik(IT)-Artefakte zu entwickeln und zu erforschen. IT-Artefakte sind dabei Methoden, Modelle, Komponenten und ganze Systeme. Dabei werden in den Iterationen die folgenden Schritte durchlaufen:

Awareness: Erkennen und Formulieren eines Problems

Suggestion: Lösungsvorschlag

Development: Umsetzung mit einer adäquaten Methodik

Evaluation: Untersuchung des Artefaktes auf den gewünschten Lösungseffekt und mögliche Abweichungen vom Erwarteten

Conclusion: Konsolidierung, Bewertung und Diskussion der Ergebnisse, Erfahrungen und Schlussfolgerungen

Durch eine Iteration wird mindestens ein IT-Artefakt erzeugt. Jede Iteration wird in dieser Arbeit dabei als eigenes Kapitel beschrieben. Die Abschnitte dieser Kapitel bilden die Schritte des *Design and Create* wie folgt und in Abbildung 3.1 dargestellt ab:

1 Problem und Zielsetzung → *Awareness*

2 Methodik → *Suggestion* und *Development*

3 Ergebnis → *Suggestion* und *Development*

4 Schlussfolgerung → *Evaluation* und *Conclusion*

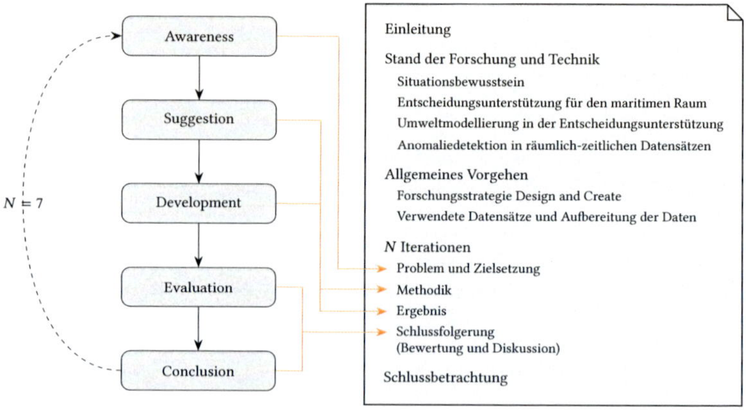

Abbildung 3.1: Verknüpfung des *Design-and-Create*-Ansatzes mit der Struktur dieser Arbeit

Dabei können aufgrund der Ergebnisse und Schlussfolgerungen einer Iteration weitere Iterationen entstehen. Dieser Prozess wird so lange durchgeführt, bis die Zielsetzung der Arbeit erreicht wird und damit die einzelnen Hypothesen widerlegt oder bestätigt werden können. In dieser Arbeit werden dazu sieben Iterationen benötigt: In der ersten Iteration wird das OOWM um Verhaltensmodelle erweitert und an die maritime Anwendungsdomäne angepasst. Um abschätzen zu können, inwieweit das Erkennen von *Positions-*

und *Kinematik-Anomalien* für die Einsatzdomäne ausreichend ist, werden entsprechende Verfahren in der zweiten Iteration betrachtet. Da diese zwar erfolgreich für sehr bestimmte Anomalien eingesetzt werden können, jedoch keinen Kontextbezug beinhalten, werden in der dritten und vierten Iteration Verfahren behandelt, die es ermöglichen, Expertenwissen einfließen zu lassen. Bei dem auf Nutzenfunktionen basierten Verfahren wird dabei das Problem identifiziert, ebensolche Nutzenfunktionen sinnvoll und plausibel zu erstellen. In der fünften und sechsten Iteration werden daher zwei Verfahren erarbeitet, um datengetrieben Nutzenfunktionen schätzen zu können. Die letzte Iteration zeigt ein auf DBNs basiertes Verfahren, um komplexe Situationen zu erkennen.

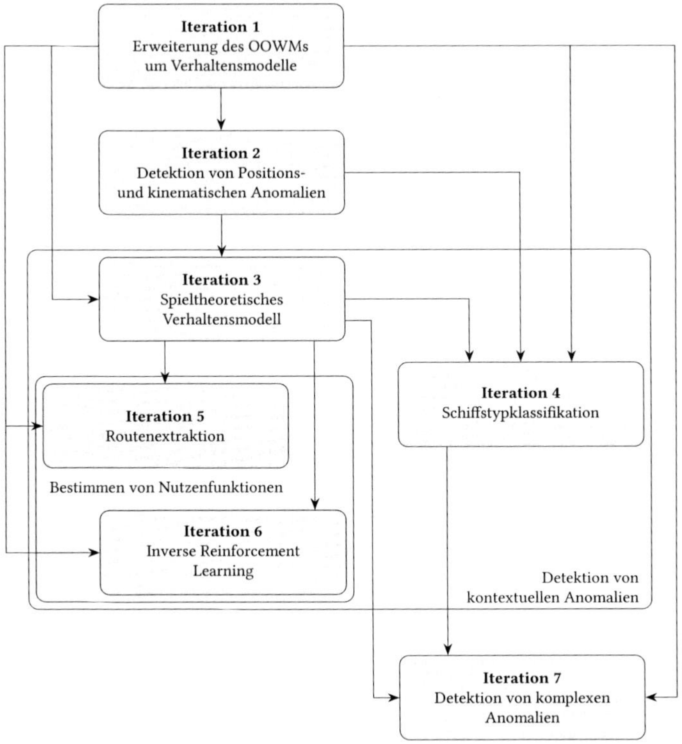

Abbildung 3.2: Zusammenhang zwischen den Iterationen

Der Zusammenhang zwischen den einzelnen Schritten ist in Abbildung 3.2 dargestellt. Aus den Iterationen entstehen in dieser Arbeit die folgenden Artefakte als Beitrag zur Wissenschaft:

- Das Umweltmodell OOWM wurde um Verhaltensmodelle erweitert, die es ermöglichen, Verhaltensmuster als weitere Komponente in der Verarbeitungskette einfließen zu lassen.
- Gestützt auf die Schätzung der Wahrscheinlichkeitsdichte der Position und Kinematik von realen Verkehrsdaten werden *Positions-* und *kinematische Anomalien* erkannt.
- Die Position und Kinematik über die Gesamttrajektorie werden durch B-Splines approximiert und zur Erkennung von Anomalien genutzt.
- Durch Integration von Kontextinformationen und die im erweiterten OOWM vorgehaltenen Verhaltensmodelle werden kontextuelle Anomalien erkannt.
- Auf Basis der Verkehrsdaten als Zeitreihenanalyse der einzelnen Schiffe wird eine Schiffstypklassifikation ermöglicht. Diese basiert auf einem *Convolutional Neural Network (CNN).*
- Zur Verwendung von festen Reiserouten als Kontextwissen werden Repräsentationen dieser Routen eingelernt.
- Um weniger klare neue Verhaltensmuster bestimmen zu können, wird mit Hilfe eines *Inverse-Reinforcement-Learning*-Ansatzes die Nutzenfunktion zur weiteren Verwendung in Verhaltensmodellen geschätzt.
- Um bestimmte komplexe Situationen von Interesse erkennen zu können, wird ein auf *DBNs* basierter Ansatz eingesetzt, der es ermöglicht, die unterschiedliche Zuverlässigkeit von Informationsquellen einfließen zu lassen.

3.2 Verwendete Datensätze und Aufbereitung der Daten

Um zu gewährleisten, dass die unterschiedlichen Verfahren in realen Einsatzszenarien funktionieren, werden die einzelnen Artefakte unter Verwendung von realen Daten erprobt. Die verwendeten Daten stammen dabei aus vier verschiedenen Datensätzen, die in dieser Arbeit wie folgt bezeichnet werden:

IOSB-Western-Baltic-Sea: AIS-Daten über eine Woche in einem Gebiet, das aus dem westlichen Teil der Ostsee, dem Kattegat, Teilen des Skagerrak und der Beltsee besteht.

IOSB-AISHub: AIS-Daten basierend auf AISHub[1]. AISHub ist ein Dienst zum Austausch von AIS-Daten. Benutzer/-innen können ihre Daten in das System einspeisen und damit anderen zur Verfügung stellen. Damit ergibt sich theoretisch eine weltweite Abdeckung.

Naval-Academy-Brest: Sechsmonatiger öffentlicher Datensatz um Brest, Frankreich [Ray18].

MARISA-North-Sea-Live-Trial: IVEF-Daten während des MARISA Live Trials in der Nordsee vor der Küste der Niederlande.

Die Abdeckungsbereiche der Datensätze *IOSB-Western-Baltic-Sea*, *Naval-Academy-Brest* und *MARISA-North-Sea-Live-Trial* sind in Abbildung 3.3 dargestellt. Genauere Informationen zu der Anzahl an Datenpunkten, der Anzahl an Schiffen sowie dem jeweiligen Zeitraum sind in Tabelle 3.1 für alle Datensätze zusammengefasst.

[1] https://www.aishub.net, letzter Abruf am 04.03.2020.

Tabelle 3.1: Details zu den verwendeten Datensätzen. Neben dem Zeitraum der Aufnahme werden zusätzlich die Anzahl der Datenpunkte sowie die Anzahl der eindeutigen Schiffskennungen gegeben durch die MMSI aufgezeigt.

Name	Zeitraum	Datenpunkte	MMSIs
IOSB-Western-Baltic-Sea	16.05.2011–22.05.2011	>2,3 Mio.	3 550
IOSB-AISHub	24.07.2018–15.11.2018	>2,1 Mrd.	209 536
Naval-Academy-Brest	01.10.2015–31.03.2016	>19 Mio.	4 842
MARISA-North-Sea-Live-Trial	13.09.2018 13:00–17:00	>70 Tsd.*	713*

* basierend auf AISHub-Daten im Zeitraum der Versuche

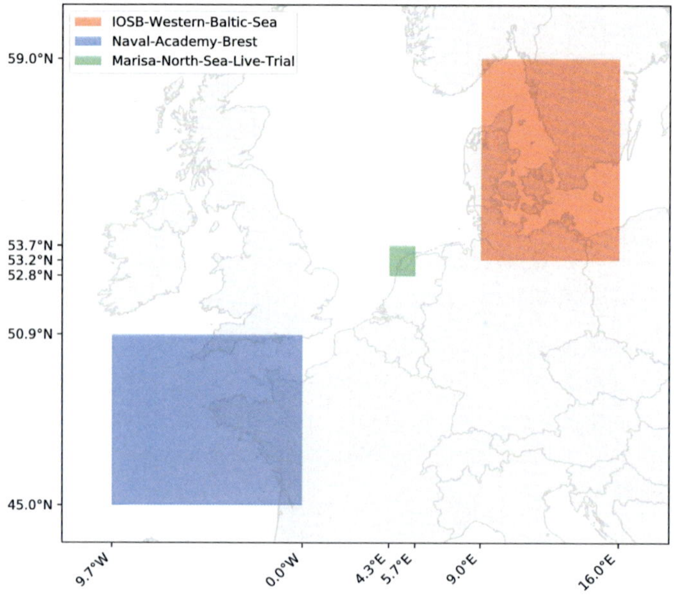

Abbildung 3.3: Abdeckungsbereiche verwendeter Datensätze

3.2.1 IOSB-Western-Baltic-Sea

In Abbildung 3.4 ist eine Heatmap dargestellt, die das Verkehrsaufkommen im Gebiet des *IOSB-Western-Baltic-Sea*-Datensatzes widerspiegelt. In der Heatmap wurden drei Teilgebiete gekennzeichnet. Diese drei Gebiete werden in Kapitel 5 als Grundlage zum Erstellen der Detektionsverfahren für *Positions-* und *kinematische Anomalien* genutzt. In der Heatmap sind die verschiedenen Schifffahrtswege in der Ostsee klar zu erkennen.

Zunächst werden die Daten bereinigt und Datenpunkte mit falschen Angaben sowie alle Daten, die durch Off-Shore-Anlagen und andere fest installierte Systeme wie Navigationshilfen generiert wurden, entfernt. Die Daten der resultierenden 3 550 eindeutigen Schiffe werden nach ihrer MMSI gruppiert und zu Trajektorien verbunden. Wenn die Zeit zwischen zwei Datenpunkten größer als 30 Minuten ist, wird die Trajektorie an dieser Stelle geteilt. Insgesamt befinden sich so 25 918 unterschiedliche Trajektorien im Datensatz.

Für die weiteren Untersuchungen werden nur Tanker und Frachtschiffe analysiert, da diese durch wirtschaftliche Bedenken klare Fahrmuster aufweisen und sich dabei zueinander ähnlich verhalten. Im Datensatz befinden sich 1 087 Frachtschiffe und 386 Tanker.

Um eine quantitative Analyse von Anomaliedetektionsverfahren zu ermöglichen und damit im Gegensatz zu anderen Arbeiten (bspw. [Lax11]) das Erkennen von realen Anomalien zu erproben, werden drei Teilbereiche annotiert. In den jeweiligen Bereichen werden Positions-, Geschwindigkeits- und Kursanomalien markiert. Andere fehlerhafte Angaben in bestimmten Datenfeldern der AIS-Nachrichten, z. B. wird im Navigationsstatus-Feld »Vor Anker« angegeben, obwohl sich das Schiff mit mehr als zehn Knoten bewegt, werden für die Annotation nicht weiter betrachtet.

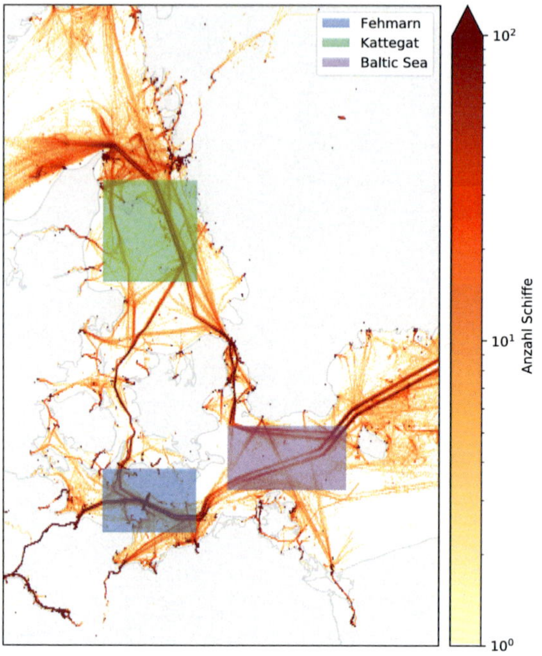

Abbildung 3.4: Heatmap des Schifffahrtsverkehrs im *IOSB-Western-Baltic-Sea*-Datensatz. Die Daten wurden in einem 0,014°-Raster für Längen- und Breitengrad ausgewertet. Für die Experimente aufbereitete Teilgebiete sind farblich markiert.

Die Annotation der Daten wird insgesamt für die drei in Abbildung 3.4 dargestellten Gebiete durchgeführt. Alle Trajektorien der Tanker und Frachtschiffe innerhalb dieser Gebiete sind in Abbildung 3.5 zu sehen. Die Gebiete werden jeweils ausgewählt, um bestimmte Verhaltensmuster aufzuzeigen. In Abbildung 3.5a ist ein Teil des Kattegats dargestellt. In diesem Gebiet gibt es keine Häfen, die von Tankern oder Frachtschiffen im Datensatz angelaufen würden. Wegen der vielen Untiefen um die beiden größeren Inseln (im Norden Læsø und im Süden Anholt) gibt es nur wenige Schifffahrtswege. Auf diesen verkehren die meisten Schiffe. Diese Routen verlaufen von Nord nach Süd oder umgekehrt. Häfen auf den beiden Inseln sind mit roten Punkten markiert.

Schiffe, die von West nach Ost fahren, werden als Anomalie betrachtet. Insgesamt gibt es in diesem Gebiet 516 verschiedene Tanker und Frachtschiffe mit 30 531 Datenpunkten.

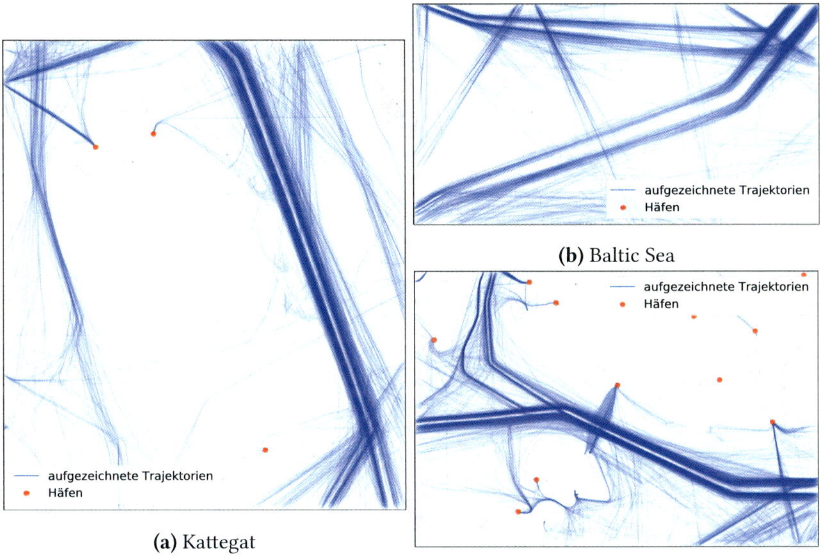

(a) Kattegat

(b) Baltic Sea

(c) Fehmarn

Abbildung 3.5: Trajektorien in den ausgewählten Gebieten

Abbildung 3.5b zeigt das normale Verhalten innerhalb eines Ausschnitts der Ostsee. Dieses Gebiet besteht aus zwei Hauptverkehrsrouten. Im Osten (nordwestlich der dänischen Insel Bornholm) beginnen beide Routen. Eine Route verläuft in Richtung Kopenhagen, die andere in Richtung Fehmarn und Lolland. Außerdem sind im Norden die Trajektorien von Schiffen zu sehen, die den Hafen von Trelleborg anlaufen. Da die Verkehrsdichte der anderen möglichen Trajektorien (z. B. der Verkehr nach Ystad) gering ist, wird der übrige Verkehr als anormales Verhalten definiert. Das daraus resultierende Gebiet hat 698 eindeutige Tanker und Frachtschiffe, die insgesamt 26 808 Datenpunkte generieren.

Abbildung 3.5c zeigt ein Gebiet zwischen Fehmarn und Lolland, in dem die Situation sich im Vergleich zu den anderen beiden Gebieten komplexer darstellt. Es gibt eine Fährverbindung zwischen den Inseln Fehmarn und Lolland. Außerdem existieren Routen in beide Richtungen von West nach Ost und von Ost nach West. Im Westen teilen sich diese Routen in zwei Abschnitte für jede Richtung, einen in Richtung Norden und einen in Richtung Westen, auf. Alle Schiffe, die aus dem Süden kommen, werden als Anomalien gekennzeichnet, auch wenn es sich bei einigen von ihnen um normalen Verkehr handelt, der Häfen in Rostock oder anderen deutschen Städten anläuft. Aufgrund der geringen Anzahl von Schiffen, die diesen Weg nehmen, können normaler und anomaler Verkehr nicht einwandfrei unterschieden werden. Daher werden die Trajektorien als Anomalien gekennzeichnet. Darüber hinaus gibt es mehrere Häfen (in Abbildung 3.5c als rote Punkte markiert), die von den ausgewählten Schiffen in diesem Gebiet angelaufen werden. Insgesamt liegen in diesem Teil des Datensatzes 602 eindeutige Tanker und Frachtschiffe mit 36 069 Datenpunkten vor.

Da das Verhalten auf hoher See und nicht in Häfen betrachtet wird, werden während der Annotation der Tanker und Frachtschiffe in den ausgewiesenen Gebieten ebensolche Schiffe in Häfen aus dem Datensatz entfernt. Insgesamt haben sich für die beiden Schiffstypen anormale Datenpunkte wie in Tabelle 3.2 gezeigt ergeben. Für das Gebiet Fehmarn werden 15,1 % der Datenpunkte von Frachtschiffen und 8,7 % der Datenpunkte von Tankschiffen als anormal markiert. Im Kattegat-Gebiet sind es 5,4 % bzw. 6,6 % und im Baltic-Sea-Gebiet 15,2 % bzw. 14,4 % der Daten.

Tabelle 3.2: Annotierte Anomalien in den Teilgebieten

Gebiet	Tanker	Frachtschiffe	Gesamt
Fehmarn	852 (8.7 %)	3972 (15.1 %)	4824 (13.4 %)
Kattegat	515 (5.4 %)	1391 (6.6 %)	1906 (6.2 %)
Baltic Sea	867 (14.4 %)	3149 (15.2 %)	4016 (15.0 %)

3.2.2 IOSB-AISHub

In Abbildung 3.6 ist eine Heatmap der *IOSB-AISHub*-Daten zu sehen. Die Abdeckung um Europa ist von guter Qualität, jedoch nicht ganz lückenlos (z. B. fehlen die Verbindungen zwischen Island sowie Kontinentaleuropa und die Verläufe des Rheins und der Donau sind nicht vollständig), wohingegen andere Teile der Welt (z. B. Südamerika oder allgemein die hohe See) nur unzureichend aufgezeichnet werden. Diese Lücken im Empfangsbereich resultieren durch den landseitigen Empfang der einzelnen Stationen (im Gegensatz zu satellitengestützten Empfangsstationen) und die auf Freiwillige angewiesene Einspeisung der Signale.

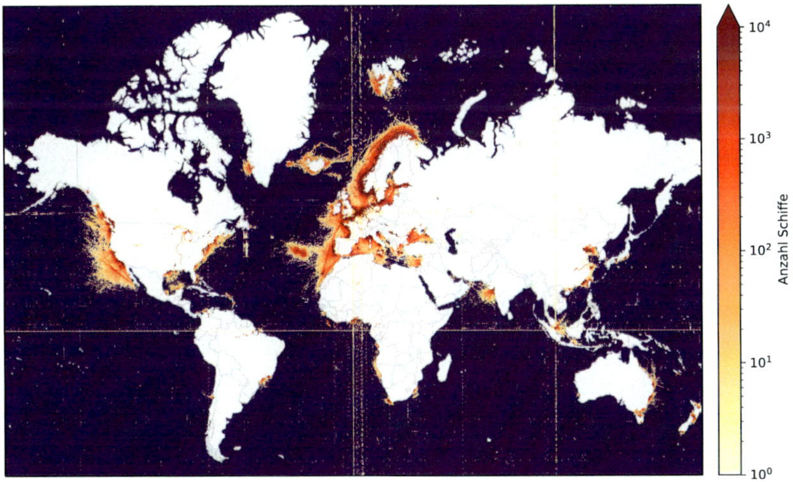

Abbildung 3.6: Heatmap der *IOSB-AISHub*-Daten. Die Daten wurden im Zeitraum vom 24.07.2018 bis zum 15.11.2018 aufgezeichnet und in einem 0,1°-Raster für Längen- und Breitengrad ausgewertet. Generell entsprechen Linien auf den Kontinenten entweder Flüssen oder Seen. Da die verwendeten Rohdaten auch fehlerhafte Positionsangaben beinhalten, entstehen Fragmente in Form von Linien über einen Breiten- oder Längengrad. Dies ist u. a. sichtbar am Äquator und am Nullmeridian.

3.2.3 Naval-Academy-Brest

In Abbildung 3.7a ist eine Heatmap der Daten aus dem *Naval-Academy-Brest*-Datensatz [Ray18] zu sehen. Die Daten werden bereinigt zur Verfügung gestellt. Da die Daten nur durch einen AIS-Empfänger aufgenommen wurden, ist der erfasste Bereich eingeschränkt. In dem Datensatz sind verschiedene andere Informationen zusammengefasst. Dazu gehören z. B. die geschätzte Fischereidichte in Abbildung 3.7b oder Wetterdaten über den ausgewerteten Zeitraum. Die Fischereidichtekarte basiert auf einer Auswertung von AIS-Nachrichten über einen Zeitraum von einem Jahr [Nat15, Ves16]. Zur Erstellung dieser Dichtekarte wurden nur Daten zu Trawlern, also Schleppnetzfischern, verwendet, die tatsächlich am Fischen waren und deren Schiffslänge mindestens 15 m betrug.

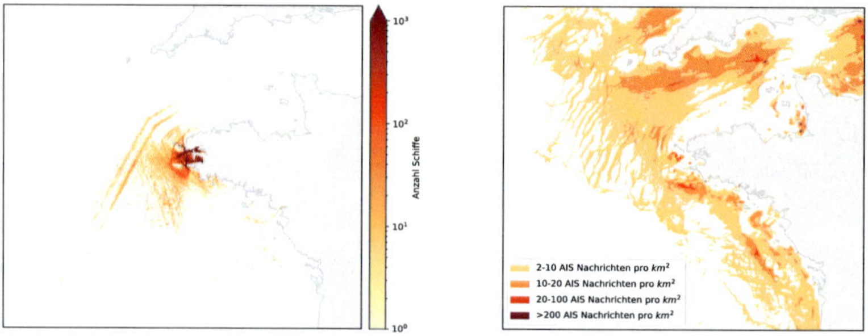

(a) Heatmap des Schiffsverkehrs ausgewertet in einem 0,005°-Raster für Längen- und Breitengrad

(b) Geschätzte Fischereidichte auf Basis von [Nat15, Ves16]

Abbildung 3.7: *Naval-Academy-Brest*-Datensatz

3.2.4 MARISA-North-Sea-Live-Trial

Die betrachtete Region aus einem der Live Trials im Projekt MARISA, welcher vor der niederländischen Küste stattfand, ist in Abbildung 3.8 dargestellt. Die Versuche wurden im eingezeichneten Gebiet vor der Westfriesischen Insel Terschelling durchgeführt. Basis für die Abbildung sind Verkehrsdaten über einen Monat im eingezeichneten Gebiet. Zum einen sind die Seewege im Norden und Westen, die durch Verkehrstrennungsgebiete vorgegeben sind, klar zu erkennen. Zum anderen sind im Bereich des Wattenmeers zwischen dem Festland und den Westfriesischen Inseln die durch die Wassertiefe vorgegebenen Fahrverläufe deutlich zu identifizieren.

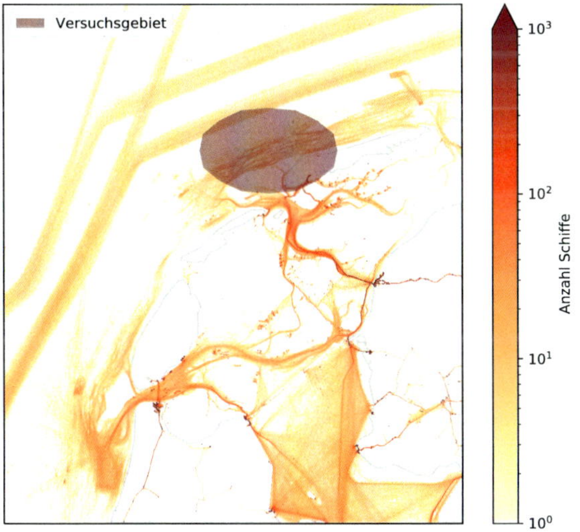

Abbildung 3.8: Heatmap im Bereich der *MARISA-North-Sea-Live-Trial*-Daten. Für die Heatmap wurden AIS-Daten aus dem AISHub aus dem Monat August 2018 verwendet und in einem 0,001°-Raster für Längen- und Breitengrad ausgewertet.

4 Erweiterung des OOWM um Verhaltensmodelle

»Nichts ist verblüffender als die einfache Wahrheit, nichts ist exotischer als unsere Umwelt, nichts ist phantasievoller als die Sachlichkeit.«

— Egon Erwin Kisch

Ergebnisse aus diesem Kapitel wurden im Rahmen des »2018 Joint Workshop of Fraunhofer IOSB and Institute for Anthropomatics, Vision and Fusion Laboratory« [Ann19a] vorgestellt.

4.1 Problem und Zielsetzung

Um Situationen von Interesse identifizieren zu können, sind das Verhalten und die Interaktion zwischen den Entitäten von großer Bedeutung. Das OOWM, wie es in Abschnitt 2.3.3 eingeführt wurde, lässt dies jedoch außer Acht. Die Entitäten $\mathcal{E}$ besitzen hier also kein distinktives Verhaltensmuster. Das Integrieren dieser Verhaltensmuster kann die Bewertung einer Situation stark beeinflussen, da dieses eine Erklärung für Verhalten liefern kann, das auf den ersten Blick unregelmäßig erscheint. Das Ziel ist hier also die Erarbeitung von Möglichkeiten zur Modellierung und Integration des Verhaltens für das OOWM. Außerdem soll gezeigt werden, wie das erweiterte OOWM an die maritime Anwendungsdomäne angepasst werden kann.

4.2 Methodik

Im Folgenden wird beschrieben, wie das OOWM um Verhaltensmodelle erweitert werden kann. Dabei werden die Entitäten, für die ein Verhalten modelliert werden soll, als Agenten interpretiert. Diese Agenten können mit der Umwelt und anderen Agenten interagieren. Die Entscheidungen für (rationale) Aktionen können durch spieltheoretische Überlegungen hergeleitet werden.

4.2.1 Erweiterung des OOWM durch Agenten

Nicht alle Entitäten (z. B. leblose Entitäten wie Mauern, Stühle, Tassen etc.) weisen ein dediziertes Verhalten auf, das intern auf Entscheidungsfindungsprozessen aufbaut. Ein abstrahiertes Modell zur Entscheidungsfindung ist ein Agentenmodell, das bspw. von Russell und Norvig wie folgt beschrieben wird:

> »An agent is anything that can be viewed as perceiving its environment through sensors and acting upon that environment through effectors.« [Rus10, S. 34]

In Abbildung 4.1 ist der Aufbau eines solchen Agenten zu sehen. Dieser Agent nimmt seine Umgebung durch Sensoren wahr. Angewendet auf das OOWM bedeutet dies, dass jeder Agent eine Untermenge aller Entitäten erkennen

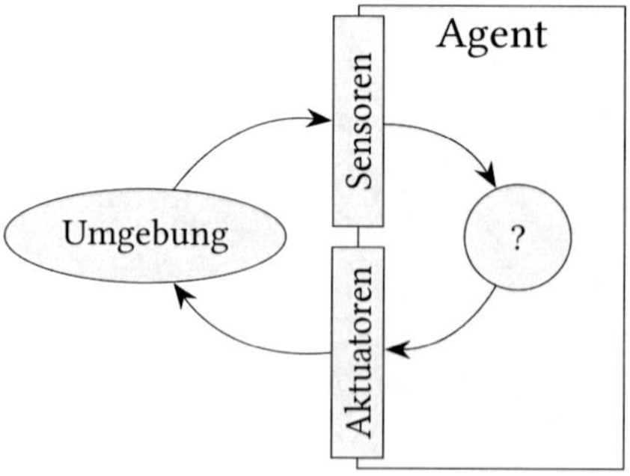

Abbildung 4.1: Ein intelligenter Agent nach [Rus10, S. 35]

kann und diese in Repräsentanten $\mathcal{R}^p \subseteq \mathcal{R}$ für seine eigene Umgebungsmodellierung vorhält. Weiterhin kann ein Agent Aktionen $\mathcal{B}$ mit seinen Aktuatoren ausführen. Diese können die Umwelt beeinflussen. Für die Repräsentanten im OOWM heißt dies, dass durch eine Aktion Attribute verändert werden. Ein intelligenter Agent wird einen Mechanismus zur Entscheidungsfindung – basierend auf seiner wahrgenommenen Umgebung – benutzen, um die nächste Aktion festzulegen. Russell und Norvig sprechen hier von einem idealen rationalen Agenten:

> »For each possible percept sequence, an ideal rational agent should do whatever action is expected to maximize its performance measure, on the basis of evidence provided by the percept sequence and whatever built-in knowledge the agent has.« [Rus10, S. 37]

Für die Ausprägung eines Verhaltens kann dieser Ansatz analog der Formalisierung einer Situation wie folgt beschrieben werden: Für die Beobachtungen durch eine Entität E ergibt sich der folgende Zustandsraum:

$$\Omega_E := \bigtimes_{R \in \mathcal{R}^r} (R, \mathcal{C}_R^r) \times \mathbb{T}. \tag{4.1}$$

Dabei ist $\mathcal{R}^r \subseteq \mathcal{R}^p$ die Menge aller beobachteten Repräsentanten, die relevant für den Entscheidungsprozess sind. Des Weiteren werden die relevanten Konzepte für den Repräsentanten R mit $\mathcal{C}_R^r$ bezeichnet.

Das Verhalten H eines Agenten über ein Zeitintervall $\mathbf{d} = (t_1, \ldots, t_k)$ kann dann als Abbildung des Zustandsraums Ω_E auf eine Aktion $B \in \mathcal{B}$ angesehen werden:

$$H : \bigtimes_{i=1}^{k} \Omega_E \to B. \tag{4.2}$$

Die Menge der möglichen Abbildungen zum Generieren von Aktionen wird mit $\mathcal{H}$ bezeichnet.

Dies impliziert, dass ein Teil der Repräsentanten im OOWM sich wie rationale Agenten verhalten. Dieses Verhalten wird bei ähnlichen Entitäten nur geringfügig unterschiedlich ausfallen. Das Hintergrundwissen muss daher um Verhaltensmodelle ergänzt werden. Verhalten im OOWM kann als Menge der möglichen Verhaltensabbildungen $\mathcal{H}$ aufgefasst werden. Ein Repräsentant folgt einem bestimmten Verhalten $H \in \mathcal{H}$ basierend auf dem zugehörigen Konzept C.

Die Assoziation zwischen dem Verhalten H und einem Repräsentanten R kann durch

$$\mathbf{P}(H \mid C), \forall H \in \mathcal{H}, \forall C \in \mathcal{C}, \text{ mit } \mathbf{P}(C \mid R) > 0 \tag{4.3}$$

beschrieben werden.

Diese Definition erlaubt es jedem Repräsentanten, einem Verhalten zu folgen, das auf den assoziierten Konzepten basiert. Im nächsten Schritt wird dargestellt, wie das Verhalten als Entscheidungsfindung modelliert werden kann, welche die zur Verfügung stehenden Informationen beachtet.

4.2.2 Verhaltensmodelle im OOWM

Nach Russell und Norvig [Rus10, S. 46 ff.] gibt es eine Vielzahl an unterschiedlichen Modellen für die Entscheidungsfindung von Agenten. Eines dieser Modelle ist der nutzenbasierte Agent (engl. »utility-based agent«), dessen Aufbau in Abbildung 4.2 dargestellt ist. Ein solcher Agent nimmt seine Umwelt durch Sensoren wahr und erstellt mit diesen Informationen eine Repräsentation der Welt. Er ist ferner dazu in der Lage, den Einfluss seiner Aktionen auf die Umwelt abzuschätzen, um darauf basierend seinen eigenen Nutzen für bestimmte Aktionen zu bestimmen. Der Agent wird dann die Aktion auswählen, die bspw. den eigenen Nutzen maximiert oder andere Zielkriterien erfüllt. Diese Aktion wird darauf durch die Aktuatoren ausgeführt.

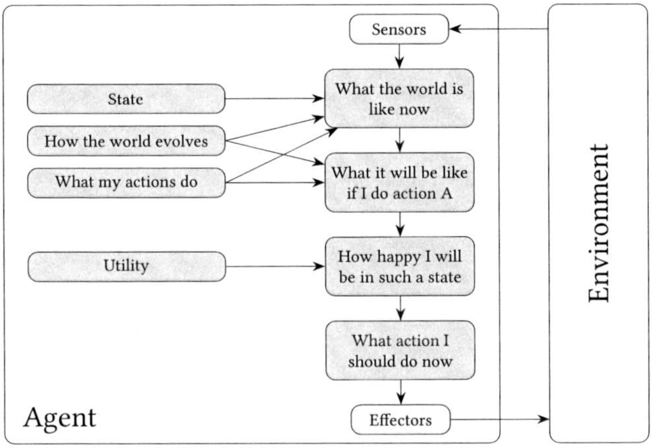

Abbildung 4.2: Aufbau eines nutzenbasierten Agenten nach [Rus10, S. 54]

Ein weiteres Konzept wurde bspw. von Rao und Georgeff [Rao95] als BDI-Agent eingeführt. BDI steht als Akronym für *Belief*, *Desire* und *Intention*. Mit *Belief* wird das beobachtbare Wissen über die Welt und sich selbst bezeichnet. *Desire* steht für den Zustand der Welt, der das Problem löst. Als *Intention* werden die möglichen Pläne zur Erreichung des Ziels beschrieben. Eine Erweiterung dieses Modells wurde in [Bro01] vorgestellt. Hierbei wird das Modell um »Obligations« (dt. »Pflichten« oder »Verbindlichkeiten«) ergänzt. Diese stellen Werte, Normen und Regeln dar, die auf alle Agenten angewandt werden.

Während diese Modelle generelle Konzepte zur Entscheidungsfindung von Agenten beschreiben, ist nicht klar, wie ein Ziel definiert wird oder in welcher Form die Aktion tatsächlich ausgewählt wird. Ohne ein genaues Ziel zu verfolgen, ist es aber kaum möglich, eine geeignete Aktion auszuwählen, da im Prinzip alle Aktionen in Ordnung wären. Eine bekannte Formulierung dieses Problems findet sich in dem Roman »Alice im Wunderland« von Lewis Caroll:

> »[Alice:] ›*Would you tell me, please, which way I ought to walk from here?*‹
> ›*That depends a good deal on where you want to get to,*‹ said the [Cheshire] Cat.
> ›*I don't much care where—*‹ said Alice.

>›*Then it doesn't matter which way you walk,*‹ said the Cat.
>› *—so long as I get* somewhere,‹ Alice added as an explanation.
>›*Oh, you're sure to do that,*‹ said the Cat, ›*if you only walk long enough.*‹« [Car65, Kapitel 6]

Es zeigt sich, dass ohne ein valides Ziel keine richtige Entscheidung getroffen werden kann, denn jede Entscheidung ist in diesem Fall in Ordnung. Möglichkeiten zur Modellierung von Entscheidungsfindungsprozessen sowie Zieldefinitionen finden sich in der Entscheidungstheorie und der Spieltheorie.

Die Entscheidungstheorie beschäftigt sich mit der Analyse von Entscheidungen von Agenten. Sie spaltet sich in zwei Bereiche auf – normative (präskriptive) und deskriptive Entscheidungstheorie:

>»Ziel der deskriptiven Entscheidungstheorie ist es zu beschreiben, wie Entscheidungen in der Realität getroffen werden. Hierzu sind empirisch gehaltvolle Hypothesen über das Verhalten von Individuen und Gruppen im Entscheidungsprozess zu entwickeln, mit deren Hilfe Entscheidungen prognostiziert werden können.
>
>Ziel der präskriptiven (oder normativen) Entscheidungstheorie ist es zu zeigen, wie Entscheidungen ›rational‹ getroffen werden können. Hierzu werden Grundprobleme der Auswahl aus mehreren einander ausschließenden Handlungsalternativen untersucht, die in allen oder zumindest in zahlreichen Entscheidungssituationen entstehen. Dabei stehen Entscheidungen im Vordergrund, die im Hinblick auf mehrere zueinander in Konflikt stehende Ziele und angesichts einer ungewissen Zukunft zu treffen sind.« [Lau18, S. 28]

Grundlage sind hier immer Entscheidungssituationen mit nur einem Agenten. Entscheidungssituationen mit mehreren Agenten, bei denen sich die Entscheidungen der einzelnen Agenten gegenseitig beeinflussen, werden in der Spieltheorie betrachtet.

Die Spieltheorie behandelt Konflikte und Kooperationen zwischen intelligenten rationalen Entscheidern in Form von mathematischen Modellen. Nach

Holler et al. [Hol19, S. 1] sind vier Charakteristika entscheidend für die betrachtete strategische Entscheidungssituation:

- Eine Entscheidung hängt von mehreren Entscheidern ab, das Ergebnis ist also nicht unabhängig von der Wahl der anderen.
- Den Entscheidern ist diese Abhängigkeit bekannt.
- Jeder Entscheider geht davon aus, dass diese Abhängigkeit jedem anderen Entscheider auch bekannt ist.
- Entscheider berücksichtigen die vorherigen drei Punkte bei der Entscheidungsfindung.

Die Spieltheorie behandelt die aus diesen Punkten entstehenden Interessenskonflikte und/oder Koordinationsprobleme und liefert dafür Hilfsmittel, um ebendiese analysieren zu können. Dazu gibt die Spieltheorie den formalen Rahmen, um Erwartungen zum Verhalten anderer und deren Entscheidungen sowie die Regeln zur Entscheidungsfindung formulieren zu können.

Ein (nichtkooperatives) Spiel Γ besteht aus einer Spielermenge $\mathcal{N}$, eine Menge an Strategien $\mathcal{B}^\Gamma$ und einer Nutzenfunktion $\mathbf{u}$:

$$\Gamma = (\mathcal{N}, \mathcal{B}^\Gamma, \mathbf{u}). \tag{4.4}$$

Ein Repräsentant $R \in \mathcal{R}$ mit dem Verhalten H kann als Spieler in einem spieltheoretischen Spiel Γ aufgefasst werden. Die Spielermenge ist durch

$$\mathcal{N} = \{1, \dots, n\} \tag{4.5}$$

gegeben. Der gesamte Strategieraum baut auf den möglichen Strategien der einzelnen Spieler auf:

$$\mathcal{B}^\Gamma = \bigtimes_{i=1}^{n} \mathcal{B}_i^\Gamma. \tag{4.6}$$

Eine Strategie $B_i^\Gamma \in \mathcal{B}_i^\Gamma$ eines Spielers $i \in \mathcal{N}$ entspricht nach [Hol19, S. 36] der Planung einer bestimmten Folge von Aktionen $B_i \in \mathcal{B}_i$, die der Repräsentant

R_i durchführen kann. Wird eine einzelne Entscheidungssituation betrachtet, fallen die möglichen Strategien und die möglichen Aktionen zusammen.

Durch die Nutzenfunktion wird allen Spielern für jede Strategiekombination ein Nutzen über folgende Abbildung zugeordnet:

$$\mathbf{u} : \mathcal{B}^{\Gamma} \to \mathbb{R}^{n}. \tag{4.7}$$

Zur Auswahl der Strategien werden verschiedene Lösungskonzepte benutzt. Ein Überblick wird bspw. in [Hol19, S. 34] gegeben. Eines der bekanntesten Lösungskonzepte ist das *Nash-Gleichgewicht* [Nas51]. Als Grundlage dient hier ein nichtkooperatives Spiel Γ, d. h., ein Agent will seinen eigenen Nutzen maximieren, aber nicht zwangsläufig versuchen, den Nutzen der anderen Spieler zu erhöhen. Das *Nash-Gleichgewicht* gibt in einer solchen Konstellation vor, wie sich Spieler unter Voraussetzung eines erwarteten Nutzens rational verhalten würden.

Im OOWM wird das Hintergrundwissen in Form von Konzepten hinterlegt. Das mögliche Verhalten der Agenten soll sich nach dem assoziierten Konzept richten. Ein Formalismus, der diesen Grundgedanken in ähnlicher Weise verfolgt, wurde von Harsanyi [Har68] eingeführt: In einem sogenannten Bayes-Spiel wird jedem Spieler ein Typ zugeordnet. Dieser Typ hat direkten Einfluss auf den erwarteten Nutzen des Spielers und wird von einem speziellen Spieler (im Folgenden »Natur« genannt) am Anfang des Spiels zugewiesen.

Ein Spiel mit unvollständigen Informationen und Spielertypen wird wie folgt definiert:

$$\Gamma_{\text{Bayes}} = \left(\mathcal{N}, (\mathcal{T}_i, \mathcal{B}_i^{\Gamma}, u_i, p_i)_{i \in \mathcal{N}}\right). \tag{4.8}$$

Die Natur weist hier den Typ für die Spieler zufällig zu und ein Spieler kennt nur seinen eigenen Typ. Bevor irgendein anderer Spieler eine Aktion durchführt, wählt die Natur also den Spielertyp $T_i \in \mathcal{T}_i$ für jeden Spieler $i \in \mathcal{N}$ aus. Diese Auswahl wird als sogenannte gemischte Strategie modelliert. Eine gemischte Strategie stellt sich als Wahrscheinlichkeitsverteilung über die (reinen) Strategien dar. Außerdem gibt p_i (Belief) für jeden Spieler $i \in \mathcal{N}$

eine Wahrscheinlichkeitsverteilung über die einzelnen Spielertypen vor. Im Vergleich zum allgemeinen Spiel muss die Nutzenfunktion angepasst werden. Der Typ $\mathcal{T}_i$ eines Spielers $i \in \mathcal{N}$ beeinflusst seine Präferenzen, d. h., die Nutzenfunktion ist nun nicht nur von den Strategien, sondern auch von den Spielertypen abhängig:

$$\mathbf{u} : \mathcal{B}^\Gamma \times \mathcal{T} \to \mathbb{R}^n. \tag{4.9}$$

Überträgt man die Notation des Bayes-Spiels in das OOWM, ergibt sich folgende Zuordnung:

- Spieler entsprechen Repräsentanten: $\mathcal{N} \to \mathcal{R}$
- Typen entsprechen Konzepten: $\mathcal{T} \to \mathcal{C}$
- Beliefs in die Typen werden als Wahrscheinlichkeitsverteilung über die zugewiesenen Konzepte für jeden Repräsentanten modelliert: $p_i \to \mathbf{P}(C \mid R)$ für $R \in \mathcal{R}^p$.

4.2.3 Modellierung der Anomaliedetektion im OOWM

Im Folgenden wird aufgezeigt, wie mit Hilfe des erweiterten OOWMs die Anomaliedetektion modelliert werden kann. Wie zuvor dargestellt handelt es sich bei $\mathcal{R}$ um die Repräsentanten der Entitäten $\mathcal{E}$ der realen Welt. Ein Beobachter ist verantwortlich für das Erkennen der markanten oder kritischen Situationen.

Dieser Beobachter kann wiederum als eine Entität aufgefasst werden: $E_O \in \mathcal{E}$. Der dazugehörige Repräsentant ist dann durch $R_O \in \mathcal{R}$ gegeben. Jeder Beobachter für sich hat sein eigenes Hintergrundwissen bestehend aus Konzepten $\mathcal{C}_O$ und Verhaltensmodellen $\mathcal{H}_O$. Der Beobachter kann durch seine eigene Sensorik eine Teilmenge der Repräsentanten wahrnehmen: $\mathcal{R}_O^p \subseteq \mathcal{R}$.

Jeder beobachtete Repräsentant $R \in \mathcal{R}_O^p$ wird seine eigenen Aktionen $B_R \in \mathcal{B}_R$ auf Basis der von ihm selbst wahrgenommenen Repräsentanten $\mathcal{R}_R^p \subseteq \mathcal{R}$, Konzepte $\mathcal{C}_R$ und Verhaltensmodelle $\mathcal{H}_R$ ausführen.

Ein Beobachter wiederum wird seine Erwartungen bezüglich des Verhaltens der Repräsentanten $\mathcal{R}_O^p$ davon abhängig machen, welches Hintergrundwissen $\mathcal{H}_O$ er zu Verhaltensmodellen hat und welche Repräsentanten überhaupt von ihm wahrgenommen werden. Die Entitäten der realen Welt werden ihr Verhalten H von ihren eigenen Beobachtungen abhängig machen. Wenn der Beobachter alle relevanten Teile der Welt in Form von Repräsentanten vorhält, sollten das tatsächliche Verhalten und das erwartete Verhalten nahezu identisch sein. Sie werden voneinander abweichen, wenn die Konzepte $\mathcal{C}$, das Verhalten $\mathcal{H}$ oder die beobachteten Repräsentanten $\mathcal{R}_O^p$ nicht übereinstimmen.

Ein Vergleich des erwarteten Verhaltens mit dem beobachteten ermöglicht es, eine Aussage über die Wahrscheinlichkeit einer Verhaltensausprägung $\mathbf{P}(H_O \mid H_R)$ zu treffen. Informationen über $\mathbf{P}(H_O \mid H_R)$ können dazu benutzt werden, die Entitäten und Situationen $S \in \mathcal{S}$ miteinander zu verknüpfen: Eine Entität, deren Verhalten abweicht, kann als Anomalie gewertet werden, während gleichzeitig die Wahrscheinlichkeit für eine illegale Aktivität durch das mögliche Verhalten modelliert werden kann.

4.2.4 Hintergrundwissen auf Basis des CISE-Kernvokabulars

Nach dem CISE-Kernvokabular (siehe Abschnitt 2.2.4), das in EUCISE2020 entwickelt und bspw. in MARISA als Grundlage für das Datenmodell benutzt wurde, ergeben sich für den maritimen Raum wie nachfolgend erläutert Attribute, Konzepte und Verhaltensmuster. In dem Datenmodell existieren sieben Kernentitäten mit zusätzlichen abgeleiteten Entitäten:

Agent: Beschreibt Personen oder Organisationen (nicht zu verwechseln mit einem intelligenten Agenten nach Abbildung 4.1). Abgeleitete Entitäten: *Person, Organization*

Object: Beschreibt Fahrzeuge (Schiffe, Flugzeuge und Landfahrzeuge) oder Ladung eines Schiffes. Abgeleitete Entitäten: *Vehicle, Vessel, Aircraft, LandVehicle, CargoUnit.* Als weitere Beschreibung: *OperationalAsset*

Location: Positionsangaben in Form von Ortsnamen, georeferenzierten Geometrien oder Adressen. Abgeleitete Entitäten: *NamedLocation*, *PortLocation*, *PortFacilityLocation*. Als weitere Beschreibung: *MeteoOceanographicCondition*

Document: Dient zum Austausch von Informationen in gängigen digitalen Formaten (z. B. Videos kodiert als MPEG-4 H.264).

Event: Informationen zu Bewegungen, Anomalien, Vorfällen und Aktionen. Abgeleitete Entitäten: *Movement*, *Action*, *Incident*, *Anomaly*

Risk: Darstellung von möglicherweise gefährlichen Entwicklungen einer Situation.

Period: Darstellung von Zeitintervallen.

Bei den Entitäten handelt es sich noch nicht direkt um (intelligente) Agenten (siehe Abbildung 4.1) mit bestimmten Verhalten, sondern zunächst nur um Datenmodelle um die möglichen Attribute für die maritime Anwendungsdomäne abzuleiten. Diese Kernentitäten, die daraus abgeleiteten Entitäten und die jeweiligen Attribute können bis auf *Period* direkt als Konzepte und Attribute im OOWM adaptiert werden. Die zeitliche Komponente wird im OOWM nicht als Konzept verstanden, sondern als zusätzliche Dimension, die mit den Repräsentanten und deren Attributen verknüpft oder als ein Attribut (bspw. geplante Ankunftszeit) genutzt wird. Die zeitliche Dimension wurde in Abschnitt 2.3.3 bspw. zur Definition einer Situation eingeführt. Darauf aufbauend können dann bspw. zur Beschreibung eines Schiffes die Attribute aus der Entität *Vessel* benutzt werden. Zusätzlich kann dann ein Verhalten nach Abschnitt 4.2.3 betrachtet werden.

Die durch das CISE-Kernvokabular beschriebenen Entitäten und Attribute sind teilweise nicht ausreichend spezifiziert: So gibt es zwar bspw. Entitäten für Land- und Luftfahrzeuge (*LandVehicle* und *Aircraft*), diese fügen jedoch den Entitäten keine für die jeweiligen Domänen spezifischen Attribute hinzu und dienen eher als Platzhalter. Ähnliches gilt für verschiedene Attribute der *Vessel*-Entität: So werden nur neun generelle Schiffstypen unterschieden. Daher wurden z. B. im Rahmen des MARISA-Projekts weitere Schiffstypen, die durch das AIS vorgegeben werden, hinzugefügt. Um weitere und zum Teil speziellere Anomalien unterscheiden zu können, wurden im Rahmen dieses Projekts auch für die *Anomaly*-Entität weitere Typen hinzugefügt.

Zum Abbilden von Aktionen und Missionen stehen die *Event*-Entität und die daraus abgeleiteten Entitäten *Movement* und *Action* zur Verfügung. Hierbei können bestimmte Missionen, wie »Police activities« oder »Fire Fighting missions«, sowie Fahrrouten definiert werden. Eigentliche Verhaltensmodelle, wie zuvor in diesem Kapitel erläutert, können hier nicht direkt hinterlegt werden.

4.3 Ergebnis

In diesem Kapitel wurde dargestellt, wie das OOWM durch Verhaltensmodelle erweitert werden kann. Außerdem wurde gezeigt, wie sich das Verhalten auf Basis der für ein Objekt zur Verfügung stehenden Beobachtungen ausprägt, um so Abweichungen von dem realen Verhalten als Anomalie erkennen zu können. In einem kurzen Vergleich wurde dargelegt, wie das CISE-Kernvokabular als Grundlage für das Hintergrundwissen im OOWM genutzt werden kann.

4.4 Schlussfolgerungen

Dieses Gesamtmodell wird im Folgenden als Grundlage für die möglichen Objekte, Konzepte und Attribute angepasst an auf die gewählte Anwendungsdomäne genutzt. Da die hier getroffenen Annahmen generisch sind, ist eine Adaption an andere Anwendungsdomänen möglich.

5 Detektion von Positions- und kinematischen Anomalien

»Nur wer mit geringen Mitteln Großes tut, hat es glücklich getroffen.«

— Carl von Clausewitz

Ergebnisse aus diesem Kapitel wurden im Rahmen der »2015 SAI Intelligent Systems Conference (IntelliSys)« [Ann15], im Journal »Intelligent Systems and Applications« [Ann16c], auf der »8th International Conference on Agents and Artificial Intelligence« [Ann16a] und der »11th Security Research Conference (Future Security)« [Ann16b] vorgestellt.

5.1 Problem und Zielsetzung

Es soll gezeigt werden, welche Möglichkeiten Anomaliedetektionsverfahren für *Positions-* und *kinematische Anomalien* eröffnen. Insbesondere sollen Vor- und Nachteile sowie Verbesserungen und mögliche offene Fragestellungen herausgearbeitet werden.

5.2 Methodik

Auf Basis einer Schätzung der Wahrscheinlichkeitsdichte der Position, des Kurses über Grund und der Geschwindigkeit werden Verfahren untersucht, die es ermöglichen, zum einen einzelne Datenpunkte und zum anderen vollständige beobachtete Trajektorien in Hinblick auf Anomalien zu untersuchen.

Um eine quantitative Bewertung der Qualität der Verfahren zu ermöglichen, werden Anomalien in den Daten wie in Abschnitt 3.2.1 beschrieben annotiert.

5.2.1 Verwendete maschinelle Lernverfahren zur Anomaliedetektion

In diesem Kapitel werden vier verschiedene maschinelle Lernverfahren verwendet: zur Schätzung der Wahrscheinlichkeitsdichte *Gaussian-Mixture-Model (GMM)* und *Kernel-Density-Estimation (KDE)*; als Klassifikatoren *Support-Vector-Machine (SVM)* und *Multilayer-Perceptron (MLP)*.

Gaussian-Mixture-Model

Ein GMM besteht aus n Komponenten. Jede Komponente i ist eine multivariate Normalverteilung mit dem Mittelwertvektor $\boldsymbol{\mu}_i$ und der Kovarianzmatrix $\boldsymbol{\Sigma}_i$. Zusammen mit der Gewichtung ϕ_i bilden sie den Parametersatz

$$\Theta_i = (\phi_i, \boldsymbol{\mu}_i, \boldsymbol{\Sigma}_i). \tag{5.1}$$

Die Dimensionen von $\boldsymbol{\mu}_i$ und $\boldsymbol{\Sigma}_i$ hängen von der Anzahl der beobachteten Merkmale k ab. Die gesamte Wahrscheinlichkeitsdichtefunktion ist gegeben durch

$$f(\mathbf{x}) = \sum_{i=1}^{n} \phi_i f_g(\mathbf{x}, \boldsymbol{\mu}_i, \boldsymbol{\Sigma}_i) \tag{5.2}$$

mit $\sum_{i=1}^{n} \phi_i = 1$ und der folgenden Wahrscheinlichkeitsdichtefunktion für jede Komponente:

$$f_g(\mathbf{x}, \boldsymbol{\mu}_i, \boldsymbol{\Sigma}_i) = \frac{1}{(2\pi)^{\frac{k}{2}} |\boldsymbol{\Sigma}_i|^{\frac{1}{2}}} \exp\left(-\frac{1}{2}(\mathbf{x} - \boldsymbol{\mu}_i)^T {\boldsymbol{\Sigma}_i}^{-1} (\mathbf{x} - \boldsymbol{\mu}_i)\right). \tag{5.3}$$

Um die Parametersätze Θ_i zu schätzen, wird der *Erwartungs-Maximierungs-Algorithmus (EM-Algorithmus)* verwendet. Die Anzahl der Komponenten

n muss hierbei bekannt sein. Weitere Einzelheiten zu GMMs und zum EM-Algorithmus werden z. B. in [Bar14] vorgestellt.

Bei einem GMM handelt es sich um ein unüberwachtes Lernverfahren. Es werden daher zum Training keine annotierten Daten benötigt. Ein GMM wird aber als Ergebnis keine Klasse ausgeben. Um Anomalien zu bestimmen, wird ein Schwellenwert $g_{\min}$ angesetzt. Wenn die ausgewertete Log-Likelihood einer neuen Trajektorie unter diesem Schwellenwert liegt, wird die Trajektorie als Anomalie markiert.

Kernel-Density-Estimation

Eine KDE (dt. *Kerndichteschätzung*, auch *Parzen-Fenster-Methode* genannt) schätzt die Wahrscheinlichkeitsdichtefunktion eines Datensatzes mit n Datenpunkten $\mathbf{x}_1, \ldots, \mathbf{x}_n$. Jedem Datenpunkt im Datensatz wird ein Kernel $K(\mathbf{x})$ mit der Bandbreite h zugewiesen. Dabei wird im Allgemeinen für alle Punkte die gleiche Bandbreite gewählt, die von der Dichte der Punkte im Datensatz abhängt. Der Kernel selbst muss eine gültige Wahrscheinlichkeitsdichte beschreiben. Für einen Punkt $\mathbf{x}$ ergibt sich die Wahrscheinlichkeitsdichtefunktion als Summe aller Kernel zu

$$f(\mathbf{x}) = \frac{1}{n\,h} \sum_{i=1}^{n} K\left(\frac{\mathbf{x} - \mathbf{x}_i}{h}\right). \tag{5.4}$$

Eine mögliche Kernelfunktion ist der Gaußkern

$$K(\mathbf{x}) = \frac{1}{(2\pi)^{-\frac{k}{2}} |\mathbf{\Sigma}|^{-\frac{1}{2}}} \exp\left(-\frac{1}{2}\mathbf{x}^T \mathbf{\Sigma}^{-1} \mathbf{x}\right) \tag{5.5}$$

mit der Einheitsmatrix als Kovarianzmatrix $\mathbf{\Sigma} = \mathbf{I}_k$. Der Wert der Bandbreite hat einen großen Einfluss auf die resultierende Approximation der Wahrscheinlichkeitsdichtefunktion. Bei zu kleiner Bandbreite kommt es zur Überanpassung; ist die gewählte Bandbreite zu groß, resultiert eine Unteranpassung. Weitere Details zur KDE finden sich bspw. in [Mur12].

Support-Vector-Machine

Bei einer SVM handelt es sich um einen Klassifikator. Als solcher weist eine SVM einem Datenpunkt eine Klasse zu. Dafür wird die Entscheidungsgrenze zwischen den Klassen im Merkmalsraum optimiert. Als Optimierungskriterium soll der Abstand zwischen dieser Grenze und jedem Datenpunkt in der Trainingsmenge so groß wie möglich sein. Sollten die Klassen nicht linear trennbar sein – es gibt also keine Hyperebene, die eine Trennung der Klassen im Merkmalsraum ermöglicht –, so wird der Kernel-Trick angewendet, um eine nichtlineare Klassengrenze zu ermöglichen. Als Kernel wird hier eine radiale Basisfunktion mit dem Parameter γ verwendet. Der Einfluss eines einzelnen Datenpunktes der Trainingsdaten wird durch den Parameter γ reguliert. Ein hoher Wert für γ bedeutet, dass die Trainingsbeispiele nahe beieinander liegen müssen, um sich gegenseitig zu beeinflussen.

Außerdem wird hier eine *Soft-Margin-SVM* verwendet, die Fehlklassifikationen an der Entscheidungsgrenze zulässt. Dafür wird der Regularisierungsparameter C eingeführt. Dieser balanciert zwischen einer einfachen und glatten Entscheidungsgrenze und der Fehlklassifikation von Trainingsbeispielen, d. h., ein niedriger Wert für C ergibt eine glatte Oberfläche, dagegen werden bei einem hohen Wert für C möglichst alle Daten korrekt klassifiziert. In [Rus10] finden sich weitere Details zum Thema SVM.

Multilayer-Perceptron

Bei einem MLP handelt es sich um ein vorwärtsgerichtetes vollständig verbundenes künstliches neuronales Netz mit mindestens einer verdeckten Schicht. Es gibt also eine Eingabeschicht, eine Ausgabeschicht und dazwischen mindestens eine verdeckte Schicht an Neuronen, die immer vom Eingang zum Ausgang gerichtet miteinander verbunden sind. Neben der Netzeingabe, generiert durch die vorgeschalteten Neuronen, wird häufig ein als Bias bezeichneter zusätzlicher Eingang für jedes Neuron vorgesehen, um eine gewisse Grundanregung zu generieren.

Die künstlichen Neuronen in den verschiedenen Schichten können jeweils unterschiedliche Aktivierungsfunktionen besitzen. Hier wird für die Eingänge eine lineare Abbildung und für die anderen Schichten eine Sigmoidfunktion als Aktivierungsfunktion benutzt. Weitere Informationen zu künstlichen neuronalen Netzen können z. B. [Sha14a] entnommen werden.

5.2.2 B-Spline-Interpolation zur Anomaliedetektion

Eine von einem Überwachungssystem aufgezeichnete Trajektorie lässt sich aufgrund unterschiedlicher Längen, divergierender Abtastraten und einer verschiedenen Anzahl von Punkten nicht ohne Weiteres mit einer anderen vergleichen. Um mehrere Trajektorien zu vergleichen, wurden in der Literatur bereits unterschiedliche Ansätze erprobt: So wird in [Vak12] *Dynamic Time-Warping (DTW)* verwendet, um von Menschen vorgemachte Trajektorien durch einen Roboter einlernen zu lassen, und in [Lax11] wird der Hausdorff-Abstand genutzt, um zwei Trajektorien miteinander zu vergleichen. In diesem Kapitel wird der Vergleich zwischen Trajektorien ermöglicht, indem sie jeweils auf eine bestimmte Anzahl an Parametern abgebildet werden.

Jede Trajektorie $\mathbf{t}$ hat eine spezifische Länge n und besteht aus mehreren Punkten $\mathbf{p}_i = (p_{i,lon}, p_{i,lat})^T$ mit $i = 1, \ldots, n$, wobei $p_{i,lon}$ der Längengrad und $p_{i,lat}$ der Breitengrad der Position des i-ten Punktes ist. Die Trajektorie $\mathbf{t}$ ist damit durch $\mathbf{t} = \{\mathbf{p}_i \mid i = 1, \ldots, n\}$ gegeben. Die Idee ist nun, die Anzahl der Punkte so zu reduzieren, dass die resultierende Trajektorie z. B. mit Hilfe der euklidischen Distanz verglichen werden kann.

Dafür wird die B-Spline-Interpolation der Trajektorie bestimmt. Eine B-Spline-Interpolation verbindet mehrere (kubische) Funktionen, um eine gegebene Menge von Punkten zu interpolieren.

Der geschätzte B-Spline besteht aus kubischen Funktionen mit einer zuvor definierten Anzahl von Abschnitten. Somit hat jede Trajektorie die gleiche Anzahl von Kontrollpunkten. Wie von [Gal99] beschrieben, wird ein B-Spline eindeutig durch seine Kontrollpunkte bestimmt. Daher wird eine Trajektorie mit n Punkten auf die Anzahl der Kontrollpunkte n_c reduziert, was zu einem Merkmalsraum der Dimension $2 \cdot n_c$ (die Kontrollpunkte haben jeweils 2D-Koordinaten) führt. Die resultierenden Kontrollpunkte werden als Merkmalsvektor verwendet, um die maschinellen Lernverfahren zu trainieren.

Abbildung 5.1 zeigt ein Beispiel für eine B-Spline-Interpolation. Die roten Punkte entsprechen aufgezeichneten Daten. Die Idee ist nun, einen B-Spline zu finden, der eine gute Approximation der Daten darstellt. Das Ergebnis der Interpolation ist durch die grünen Kontrollpunkte und die blaue Linie dargestellt.

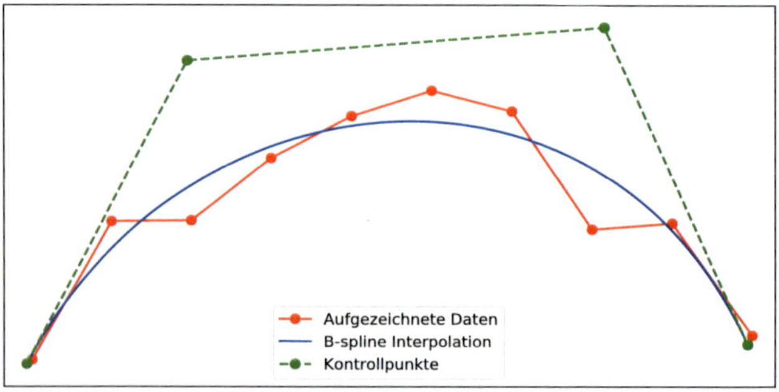

Abbildung 5.1: Beispiel einer B-Spline-Interpolation

Um den Grad der Anomalie einer Trajektorie abzuschätzen, muss diese mit aufgezeichneten normalen Trajektorien verglichen werden. Mit Hilfe von maschinellen Lernverfahren werden dafür Normalmodelle trainiert. Diese Normalmodelle sind dann dazu in der Lage, Anomalien zu klassifizieren.

5.2.3 Bewertungsmetriken

Zum Vergleich der eingesetzten Verfahren sowie zur allgemeinen Bewertung der Klassifikationsgüte werden in diesem Kapitel verschiedene Metriken benutzt: *Genauigkeit* (engl. »*precision*«, auch *positiver prädiktiver Wert*), *Trefferquote* (engl. »*recall*«, auch *Richtig-positiv-Rate* oder *Sensitivität*), *F1-Maß*, *Falsch-positiv-Rate* sowie die *Receiver Operating Characteristic (ROC)* und

Precision-Recall(PR)-Kurve. Für alle Ergebnisse in diesem Kapitel gilt, dass die Klasse »Anomalie« die Positiv-Klasse darstellt.

Die einzelnen Metriken sind wie folgt definiert:

$$\mathit{Genauigkeit} = \frac{\mathrm{RP}}{\mathrm{RP} + \mathrm{FP}} \tag{5.6}$$

$$\mathit{Trefferquote} = \frac{\mathrm{RP}}{\mathrm{RP} + \mathrm{FN}} \tag{5.7}$$

$$\mathit{F1\text{-}Maß} = 2\,\frac{\mathit{Genauigkeit} \cdot \mathit{Trefferquote}}{\mathit{Genauigkeit} + \mathit{Trefferquote}} \tag{5.8}$$

$$\mathit{Falsch\text{-}positiv\text{-}Rate} = 2\,\frac{\mathrm{FP}}{\mathrm{FP} + \mathrm{RN}} \tag{5.9}$$

Hierbei stehen RP und RN für die Anzahl der jeweils korrekt klassifizierten Positiv- respektive Negativ-Beispiele, FP für die Anzahl solcher, die fälschlicherweise als positiv, und FN für die Anzahl derer, die fälschlicherweise als negativ klassifiziert wurden.

Die *Trefferquote* beschreibt den Bruchteil der Positiven, die tatsächlich als positiv eingestuft werden (echte Positive). Eine geringe *Trefferquote* bedeutet also, dass es viele falsche negative Klassifikationen gibt. Die *Genauigkeit* beschreibt den Anteil aller positiv klassifizierten Ergebnisse, die tatsächlich positiv sind. Eine kleine *Genauigkeit* entspricht also einer großen Anzahl falsch positiv klassifizierter Ergebnisse. Das *F1-Maß* beschreibt den harmonischen Mittelwert aus diesen beiden Metriken. Für einen optimalen Klassifikator sollte der Wert jeweils »1« sein. Die *Falsch-positiv-Rate* gibt hierbei den Anteil der fälschlicherweise als positiv klassifizierten Ergebnisse an und sollte bei einem optimalen Klassifikator bei »0« liegen. Details zu den verwendeten Metriken können z. B. [Man08] entnommen werden.

Eine grafische Möglichkeit zur Einschätzung der Leistung eines Klassifikators ist die ROC-Kurve. Für die ROC-Kurve wird die *Richtig-positiv-Rate* als Ordinate und die *Falsch-positiv-Rate* als Abszisse eingetragen. Eine Diagonale deutet auf einen Zufallsprozess hin. Die ROC-Kurve lässt sich als *Area under Curve (AUC)* zusammenfassen, dieses liegt zwischen »0« und »1« (idealer Klassifikator).

Eine weitere grafische Möglichkeit zur Bewertung von Klassifikatoren bietet die PR-Kurve. Laut [Sai15] ist die PR-Kurve informativer bei der Bewertung von binären Klassifikatoren auf Daten mit unausgewogener Klassenverteilung. Nach [Zha09] lässt sich die PR-Kurve als *Average Precision (AP)* zusammenfassen. Dies ist der gewichtete Mittelwert der bei unterschiedlichen Schwellwerten erreichten *Genauigkeit*. Hierbei wird das Inkrement der *Trefferquote* zum vorherigen Schwellwert als Gewicht verwendet. Für n Schwellwerte ergibt sich die AP zu

$$\mathrm{AP} = \sum_{k=1}^{n} (\mathit{Trefferquote}_k - \mathit{Trefferquote}_{k-1}) \cdot \mathit{Genauigkeit}_k. \tag{5.10}$$

5.3 Ergebnis

Für die Auswertung wird jeweils eine zehnfache stratifizierte Kreuzvalidierung durchgeführt. Dabei wird der Datensatz in zehn Teilmengen aufgeteilt, die jeweils einen identischen Anteil an Anomalien wie der Gesamtdatensatz enthalten. Wie in [Wit05] oder [McL05] beschrieben, bietet eine zehnfache Kreuzvalidierung einen guten Kompromiss zwischen einer »Leave-one-Out«-Taktik, bei der jedes Datum eine Teilmenge beschreibt, und einer kleineren Anzahl an Teilmengen, z. B. einer zweifachen Kreuzvalidierung, bei der nicht genügend Trainingsdaten zur Verfügung stehen. Die Ergebnisse der einzelnen Iterationen werden gemittelt, um so eine zuverlässige Abschätzung der Klassifikationsgüte zu erhalten.

5.3.1 Punktbasierte Anomaliedetektion durch Schätzung der Wahrscheinlichkeitsdichte

Zur Approximation der Wahrscheinlichkeitsdichte für die punktbasierte Anomaliedetektion werden die beiden Verfahren GMM und KDE eingesetzt. Für jedes Teilgebiet im Datensatz muss dafür jeweils ein eigenes Modell eingelernt werden.

Für beide Algorithmen wird die Erkennung von anormalem Verhalten wie folgt durchgeführt: Zunächst wird das Normalmodell geschätzt, wobei nur Daten mit normalem Verhalten verwendet werden. Für jedes Modell wird die minimale Log-Likelihood für die Trainingsdaten berechnet. Die Log-Likelihood ist der natürliche Logarithmus der Wahrscheinlichkeitsfunktion, die als die bedingte Wahrscheinlichkeit dafür definiert ist, dass ein Ergebnis durch einen bestimmten Parametersatz erzeugt wird. Dieses Minimum ist die Grenze zwischen Normalität und Anomalie. Wenn für das Training nur normale Daten verwendet werden, die so vielfältig sind, dass sie zumindest dem größten Teil des möglichen normalen Verhaltens ähneln, kann erwartet werden, dass anormale Daten eine geringere Log-Likelihood erzeugen. Über jeden neuen Datenpunkt wird nun durch Auswertung des normalen Modells mit den neuen Daten entschieden. Das Ergebnis ist die Log-Likelihood des neuen Datenpunktes. Wenn sie niedriger als die Grenze ist, wird der neue Punkt als Anomalie betrachtet.

Für einen Datenpunkt i ergibt sich ein Merkmalsvektor aus der Position in Längen- und Breitengraden sowie dem Geschwindigkeitsvektor, der in seinen Breiten- und Längengradanteil aufgeteilt ist, zu $\mathbf{x}_i = (p_{\mathrm{lat}}, p_{\mathrm{lon}}, v_{\mathrm{lat}}, v_{\mathrm{lon}})$.

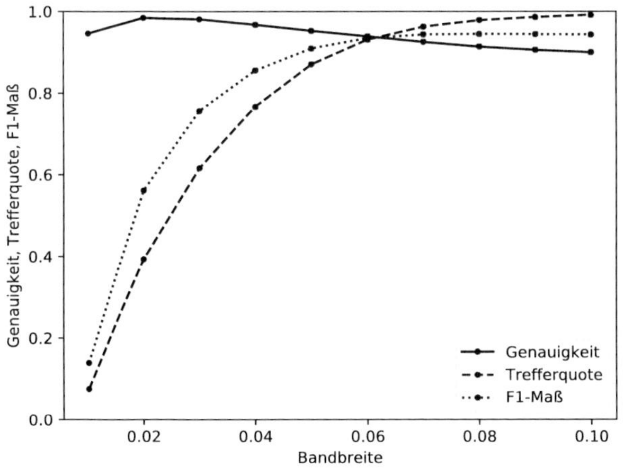

Abbildung 5.2: *Genauigkeit*, *Trefferquote* und *F1-Maß* für verschiedene Bandbreiten im Fehmarn-Gebiet

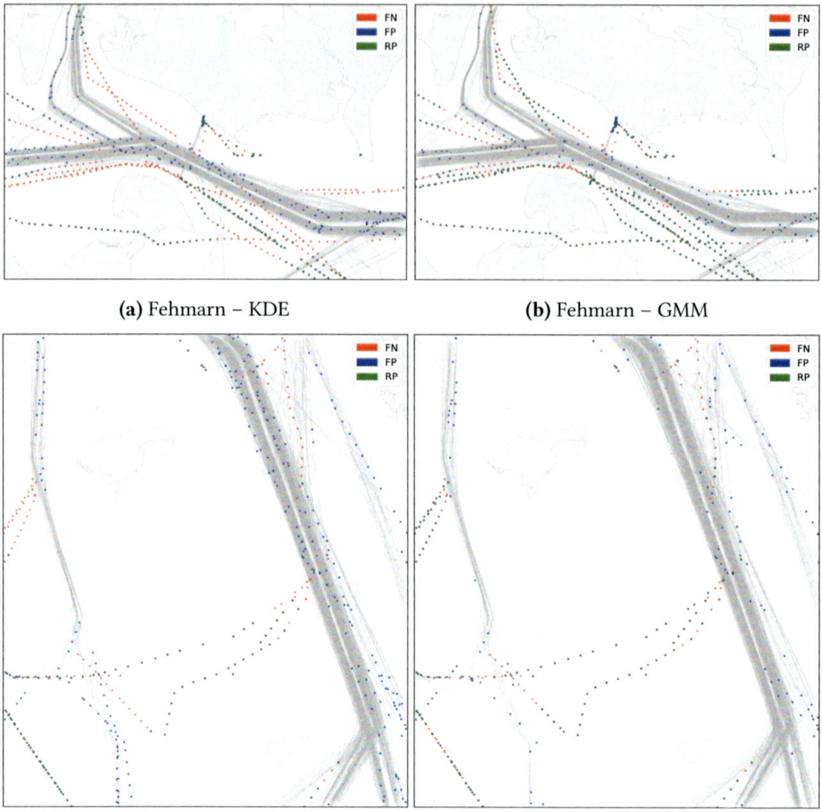

(a) Fehmarn – KDE **(b)** Fehmarn – GMM

(c) Kattegat – KDE **(d)** Kattegat – GMM

Abbildung 5.3: Ergebnisse im Fehmarn-Gebiet (a,b) und im Kattegat-Gebiet (c,d). In (a, c) sind die Ergebnisse für das KDE und in (b, d) für das GMM abgebildet. Die grauen Linien entsprechen allen Trajektorien im Datensatz. Für die beiden Algorithmen wurden jeweils die gleichen Teilmengen der Kreuzvalidierung verwendet.

Für die Auswertung werden die optimalen Parameter für beide Verfahren bestimmt. Dafür werden die Metriken *Genauigkeit*, *Trefferquote* und *F1-Maß* jeweils bei Variation der zu optimierenden Parameter durch eine Rastersuche ermittelt. Als Beispiel sei hier Abbildung 5.2 für die Bestimmung der optimalen Bandbreite des KDE-Modells im Fehmarn-Gebiet gegeben. Für das GMM wird mit 600 Komponenten ein gutes Ergebnis über alle Datensätze hinweg erzielt. Für die KDE wird die Bandbreite für das Fehmarn-Gebiet auf 0,06, für das Kattegat-Gebiet auf 0,09 und für das Baltic-Sea-Gebiet auf 0,085 gesetzt.

Tabelle 5.1: Ergebnisse der punktbasierten Anomaliedetektion für die unterschiedlichen Metriken jeweils mit der Standardabweichung über die 10 Teilmengen der Kreuzvalidierung

Gebiet	Metrik	GMM	KDE
Fehmarn	*Genauigkeit*	0,847 ± 0,063	0,669 ± 0,115
	Trefferquote	0,684 ± 0,129	0,528 ± 0,159
	F1-Maß	0,750 ± 0,096	0,581 ± 0,139
	Falsch-positiv-Rate	0,019 ± 0,010	0,040 ± 0,017
Kattegat	*Genauigkeit*	0,550 ± 0,133	0,518 ± 0,218
	Trefferquote	0,555 ± 0,059	0,341 ± 0,105
	F1-Maß	0,545 ± 0,078	0,389 ± 0,114
	Falsch-positiv-Rate	0,034 ± 0,016	0,029 ± 0,025
Baltic	*Genauigkeit*	0,764 ± 0,079	0,646 ± 0,076
	Trefferquote	0,701 ± 0,064	0,492 ± 0,127
	F1-Maß	0,727 ± 0,048	0,545 ± 0,087
	Falsch-positiv-Rate	0,040 ± 0,019	0,050 ± 0,021

In Abbildung 5.3 sind qualitative Ergebnisse im Fehmarn- und Kattegat-Gebiet für die KDE- und GMM-basierten Anomaliedetektoren zu sehen. Der ausgewertete Verkehr wird als graue Linien repräsentiert, wobei dichterer Verkehr zu einem dunkleren Grauton führt. Die eingezeichneten Punkte entsprechen einigen der getesteten Datenpunkte: Grüne Punkte wurden als richtig Positive, blaue als falsch Positive und rote als falsch Negative klassifiziert. Richtig Negative, also normale Datenpunkte, die als normal bewertet wurden, sind in diesen Abbildungen nicht dargestellt. In den Ergebnisplots für beide Gebiete und Verfahren können einige Herausforderungen ausgemacht werden: Wenn bspw. die Position, der Kurs und die Geschwindigkeit einer Trajektorie dem normalen Verhalten sehr nahe kommen, werden Teile der Trajektorie nicht korrekt als Anomalie erkannt. Dies ist insbesondere in Abbildung 5.3a zu sehen. Daten um den Hafen von Lolland werden von beiden Verfahren falsch klassifiziert.

Darüber hinaus gibt es viele falsch klassifizierte Anomalien in beiden Gebieten mit beiden Algorithmen (blaue Punkte). Für das KDE treten diese auf dem gesamten untersuchten Gebiet auf.

Zur weiteren Beurteilung der Leistung der Algorithmen werden im Folgenden die zuvor eingeführten quantitativen Metriken ausgewertet. Die Ergebnisse in Form von *Genauigkeit*, *Trefferquote*, *F1-Maß* und *Falsch-positiv-Rate* für die drei untersuchten Teilgebiete sind in Tabelle 5.1 dargestellt. In den Abbildungen 5.4 bis 5.6 sind jeweils die ROC- und PR-Kurven für die verschiedenen Gebiete und Verfahren dargestellt.

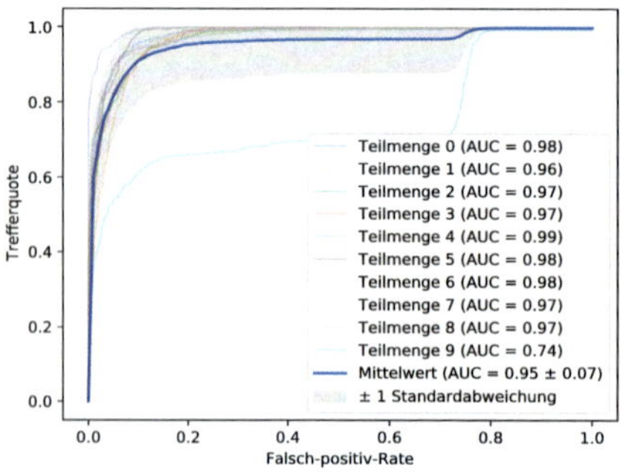

(a) ROC-Kurve – GMM

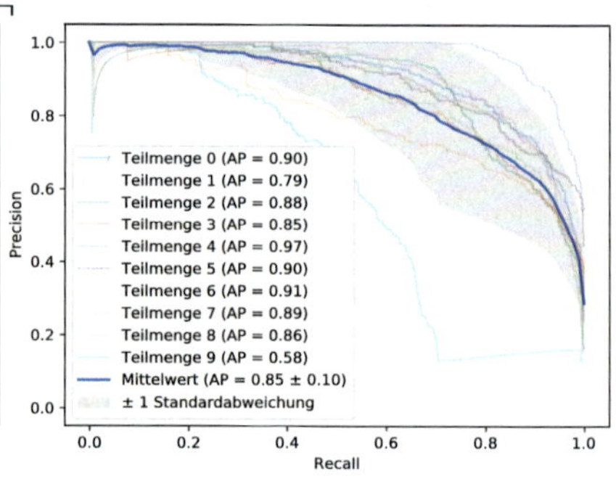

(b) PR-Kurve – GMM

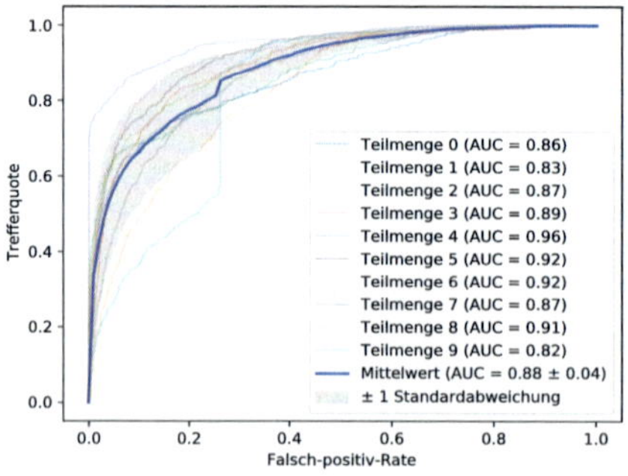

(c) ROC-Kurve – KDE

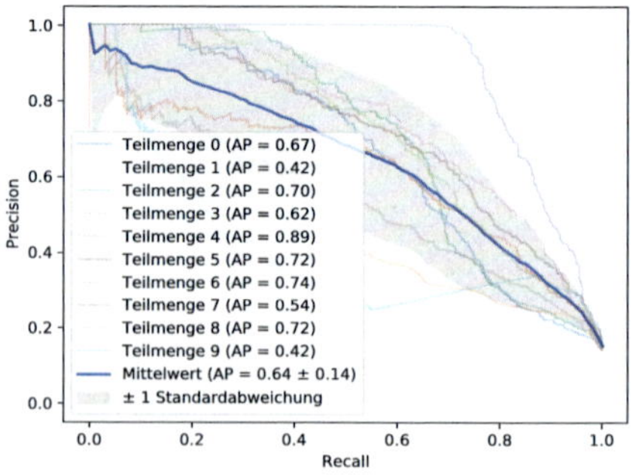

(d) PR-Kurve – KDE

Abbildung 5.4: ROC-und PR-Kurven für die punktbasierte Anomaliedetektion im Fehmarn-Gebiet

Für die Erkennung der Anomalien funktionieren beide Verfahren nur unzureichend: Das *F1-Maß* liegt für die Gebiete Fehmarn, Kattegat und Baltic Sea für das GMM bei 0,750, 0,545 und 0,727 und für das KDE bei 0,581, 0,389 und 0,545. Als harmonisches Mittel zwischen *Genauigkeit* und *Trefferquote* fallen auch diese Werte unzureichend aus. Es fällt jedoch auf, dass die *Falsch-positiv-Rate* in allen Gebieten (und für alle Algorithmen) gering ausfällt.

Ähnliches zeigt sich beim Vergleich der ROC- und PR-Kurven in den Abbildungen 5.4 bis 5.6: Die ROC-Kurven für die jeweiligen Gebiete fallen mit einer guten Klassifikationsgüte auf. In den drei Gebieten Fehmarn, Kattegat und Baltic Sea erreicht das GMM im Mittelwert eine AUC von 0,95, 0,94 und 0,96,

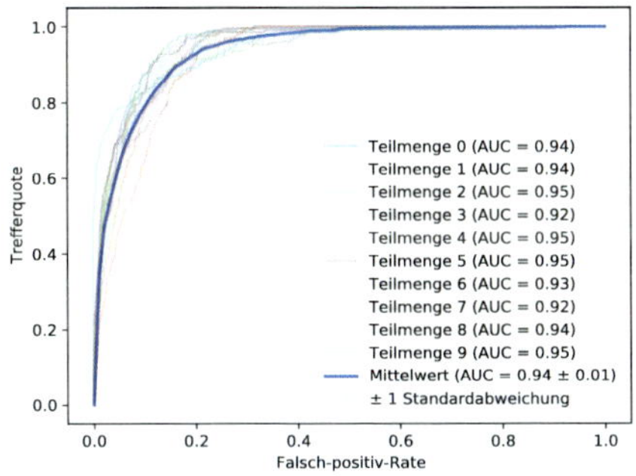

(a) ROC-Kurve – GMM

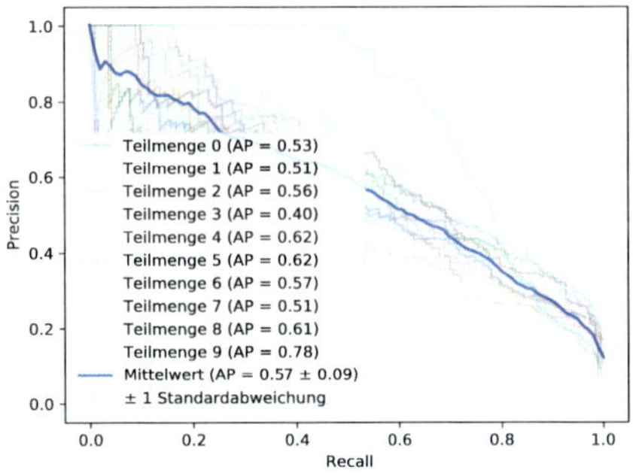

(b) PR-Kurve – GMM

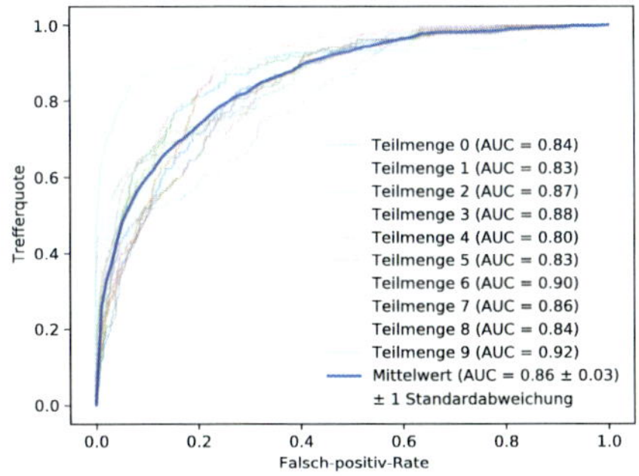

(c) ROC-Kurve – KDE

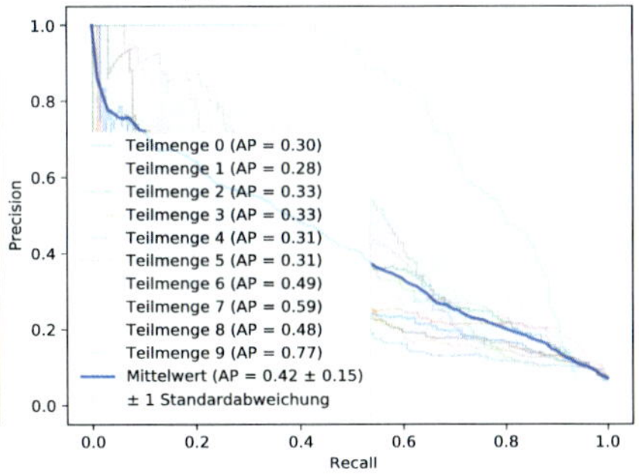

(d) PR-Kurve – KDE

Abbildung 5.5: ROC- und PR-Kurven für die punktbasierte Anomaliedetektion im Kattegat-Gebiet wohingegen das KDE nur auf Werte von 0,88, 0,86 und 0,88 kommt. Insgesamt würden diese Kurven aber für eine hohe Klassifikationsgüte sprechen. Wie bereits weiter oben angedeutet, gibt eine ROC-Kurve die Güte bei schiefer Klassenverteilung nur ungenügend wieder. Der Vergleich mit den PR-Kurven zeigt hier ein anderes Bild: Das GMM und das KDE erreichen im Fehmarn-Gebiet eine AP von 0,85 bzw. 0,64, im Kattegat-Gebiet von 0,57 bzw. 0,42 und im Baltic-Sea-Gebiet von 0,80 bzw. 0,62. Insgesamt fällt also unter diesem Kriterium die Klassifikationsgüte schlechter aus.

Die beiden untersuchten punktbasierten Algorithmen erzeugen eine große Anzahl an falsch positiven und falsch negativen Klassifikationen. Für ein EUS

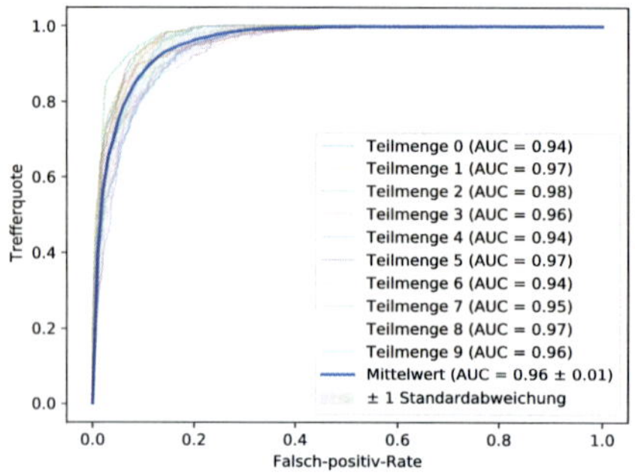

(a) ROC-Kurve – GMM

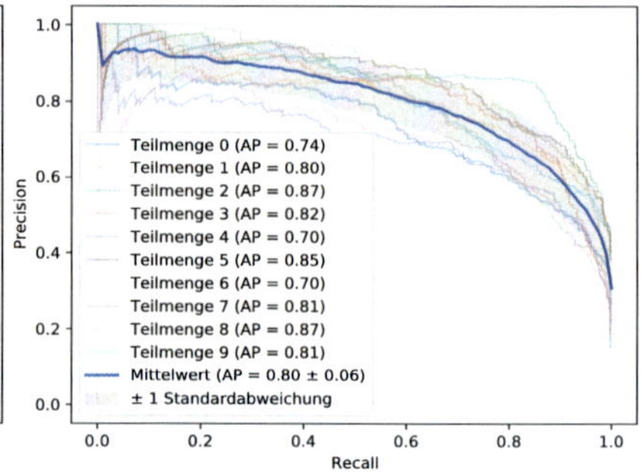

(b) PR-Kurve – GMM

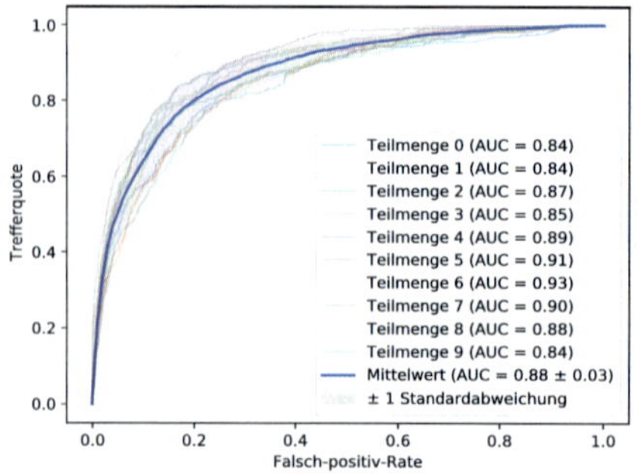

(c) ROC-Kurve – KDE

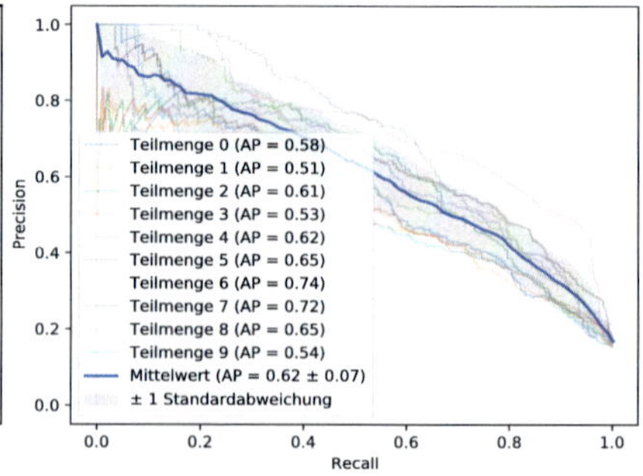

(d) PR-Kurve – KDE

Abbildung 5.6: ROC- und PR-Kurven für die punktbasierte Anomaliedetektion im Baltic-Sea-Gebiet ist die Leistung beider Algorithmen allein nicht ausreichend, um einen/eine Anwender/-in tatsächlich zu unterstützen.

Bei einem GMM wird davon ausgegangen, dass die Wahrscheinlichkeitsdichte aus einer Überlagerung multivariater Normalverteilungen entsteht. Die echte Wahrscheinlichkeitsdichte ist jedoch unbekannt und kann von einer anderen Art beschaffen sein. Eine KDE ist in der Lage, eine willkürliche Wahrscheinlichkeitsdichte biasfrei zu schätzen, wenn genügend Trainingsdaten verfügbar sind. Wenn nicht genügend Daten zur Verfügung stehen, kann sich die resultierende Wahrscheinlichkeitsdichte erheblich von der echten Wahrscheinlichkeitsdichte unterscheiden.

Beide Algorithmen werten jeweils nur einen einzigen Punkt der Trajektorie aus. Daher wird nie die Gesamttrajektorie betrachtet. Dies kann dazu führen, dass bspw. ein Sachverhalt, wie in Abbildung 5.7 dargestellt, nicht korrekt erkannt wird: Jeder Datenpunkt der orangefarbenen Trajektorie für sich genommen könnte als normales Verhalten erkannt werden, was zu einer Klassifikation als »normal« für die gesamte Trajektorie führte. Eine solche Anomalie kann nur durch Auswertung mehrerer aufeinander folgender Datenpunkte einer Trajektorie (oder der Gesamtheit der Trajektorie) zuverlässig erkannt werden.

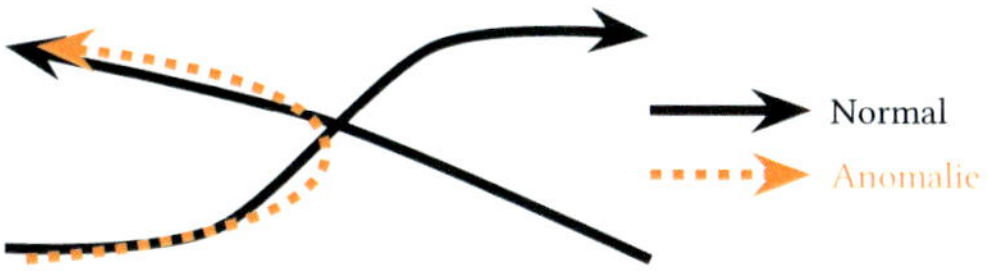

Abbildung 5.7: Einschränkung der punktbasierten Anomaliedetektion. Es kreuzen sich zwei Routen. Eine Anomalie wird als orange gestrichelte Linie dargestellt.

5.3.2 Trajektorienbasierte Anomaliedetektion

Für die trajektorienbasierte Anomaliedetektion wird nur das Gebiet um Fehmarn untersucht. Für dieses Teilgebiet genügen vier Kontrollpunkte für die B-Spline-Interpolation, um die Trajektorien in ausreichender Genauigkeit vergleichbar darzustellen.

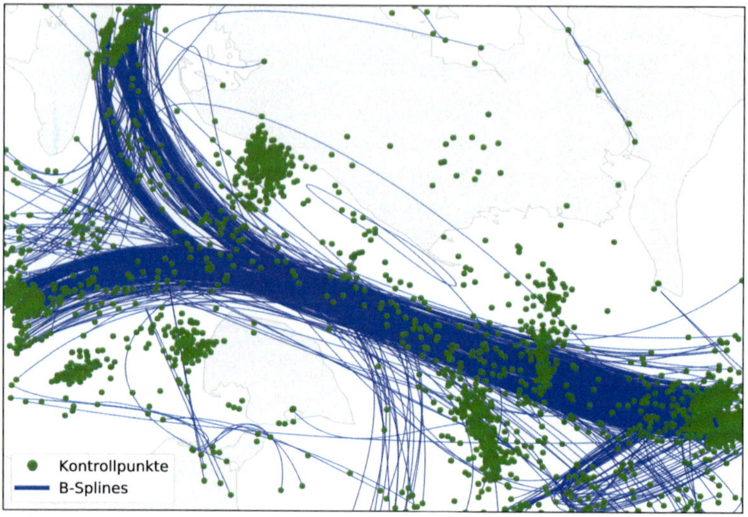

Abbildung 5.8: B-Spline-Interpolationen aller Trajektorien im Datensatz

Die B-Splines und Kontrollpunkte sind in Abbildung 5.8 für alle Trajektorien dargestellt. Jede blaue Linie stellt eine Trajektorie dar. Zur Durchführung der Interpolation muss eine Trajektorie mindestens vier Punkte beinhalten. Bei einigen transformierten Trajektorien kann man nun sehen, dass diese über Inseln verlaufen. Dies ist ein Ergebnis der Verwendung einer begrenzten Anzahl von Kontrollpunkten: Die Interpolation stellt einen geglätteten Verlauf dar, daher geht der genaue Verlauf verloren. Die Kontrollpunkte für jede Trajektorie werden durch grüne Punkte dargestellt. Der erste und der letzte Kontrollpunkt befinden sich am Anfang bzw. am Ende der Trajektorie. Da die Trajektorien zum großen Teil eben an den Rändern des Gebietes starten, liegen dort Ansammlungen an grünen Punkten vor. Darüber hinaus sind weitere Cluster grüner Punkte auf dem Bild zu sehen. Vielbefahrene Schifffahrtswege können durch vier solcher Cluster dargestellt werden.

Da jede Trajektorie aus vier 2D-Kontrollpunkten besteht, ergibt sich der Merkmalsvektor

$$\mathbf{x} = (c_{1,lon}, c_{1,lat}, c_{2,lon}, c_{2,lat}, c_{3,lon}, c_{3,lat}, c_{4,lon}, c_{4,lat})^T \tag{5.11}$$

als Eingang der evaluierten maschinellen Lernverfahren. Für alle maschinellen Lernverfahren wird zur Parametrierung eine Rastersuche durchgeführt. Es ergeben sich für das GMM die Anzahl der Komponenten zu $n = 30$, für die SVM die beiden Parameter C und γ zu 10000 respektive 0,1. Der Aufbau des MLPs ist in Abbildung 5.9 zu sehen. Es handelt sich dabei um ein Netz mit einer verdeckten Schicht mit $n_h = 25$ Neuronen.

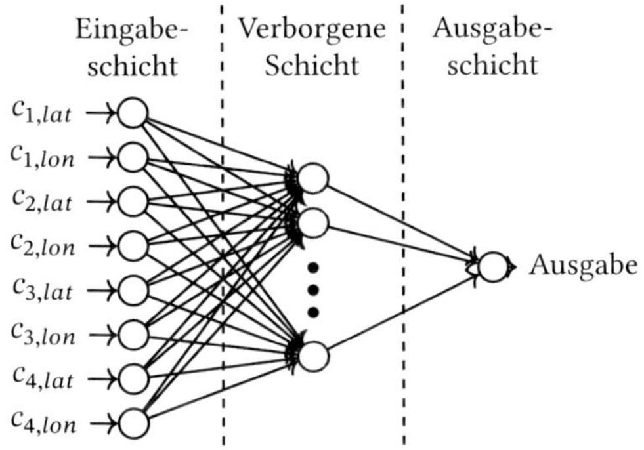

Abbildung 5.9: Struktur des verwendeten MLPs ohne die Bias-Eingänge

Die verschiedenen Metriken für die Ergebnisse der trajektorienbasierten Anomaliedetektion sind in Tabelle 5.2 zu finden. In Abbildung 5.10 sind die dazugehörigen ROC- und PR-Kurven abgebildet. Darüber hinaus sind in Abbildung 5.11 ausgewählte qualitative Ergebnisse zu einer Teilmenge der Kreuzvalidierung dargestellt.

Tabelle 5.2: Ergebnisse der trajektorienbasierten Anomaliedetektion im Fehmarn-Gebiet für die unterschiedlichen Metriken jeweils mit der Standardabweichung über die 10 Teilmengen der Kreuzvalidierung

Metrik	GMM	SVM	MLP
Genauigkeit	$0{,}780 \pm 0{,}101$	$0{,}945 \pm 0{,}079$	$0{,}906 \pm 0{,}050$
Trefferquote	$0{,}898 \pm 0{,}089$	$0{,}746 \pm 0{,}164$	$0{,}885 \pm 0{,}107$
F1-Maß	$0{,}832 \pm 0{,}085$	$0{,}827 \pm 0{,}129$	$0{,}892 \pm 0{,}073$
Falsch-positiv-Rate	$0{,}121 \pm 0{,}066$	$0{,}017 \pm 0{,}022$	$0{,}042 \pm 0{,}027$

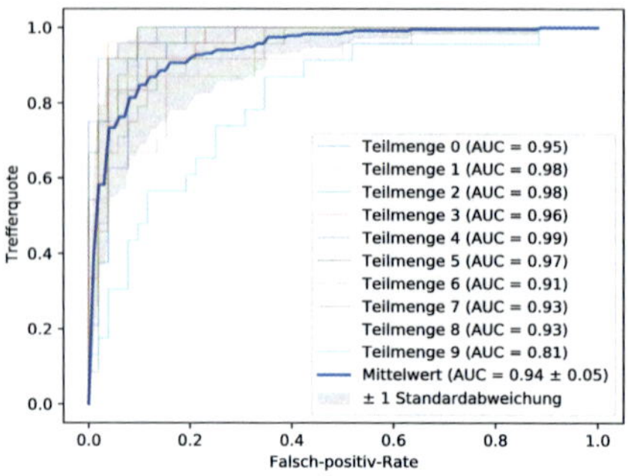

(a) ROC-Kurve – GMM

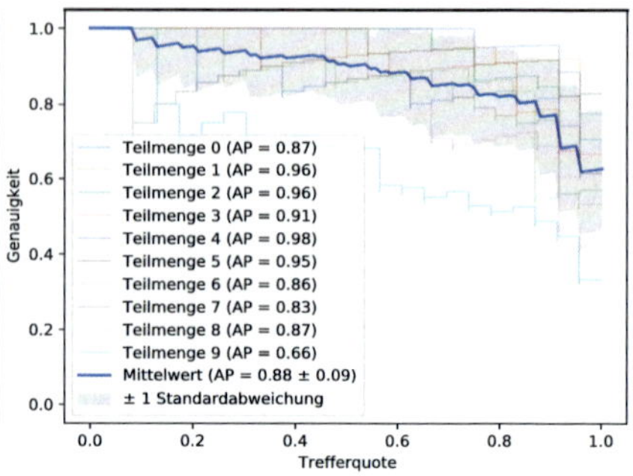

(b) PR-Kurve – GMM

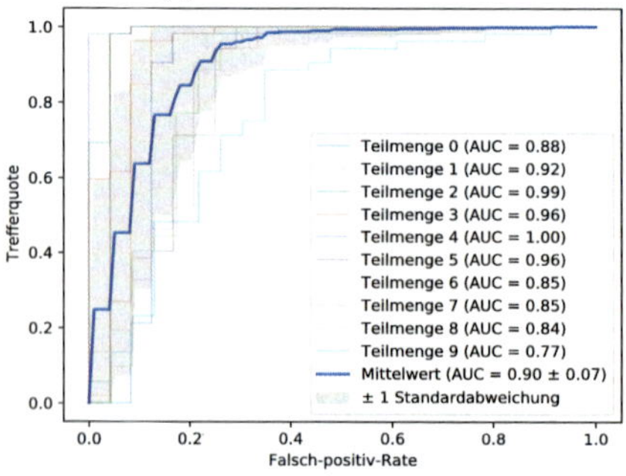

(c) ROC-Kurve – SVM

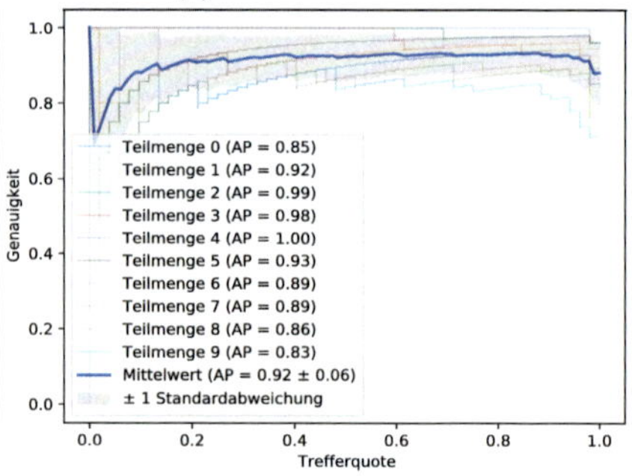

(d) PR-Kurve – SVM

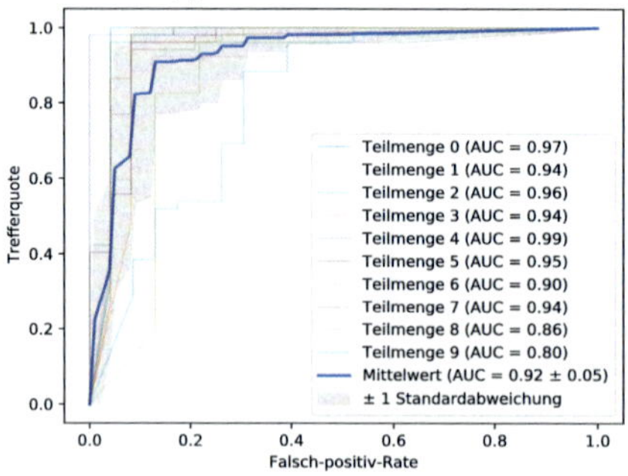

(e) ROC-Kurve – MLP

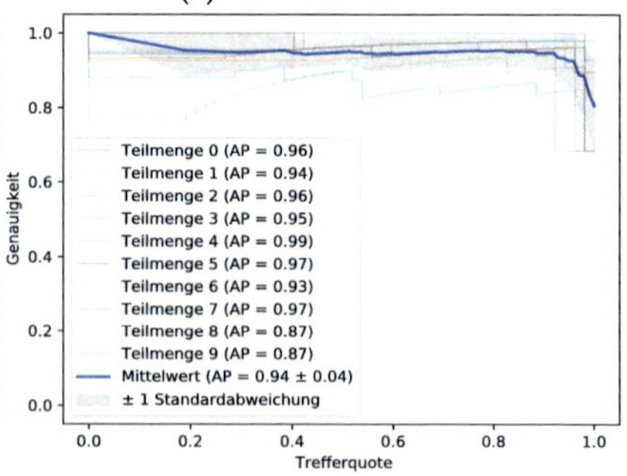

(f) PR-Kurve – MLP

Abbildung 5.10: ROC- und PR-Kurven für die trajektorienbasierte Anomaliedetektion

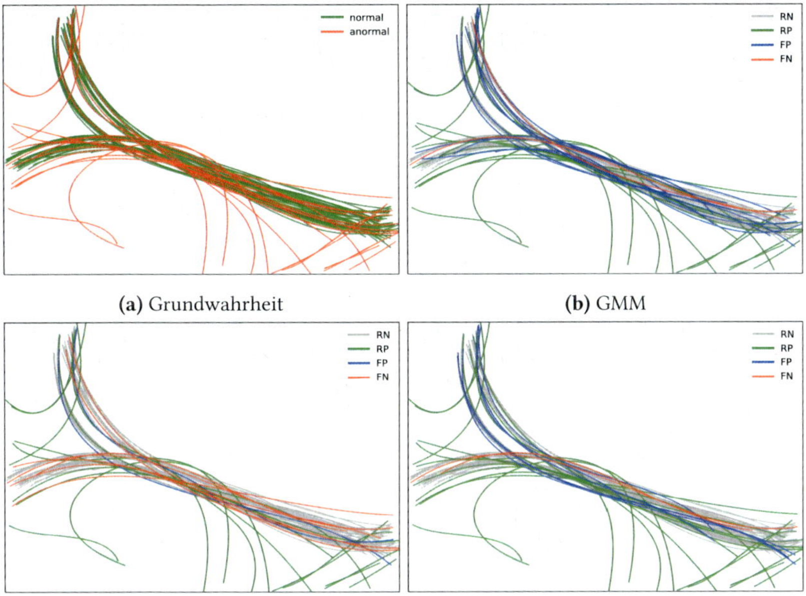

(a) Grundwahrheit **(b)** GMM

(c) SVM **(d)** MLP

Abbildung 5.11: Die Ergebnisse der B-Spline-basierten Anomaliedetektion für Tankschiffe und Frachtschiffe für eine Teilmenge

Die drei untersuchten Verfahren erreichen eine höhere *Genauigkeit* und *Trefferquote* im Vergleich zur punktbasierten Anomaliedetektion. Dies spiegelt sich auch im *F1-Maß* für die einzelnen Algorithmen wider: Das GMM erreicht hier 0,832, die SVM 0,827 und das MLP 0,892. Auffällig sind beim GMM die höhere *Falsch-positiv-Rate* von 0,121 und die niedrigere *Genauigkeit* von 0,780. Dieser Sachverhalt ist auch in Abbildung 5.11 zu erkennen: Die Abbildung 5.11b weist deutlich mehr falsch positiv klassifizierte Trajektorien auf als Abbildungen 5.11c und 5.11d. Die niedrigere *Trefferquote* der SVM von 0,746 lässt sich durch eine größere Menge an falsch negativen Klassifikationen erklären: Im Vergleich mit Abbildungen 5.11b und 5.11d finden sich in Abbildung 5.11c deutlich mehr falsch Negative.

Aus Abbildung 5.10 lässt sich im Mittel für das GMM eine AUC von 0,94, für die SVM von 0,90 und für das MLP von 0,92 ablesen, wohingegen die

AP bei 0,88, 0,92 und 0,94 liegt. Es zeigt sich also für die ROC-Kurve ein geringfügig schlechteres, aber für die PR-Kurve ein deutlich besseres Ergebnis im Vergleich zu der punktbasierten Anomaliedetektion.

5.4 Schlussfolgerung

Mit der punktbasierten Anomaliedetektion konnten bereits *Positions-* und *kinematische Anomalien* erkannt werden. Um das Verfahren zu verbessern, wäre es für die Schätzung der Wahrscheinlichkeitsdichte mit einer GMM denkbar, Vorwissen zur Geographie einzubringen. Es kann bspw. bei der Initialisierung der Komponenten darauf geachtet werden, dass diese in Bereichen mit Verkehr initialisiert werden. Außerdem können statt einer GMM für das gesamte Gebiet mehrere GMMs jeweils für Teilgebiete eingelernt werden, um damit die Anzahl der Komponenten je Gebiet zu verringern. Bei der Verwendung einer KDE kann für die Beachtung unterschiedlicher Dichten im Verkehr eine adaptive KDE genutzt werden, die die Bandbreite der Kernel nicht über das gesamte Gebiet auf einem Wert belässt, sondern sich an die Komplexität lokal anpasst.

Da das punktbasierte Vorgehen zu unzureichenden Ergebnissen geführt hat, wurde im nächsten Schritt ein trajektorienbasiertes Verfahren evaluiert. Dieses ermöglicht auch Anomalien zu erkennen, die nur bedingt durch den zeitlichen Verlauf zur Anomalie werden. Die trajektorienbasierte Anomaliedetektion zeigt insgesamt eine bessere Klassifikationsgüte als die punktbasierte Anomaliedetektion. Es bleiben aber auch hier noch weitere Herausforderungen. Aufgrund der Glättung der Trajektorien können kleine Anomalien nicht erkannt werden. Außerdem muss die gesamte Trajektorie bekannt sein, damit dieser Algorithmus zur Erkennung von Anomalien verwendet werden kann. Daher kann er nur im Nachhinein Aufschluss über Anomalien geben. Um eine Echtzeitauswertung zu ermöglichen, könnte eine Prädiktion auf Grundlage historischer Fahrmuster und zusätzlicher Daten aus dem AIS zum Zielhafen geschätzt und diese Schätzung zur Anomaliedetektion genutzt werden. Eine weitere Möglichkeit ist die Verwendung von Tracklets anstelle der vollständigen Trajektorien. Dies sind Teiltrajektorien, die immer nur einen gewissen zuvor definierten Zeithorizont abbilden.

Auch nach diesen Verbesserungen würden die Verfahren jedoch vorhandenes Hintergrundwissen ignorieren und damit nicht alle Anomalien korrekt erkennen. Der gegebene Kontext kann von enormer Bedeutung sein, da z. B. ein Abweichen von einer Fahrroute für diese Verfahren direkt zu einer Anomalie führt, jedoch in der Realität ein einfaches Ausweichmanöver darstellen kann. Ein solches Verhalten sollte nur in kritischen Situationen zur Alarmierung der Anwender/-innen einer Entscheidungsunterstützung führen. Aus diesem Grund werden im nächsten Schritt Verfahren analysiert, die den Kontext einer Situation mit einbinden.

6 Detektion von kontextuellen Anomalien – spieltheoretisches Verhaltensmodell

»Spielen ist Experimentieren mit dem Zufall.«

— Novalis

Ergebnisse aus diesem Kapitel wurden im Rahmen der »9th International Conference on Agents and Artificial Intelligence« [Ann17b] und des »2016 Joint Workshop of Fraunhofer IOSB and Institute for Anthropomatics, Vision and Fusion Laboratory« [Ann17a] vorgestellt sowie in der Abschlussarbeit [Dur16] betreuend erarbeitet.

6.1 Problem und Zielsetzung

In Kapitel 5 wurde dargelegt, wie verschiedene maschinelle Lernverfahren dazu genutzt werden können, einfache *Positions-* und *kinematische Anomalien* in den Verkehrsdaten von Schiffen zu detektieren. Die Qualität dieser Anomaliedetektion ist jedoch nicht ausreichend: Zum einen war die Klassifikationsgüte der Einzelergebnisse nicht überzeugend und zum anderen kann an einfachen Beispielen gezeigt werden, dass der Kontext zur Klassifikation einer Anomalie eine besondere Rolle einnimmt. Hier sei bspw. die Anpassung der Geschwindigkeit an Sicht- und Wetterbedingungen oder das Ausweichen bei möglichen Kollisionen mit anderen Verkehrsteilnehmern genannt. Außerdem zeigen nicht alle zu beobachtenden Objekte ein identisches Verhaltensmuster,

z. B. unterscheidet sich das Verhalten kreuzender Segelboote stark von demjenigen unter Motor fahrender Boote. Außerdem sind die Ergebnisse der Anomaliedetektion nicht immer einfach zu deuten. Es ist also nicht immer klar, warum eine Situation als Anomalie gekennzeichnet wird.

Um die Interaktion der Schiffe untereinander abzubilden, wird in diesem Kapitel ein Verhaltensmodell basierend auf spieltheoretischen Überlegungen entworfen. Als Grundlage wird das in Kapitel 4 erweiterte OOWM zur Umweltmodellierung genutzt. Ein solches Verhaltensmodell ermöglicht durch die Auswertung der zugrundeliegenden Nutzenfunktion einen guten Einblick in die Entscheidungsfindung.

6.2 Methodik

Im Folgenden werden in einem kurzen Überblick die verwendeten spieltheoretischen Überlegungen eingeführt und an das Problem der Verhaltensmodellierung angepasst. Spieltheoretische Konzepte sollen insbesondere rationales Verhalten modellieren. Sie sind häufig aus der Ökonomie motiviert und gehen davon aus, dass teilnehmende Spieler sich rational verhalten und entweder den eigenen Nutzen oder den gemeinsamen Nutzen maximieren wollen. Dafür steht ein großer Fundus an Lösungskonzepten zur Verfügung, die es ermöglichen, sowohl kooperatives als auch nichtkooperatives Verhalten abzubilden. Eine detaillierte Einführung in die Spieltheorie wird bspw. in [Hol19] gegeben.

Eine Erweiterung zu dem in Gleichung (4.4) eingeführten, nichtkooperativen Spiel ist das Verhandlungsspiel. In diesem soll eine Verhandlungssituation abgebildet werden. Dafür wird ein sogenannter Konfliktpunkt eingeführt. Ein Verhandlungsspiel

$$\Gamma_B = (\mathcal{N}, \mathcal{P}, \mathbf{c}) \tag{6.1}$$

wird nach Gleichung (4.5) definiert durch die Menge aller Spieler $\mathcal{N} = \{1, \dots, n\}$, den Auszahlungsraum $\mathcal{P} \subset \mathbb{R}^n$ – also alle erreichbaren Auszahlungskombinationen – und den Konfliktpunkt $\mathbf{c} \in \mathcal{P}$. Der Konfliktpunkt stellt den Auszahlungsbetrag c_i für $i \in \mathcal{N}$ dar, den der Spieler i erhält, wenn keine Einigung erzielt wird.

6.2.1 Nash-Verhandlungslösung

Zur Charakterisierung einer fairen Lösung in einem Verhandlungsspiel wurde von Nash [Nas50] ein Axiomensystem bestehend aus vier Axiomen eingeführt: Pareto-Optimalität, Unabhängigkeit von irrelevanten Alternativen, Symmetrie und Invarianz gegenüber affinen Transformationen. Es kann gezeigt werden, dass die Lösung für das Optimierungsproblem

$$
\begin{aligned}
\max_{\mathbf{u}} \quad & \prod_{i=1}^{n} (u_i - c_i) && (6.2)\\
\text{s.t.:} \quad & \mathbf{u} \in \mathcal{P} \\
& u_i \geq c_i \quad \forall i \in \mathcal{N}
\end{aligned}
$$

ebendiese Axiome erfüllt und damit eine faire Lösung für Verhandlungsspiele nach Gleichung (6.1) darstellt. Die Zielfunktion in Gleichung (6.2) wird auch als *Nash-Produkt* bezeichnet. In der Literatur wurden auch andere Axiomensysteme eingeführt. Ein Beispiel wäre die *Kalai-Smorodinsky-Verhandlungslösung*, die aber im Gegensatz zur *Nash-Verhandlungslösung* nicht für $n > 2$ Spieler gültig ist.

Zur Lösung des Optimierungsproblems wird der von Storn und Price [Sto97] eingeführte *Differential-Evolution*-Algorithmus eingesetzt. Die hierbei gefundene Lösung ist nicht zwangsläufig optimal, es werden für die Optimierung aber keine Informationen zum Gradienten benötigt.

6.2.2 Spieltheoretisches Modell des Schiffsverhaltens

Das Verhalten der Spieler in einem spieltheoretischen Modell hängt hauptsächlich von der gewählten Nutzenfunktion $\mathbf{u}$ und dem Lösungskonzept ab. Hier wird die *Nash-Verhandlungslösung* verwendet, um die optimale Strategie für die Spieler zu ermitteln.

Der Zustand eines Spielers $i \in \mathcal{N}$ zum Zeitpunkt t ist gegeben durch seine Position $\mathbf{p}_{t,i} = (p_{t,i,\text{lon}}, p_{t,i,\text{lat}})$, seine Geschwindigkeit $v_{t,i}$ und seinen Kurs über Grund $\phi_{t,i}$. Wie in der (nautischen) Navigation üblich wird hier der Kurs gegenüber rechtweisend Nord im mathematisch negativen Drehsinn gezählt.

Außerdem folgt jeder Spieler einer Route, die aus mehreren Wegpunkten besteht, und jeder Spieler möchte einen Zielpunkt $\mathbf{p}_{i,d}$ erreichen. Kein Spieler wünscht eine Kollision, jeder Spieler möchte seiner Route folgen und sein Ziel so schnell wie möglich erreichen.

Die Position jedes Spielers ist in geographischen Koordinaten beschrieben. Daher wird, wenn nicht anders angegeben, die Großkreisentfernung $d_{\text{gc}}(\mathbf{a}, \mathbf{b})$ für die Entfernungsberechnungen zwischen zwei Punkten $\mathbf{a}$ und $\mathbf{b}$ verwendet.

6.2.2.1 Strategien

Die möglichen Strategien eines Spielers basieren auf den nächsten erreichbaren Positionen. Dafür wird hier das folgende einfache Bewegungsmodell verwendet: Jedes Schiff kann zu jedem Zeitschritt seine Geschwindigkeit und seinen Kurs ändern. Für den nächsten Zeitschritt $t + 1$ ergeben sich die Geschwindigkeit (begrenzt für jedes Schiff i auf $v_{i,\max}$) und der Kurs für ein Schiff i zu

$$v_{t+1,i} = \Delta v_i \cdot v_{i,\max}\,, \qquad \text{mit}\,\Delta v_i \in [-1, 1] \text{ und} \tag{6.3}$$

$$\phi_{t+1,i} = \phi_{t,i} + \Delta\phi_i\,, \qquad \text{mit}\,\Delta\phi_i \in [-45°, 45°]\,. \tag{6.4}$$

Die neue Position $\mathbf{p}_{t+1,i}$ wird dann unter Verwendung des Großkreises mit dem neuen Kurs über Grund $\phi_{t+1,i}$ und der Geschwindigkeit $v_{t+1,i}$ geschätzt.

Jeder Spieler i folgt also einer Strategie bestehend aus

$$B_i^\Gamma = (\Delta\phi_i, \Delta v_i). \tag{6.5}$$

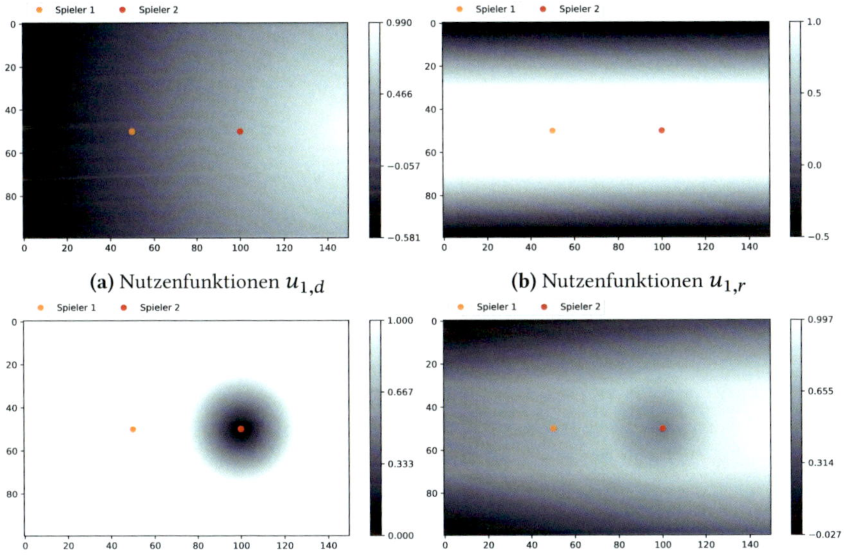

(a) Nutzenfunktionen $u_{1,d}$

(b) Nutzenfunktionen $u_{1,r}$

(c) Nutzenfunktionen $u_{1,p}$

(d) Überlagerung von $u_{1,d}$, $u_{1,r}$ und $u_{1,p}$

Abbildung 6.1: Die Nutzenfunktionen für einen Spieler, der sich auf der Position $(50, 50)$ befindet und sich auf der Route $(0, 50) \to (150, 50)$ bewegt. Dabei gibt es auf der Position $(100, 50)$ einen weiteren stationären Spieler. Für die Simulation gilt $\delta_r = 20$ und $\delta_p = 25$. Der Farbverlauf stellt den Nutzen des Spielers 1 dar. Die Abstände wurden mit der euklidischen Norm bestimmt.

6.2.2.2 Nutzenfunktion

Die Nutzenfunktion ist durch vier Komponenten gegeben, die ein wünschenswertes Verhalten eines Spielers definieren. Der Gesamtnutzen ist dann durch die Überlagerung der anwendbaren Komponenten gegeben. Verschiedene Komponenten und deren Überlagerung werden in Abbildung 6.1 gezeigt. Der

Nutzen für das Erreichen des Zielortes ergibt sich aus dem Verhältnis zwischen der Entfernung zum Zielort zum Zeitpunkt $t + 1$ und der Entfernung zum Zielort zum Zeitpunkt t

$$u_{i,d} = \frac{d_{\mathrm{gc}}(\mathbf{p}_{t+1,i}, \mathbf{p}_{i,d})}{d_{\mathrm{gc}}(\mathbf{p}_{t,i}, \mathbf{p}_{i,d})}. \tag{6.6}$$

Die Nutzenfunktion ist in Abbildung 6.1a für ein Beispielszenario zu sehen. Um den Abstand zur Route zu bewerten, wird der Abstand $d_{r,i}$ zwischen der Route und der Position des Spielers zum nächsten Zeitpunkt $\mathbf{p}_{t+1,i}$ bestimmt. Durch den Parameter δ_r wird ein Bereich um die Route definiert, der immer den vollen Nutzen bringt. Erst bei größeren Abweichungen wird die neue Position weniger Nutzen einbringen. Die resultierende Nutzenfunktion

$$u_{i,r} = \begin{cases} 1, & \text{falls } d_{r,i} \leq \delta_r \\ -\frac{1}{\delta_r} \cdot d_{r,i} + 2, & \text{sonst} \end{cases} \tag{6.7}$$

ist in Abbildung 6.1b dargestellt. Der Nutzen für einen Spieler i für das Abstandhalten zu anderen Spielern kann durch

$$u_{i,p} = \min_{j \in \mathcal{N} \setminus \{i\}} \left(\min \left(\frac{d_{\mathrm{gc}}(\mathbf{p}_{t+1,i}, \mathbf{p}_{t+1,j})}{\delta_p}, 1 \right) \right) \tag{6.8}$$

beschrieben werden. Der Parameter δ_p dient dazu, den Abstand einzustellen, den ein Spieler zu den anderen Spielern einhalten möchte. Die Nutzenfunktion ist in Abbildung 6.1c dargestellt. Die Überlagerung der Komponenten $u_{i,d}$, $u_{i,r}$ und $u_{i,p}$ ist für eine Beispielkonstellation in Abbildung 6.1d dargestellt.

Da kein Spieler im normalen Schiffsverkehr eine Kollision mit einem anderen Spieler wünscht, muss ein Mechanismus implementiert werden, der dieses Problem abdeckt. Dazu wird eine Nutzenfunktion eingeführt, die die Vermeidung von Kollisionen realistisch abbildet. Da das Verhalten motorisierter Schiffe analysiert wird, müssen die Schiffe nach den Kollisionsverhütungsregeln in der *Verordnung zur Seestraßenordnung – Anlage zu § 1 Teil B Ausweich-*

und Fahrregeln eine Kollision vermeiden, indem sie nach Steuerbord (zur rechten Seite) abdrehen. Die Nutzenfunktion

$$u_{i,c} = \max\left(0, (1 - |\frac{2\Delta\phi_i}{45°} - 1|)\right) \tag{6.9}$$

wird als Komponente dazugeschaltet, wenn eine mögliche Kollision vorhergesagt wird, um ebendieses Verhalten zu erzeugen.

6.3 Ergebnis

Zur Evaluierung des spieltheoretischen Verhaltensmodells werden Trajektorien aus dem *IOSB-Western-Baltic-Sea*-Datensatz (siehe Abschnitt 3.2.1) benutzt. Insbesondere der Fährverkehr zwischen Fehmarn und Lolland ist hier von Interesse, da ein Abweichen von der Route zum Teil ein gewünschtes Ausweichmanöver darstellt. Daher stammen die genutzten Trajektorien aus dem Fehmarn-Gebiet (siehe Abbildungen 3.4 und 3.5c). Zunächst soll gezeigt werden, wie das Modell zur Prädiktion der Position der beteiligten Schiffe genutzt werden kann, um daran anschließend darzulegen, wie das Modell zur Anomaliedetektion verwendet werden kann.

6.3.1 Prädiktion der Position

Zur Veranschaulichung des Algorithmus werden zwei Konstellationen betrachtet: zum einen zwei Schiffe, die auf der gleichen Route fahren, während das eine das andere überholt (im Folgenden »Überholmanöver«), zum anderen drei Schiffe, die sich zwischen Fehmarn und Lolland auf ihren Routen begegnen (im Folgenden »kreuzender Verkehr«).

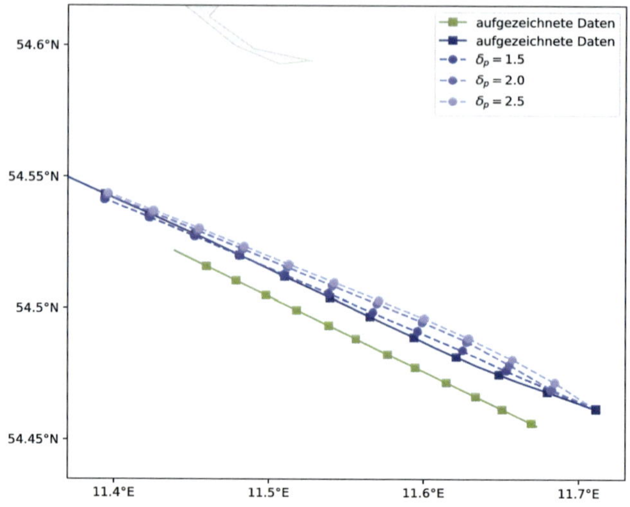

Abbildung 6.2: Prädiktion der Position für die Konstellation »Überholmanöver« mit verschiedenen Werten für δ_p

Da sich die Schiffe in der Konstellation »Überholmanöver« mit unterschiedlichen Geschwindigkeiten auf der gleichen Route bewegen, kommt es zu einem Überholmanöver. Die Ergebnisse der Prädiktion neben den aufgezeichneten Daten sind für verschiedene Werte für δ_p in Abbildung 6.2 zu sehen. Ein niedriger Wert für δ_p bedeutet, dass die Schiffe näher aneinander heranfahren. Der Parameter gibt also an, wie risikofreudig das jeweilige Schiff fährt.

In Abbildung 6.3 ist die Nutzenfunktion für einen Zeitpunkt für den blauen Spieler dargestellt. Das blaue Quadrat in dieser Abbildung ist die aktuelle Position des blauen Schiffes, während das grüne Quadrat die nächste Position des grünen Schiffes darstellt. Der Einfluss von $\mathbf{u}_r$ und $\mathbf{u}_d$ ist deutlich zu erkennen, zum einen als heller Korridor, auf dem sich beide Schiffe bewegen, zum anderen durch den Farbverlauf innerhalb des Korridors (südöstlich startend mit einem dunkleren Farbton und nach Nordwesten heller werdend). Bei der nächsten Position des grünen Schiffes ist der Einfluss von $\mathbf{u}_p$ als ein Kreis um die aktuelle Position herum zu erkennen. Insgesamt lässt sich das Verhalten in dieser einfachen Situation durch die Anpassung der Parameter mit dem vorgeschlagenen Ansatz gut reproduzieren.

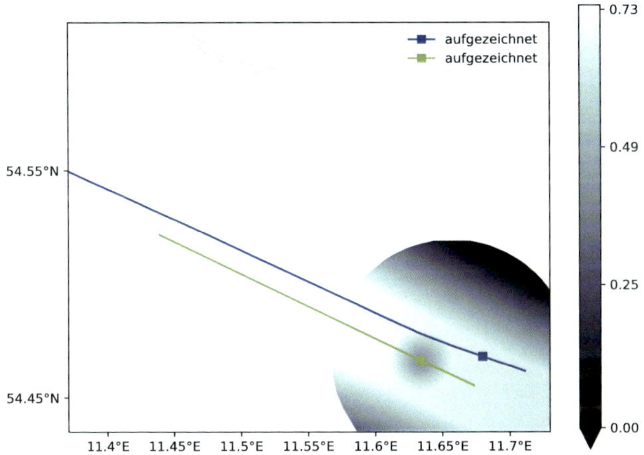

Abbildung 6.3: Die Nutzenfunktion mit $\delta_p = 1.5$ für einen Spieler in der Konstellation »Überholmanöver«. Die Hintergrundfarbe zeigt den Nutzen des blauen Schiffs an der gezeigten Position an. Je höher der erreichte Nutzen, desto heller ist die Farbe.

In der Konstellation »Überholmanöver« fahren die Schiffe nicht auf einem direkten Kollisionskurs, da beide Schiffe mit genügend Abstand zueinander fahren können. Daher wurde die zweite Konstellation »kreuzender Verkehr« so ausgewählt, dass die beteiligten Schiffe ohne Ausweichmanöver kollidieren würden. Die Ergebnisse der Prädiktion sind für unterschiedliche Werte des Parameters δ_p in Abbildung 6.4 zu sehen. Das grüne Schiff fährt auf dem Kiel--Ostsee-Weg von Osten nach Westen, während die beiden Fähren von Nord nach Süd (blau) bzw. von Süd nach Nord (orange) fahren.

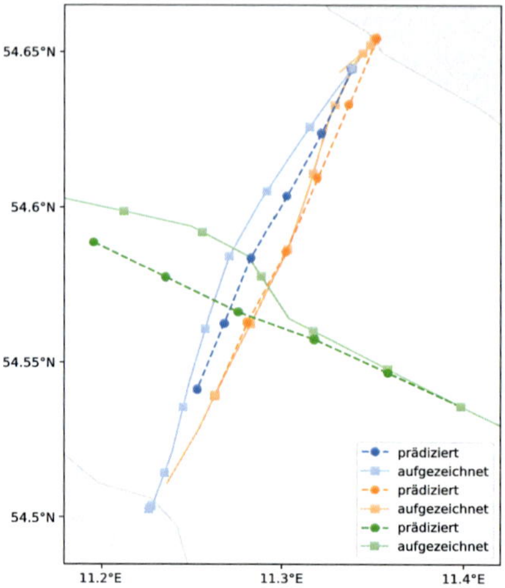

(a) $\delta_p = 2$

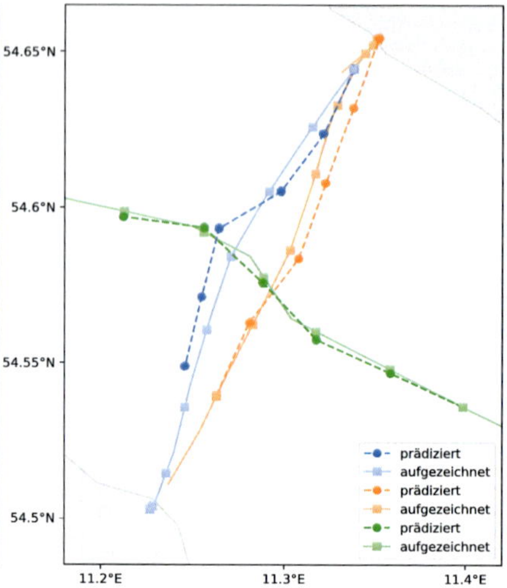

(b) $\delta_p = 2.5$

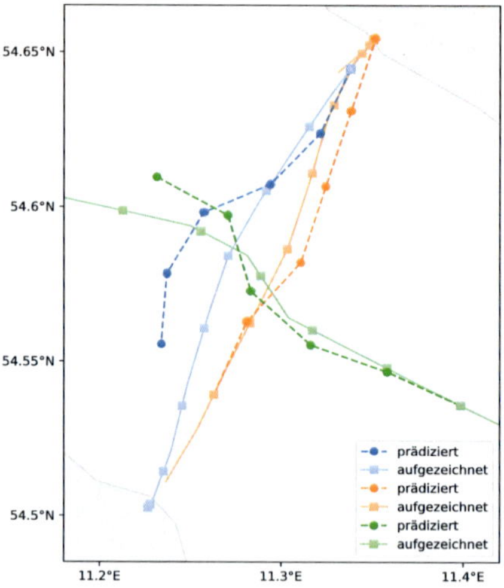

(c) $\delta_p = 3$

Abbildung 6.4: Prädiktion für die Konstellation »kreuzender Verkehr« mit verschiedenen Werten für δ_p

Der Einfluss des Parameters δ_p ist gut sichtbar. Für $\delta_p = 2.5$, wie in Abbildung 6.4b dargestellt, ähnelt die Simulation stark dem realen Pfad der Schiffe. Für die anderen Werte weicht die Prädiktion zum Teil deutlich von dem aufgezeichneten Verhalten ab. In Abbildung 6.4a wird keine mögliche Kollision erkannt, da die blaue und orange Fähre näher beieinander fahren können. Dadurch fahren die Schiffe auf einer geraden Linie ohne Ausweichmanöver. In Abbildung 6.4c wird eine bevorstehende Kollision zwischen dem grünen und dem blauen Schiff erkannt. Der Abstand, den die Schiffe zueinander wahren wollen, ist jedoch zu groß gewählt, sodass das blaue und das grüne Schiff von der aufgezeichneten Route stark abweichen müssen.

6.3.2 Anomaliedetektion basierend auf dem prädizierten Verhalten

In diesem Abschnitt wird nur die komplexere Konstellation »kreuzender Verkehr« betrachtet. Um einen Anomaliewert für das Verhalten der Schiffe abzuschätzen, wird für jeden Zeitschritt ein neues Spiel gestartet, d. h., es wird immer nur ein Zeitschritt prädiziert. Um einen besseren Einblick in den Entscheidungsprozess zu geben, sind die Nutzenfunktionen für die verschiedenen Spieler zu einem Zeitpunkt in Abbildung 6.5 dargestellt. Das grüne und das blaue Schiff (siehe Abbildungen 6.5a und 6.5c) erkennen jeweils die mögliche Kollision zu diesem Zeitpunkt. Daher wird die Nutzenfunktion zusätzlich mit der Nutzenfunktion zur Kollisionsvermeidung überlagert. Dadurch ergeben die neuen Positionen auf Steuerbordseite einen höheren Nutzen für das jeweilige Schiff. In allen Fällen ist der Nutzen, der durch das Festhalten an der Route gewonnen wird, deutlich sichtbar. Darüber hinaus sind die höhere Auszahlung für die Verringerung der Entfernung zum Ziel sowie die geringere Auszahlung in der Nähe von anderen Spielern klar zu erkennen.

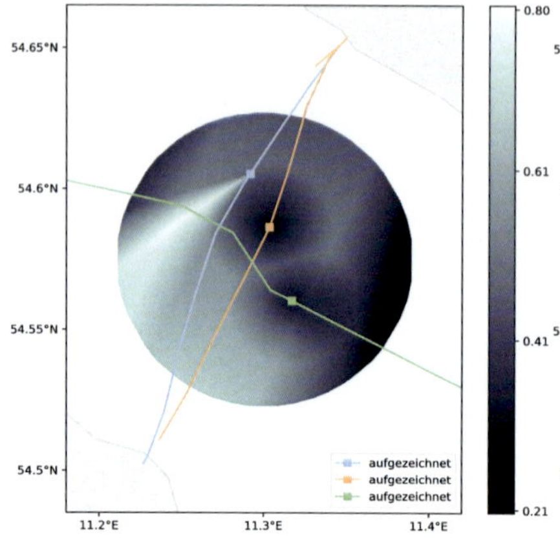

(a) Blaues Schiff

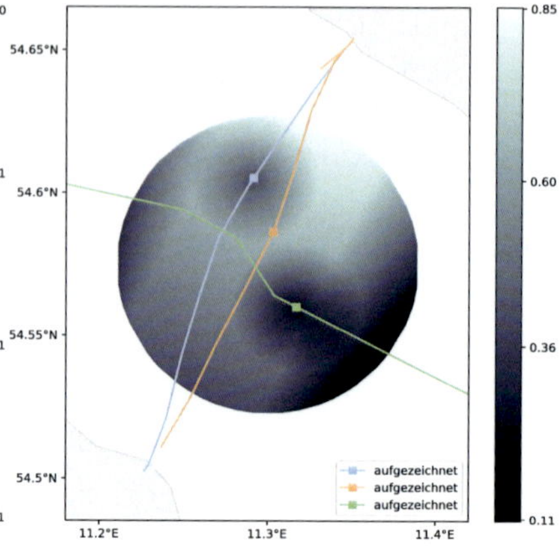

(b) Oranges Schiff

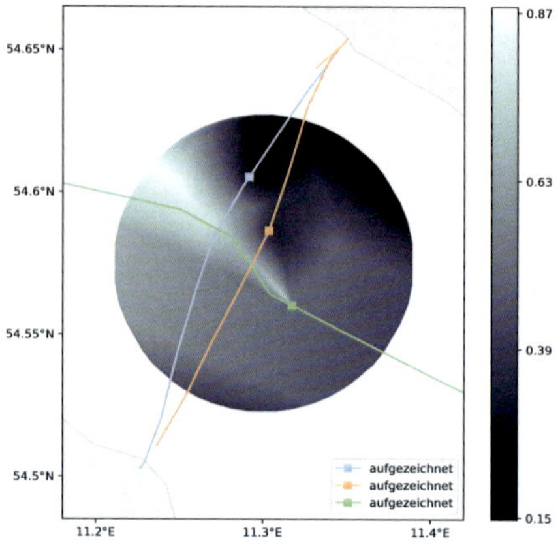

(c) Grünes Schiff

Abbildung 6.5: Nutzenfunktionen in der Konstellation »kreuzender Verkehr«

Im Vergleich zur bisherigen vollständigen Prädiktion des Pfades wird nun für jeden Zeitschritt eine einzelne Prädiktion durchgeführt. Die Ergebnisse sind in Abbildung 6.6 dargestellt. Der Nutzen für das grüne Schiff unter der Voraussetzung der ausführbaren Strategien ist zusätzlich als Heatmap in Form eines Kreissektors eingezeichnet. Wegen der möglichen Kollision zwischen dem blauen und dem grünen Schiff ergibt die Steuerbordseite in diesem Zeitschritt höhere Auszahlungen.

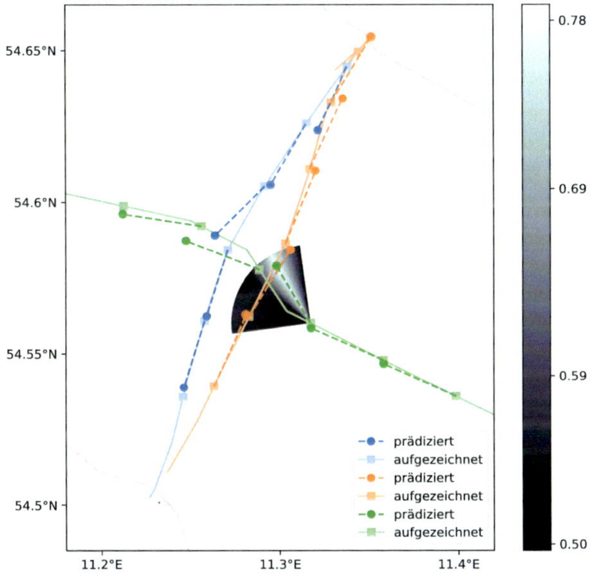

Abbildung 6.6: Prädiktion der einzelnen Zeitschritte in der Konstellation »kreuzender Verkehr« für $\delta_p = 2.5$. Der mit einem Farbverlauf gefüllte Kreissektor gibt den möglichen Nutzen für das grüne Schiff im nächsten Zeitschritt für die jeweilige neue Position an.

Ein Anomaliewert soll bestimmen, ob das reale Verhalten auffällig von dem prädizierten Verhalten abweicht. Dieser kann auf unterschiedliche Weisen generiert werden, um jeweils bestimmte Informationen wie Distanzwerte einfließen zu lassen. Eine Möglichkeit besteht darin, den Abstand zwischen der prädizierten Position und der realen Position zu bestimmen, eine weitere darin, den Nutzen für beide Positionen auszuwerten.

In Abbildung 6.7 sind die Anomaliewerte für beide Methoden zu jedem Zeitschritt dargestellt. In Abbildung 6.7a ist der Anomaliewert auf Basis der Distanz gezeigt, in Abbildung 6.7b basierend auf dem Verhältnis zwischen realem $u_{i,\mathrm{real}}$ und prädiziertem Nutzen $u_{i,\mathrm{sim}}$ des Spielers i nach

$$\mathrm{Anomaliewert}_i = 1 - \frac{u_{i,\mathrm{real}}}{u_{i,\mathrm{sim}}}. \tag{6.10}$$

Die Ergebnisse in Abbildung 6.7a lassen nicht auf einen eindeutigen Grenzwert für eine anomale Distanz schließen. Der Abstand zwischen der prädizierten und der realen Position ist immer größer als 100 m. Vergleicht man die beiden Methoden, so wird deutlich, dass die Abweichung in der Position nicht damit einhergeht, dass die Prädiktion oder die realen Daten tatsächlich einen viel größeren Nutzen für den jeweiligen Spieler bedeuteten: Mit Ausnahme des zweiten Zeitschrittes ist in Abbildung 6.7b das Nutzenverhältnis immer kleiner als 0,1. Hierbei ist zu beachten, dass der höhere Wert im letzten Zeitschritt für das orange Schiff durch die nicht näher modellierte Einfahrt in den Hafen erklärt werden kann. Mit der passenden Modellierung sollte der Anomaliewert für diesen Zeitschritt auch geringer ausfallen.

Darüber hinaus ist der für die reale Position ermittelte Nutzen aufgrund der geschätzten maximalen Geschwindigkeit manchmal größer als der simulierte. Da die Nash-Verhandlungslösung eine faire Auszahlungsverteilung für alle Spieler bestimmt, könnte eine Strategie für einen einzelnen Spieler existieren, die eine höhere Auszahlung für diesen Spieler ergibt.

Insgesamt ist das Nutzenverhältnis die bessere Anomaliebewertung. So wird z. B. ein hoher Anomaliewert für das grüne und das blaue Schiff im zweiten Zeitschritt in Abbildung 6.7b geschätzt. In Abbildung 6.6 halten das grüne und das blaue Schiff im zweiten Zeitschritt nicht so viel Abstand zueinander wie in den anderen Zeitschritten. Daher kann dieses Verhalten tatsächlich als Anomalie angesehen werden. Auch im dritten Zeitschritt weicht das grüne Schiff von der Prädiktion ab, aber der Nutzen bleibt ähnlich.

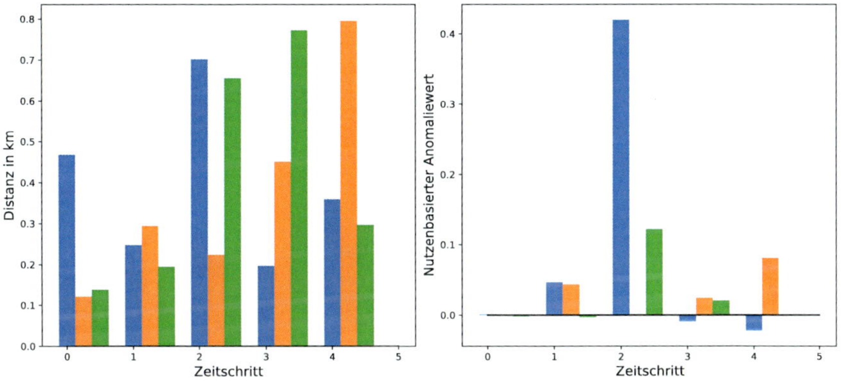

(a) Basierend auf der Distanz zwischen Prädiktion und realer Position

(b) Basierend auf dem Verhältnis zwischen prädiziertem und real erreichtem Nutzen

Abbildung 6.7: Anomaliewerte für die Konstellation »kreuzender Verkehr«

6.4 Schlussfolgerung

Es konnte erfolgreich gezeigt werden, dass mit dem vorgestellten spieltheoretischen Modell das Verhalten von Schiffen prädiziert werden kann. Dafür wurden aufgezeichnete Trajektorien mit Prädiktionen verglichen. In den Daten werden bis zu drei Schiffe betrachtet, die miteinander interagieren. Basierend auf diesen Ergebnissen wurden zwei Möglichkeiten zur Anomaliedetektion aufgezeigt. Hierbei hat sich erwiesen, dass nur das Verfahren auf Basis des Nutzenverhältnisses zwischen Prädiktion und realen Daten ein sinnvolles Ergebnis liefert.

Für die Evaluation wurden zwei reale Situationen aufgegriffen. Diese wurden zwar durch das spieltheoretische Modell gut nachgebildet. Um die generelle Leistungsfähigkeit des Ansatzes zu zeigen, sollten in zukünftigen Arbeiten aber weitere Situationen betrachtet werden. Optimierungspotenzial besteht auch im Bewegungsmodell. Das hier verwendete Modell bildet nur rudimentär realen Schiffsverkehr ab. Durch ein besseres Modell, das bspw. die Trägheit des Schiffs korrekt mit einbezieht, stünden dem spieltheoretischen Modell nur noch realistische Strategien zur Verfügung.

Die Nutzenfunktionen und die dazugehörigen Parameter wurden in diesem Kapitel händisch bestimmt. Da durch das AIS große Mengen an Verkehrsdaten zur Verfügung stehen, böte sich hier die Untersuchung von Verfahren an, um diese Nutzenfunktionen aus den Daten zu erlernen.

7 Detektion von kontextuellen Anomalien – Schiffstypklassifikation

> »Ein Schiff im Hafen ist sicher, doch dafür werden Schiffe nicht gebaut.«
>
> — John Augustus Shedd

Ergebnisse aus diesem Kapitel wurden im Rahmen des »Upper-Rhine Artificial Intelligence Symposium 2020« [Ann20b] vorgestellt sowie in den Abschlussarbeiten [Str19, Har20] betreuend erarbeitet.

7.1 Problem und Zielsetzung

Anhand von Schiffstypen ist es möglich, bestimmte Verhaltensmuster abzuleiten und aufgrund von Abweichungen auf Anomalien zu schließen. Da eine Selbstauskunft basierend auf AIS fehleranfällig ist und unter Umständen auch im Rahmen von illegalen Aktivitäten ausgenutzt werden kann, ist diese gerade in kritischen Situationen keine zuverlässige Quelle. Daher ist das Ziel in diesem Kapitel, ein Verfahren auf Basis eines künstlichen neuronalen Netzes zu entwickeln, mit dem es möglich ist, den Typ eines Schiffes anhand der jeweils gefahrenen Trajektorie zu klassifizieren.

7.2 Methodik

Zunächst werden hier die Schritte erläutert, mit denen aus den rohen AIS-Daten ein Datensatz extrahiert werden kann, der zum Einlernen der neuronalen Netze benutzt werden kann. Im Anschluss werden die verwendeten Architekturen vorgestellt.

7.2.1 Extraktion der Trainingsdaten

Zur Extraktion der Trainingsdaten dient der in Abbildung 7.1 dargestellte Ablauf. Die wichtigsten Schritte sind hier, fehlerhafte Daten zu entfernen, die Gesamttrajektorien zu segmentieren und zu filtern, sowie weitere Merkmale aus zusätzlichen Informationsquellen abzuleiten.

Als Grundlage dient der in Abschnitt 3.2.2 beschriebene *IOSB-AISHub*-Datensatz. Zusätzlich werden Geoinformationen wie die weltweit größten Flüsse und Häfen sowie die Küstenlinien verwendet. Im ersten Schritt wird eine Liste der eindeutigen im Datensatz enthaltenen MMSIs generiert. Für jede MMSI werden die Positionsdaten zu Trajektorien verbunden und zur weiteren Verarbeitung verwendet. Die Segmentierung in separate Trajektorien ist der nächste Schritt (in Abbildung 7.1 gelb). Die resultierenden Trajektorien werden gefiltert (in Abbildung 7.1 orange). Basierend auf den verbleibenden Trajektorien werden geographische (in Abbildung 7.1 grün) und trajektorienbasierte Merkmale (in Abbildung 7.1 violett) abgeleitet. Die so generierten Sequenzen werden im Anschluss normalisiert (in Abbildung 7.1 rot), woraus sich der endgültige Datensatz ergibt. Im weiteren Verlauf werden nur Modelle für die sechs Hauptschiffstypen im Datensatz generiert. Dabei handelt es sich um »Cargo«, »Tanker«, »Fishing«, »Passenger«, »Pleasure Craft« und »Tug«. Da »Tanker« und »Cargo« ein ähnliches Verhalten aufweisen, werden diese zu einer gemeinsamen Klasse »Cargo-Tanker« zusammengefasst.

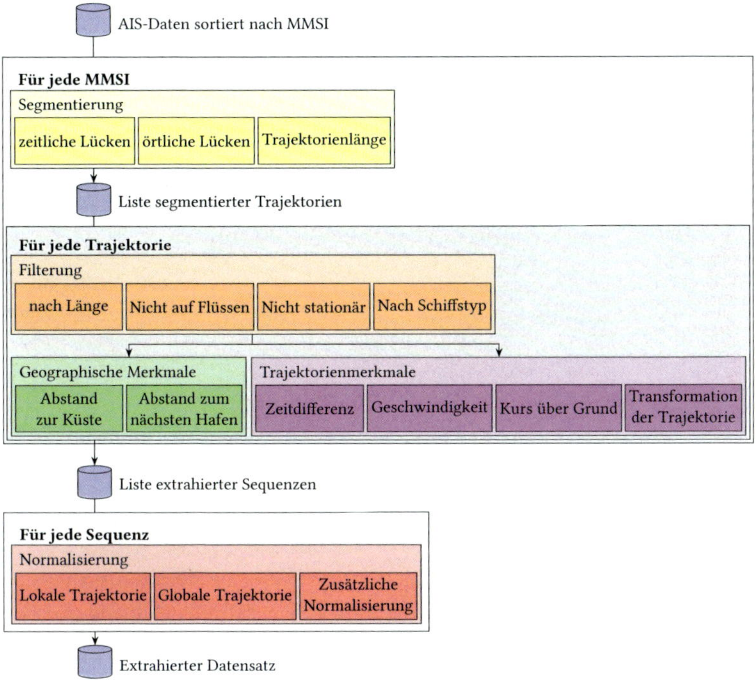

Abbildung 7.1: Schematischer Ablauf der Vorverarbeitung

7.2.1.1 Segmentierung

Die Trajektorien werden aufgrund ihrer Länge oder aufgrund von Lücken (also fehlenden Daten im Verlauf der Trajektorie) segmentiert. Lücken können bei vom AIS aufgezeichneten Trajektorien bspw. durch unzureichende Abdeckung oder generelle Übertragungsfehler entstehen. Außerdem sind Schiffe, die sich nicht entsprechend den Richtlinien verhalten und ihre MMSI nicht korrekt eingestellt haben, ein Problem. So können im Datensatz bspw. mehrere Schiffe ausgemacht werden, die die jeweilige Standardeinstellung der MMSI des jeweiligen Geräteherstellers nicht verändert haben. Typische Kennungen sind dafür etwa »123456789« oder neun identische Zahlen.

Um diese Fehler herauszufiltern und korrekt zu behandeln, werden Trajektorien nach zwei Kriterien in Segmente aufgeteilt: zum einen wenn der zeitliche Abstand zwischen zwei Datenpunkten größer als zwei Stunden ist und zum anderen wenn der räumliche Abstand zwischen zwei Datenpunkten groß ist. Für den räumlichen Abstand wird hier die euklidische Distanz unter Verwendung des Längen- bzw. Breitengrades als Approximation benutzt. Der Grenzwert liegt bei 0,0001°. Dies entspricht am Äquator etwa 1 km und auf dem 60. Breitengrad etwa 0,6 km.

Da die verwendeten Netzarchitekturen eine feste Eingangsgröße erwarten, werden die Trajektorien anhand folgender Regeln geteilt:

- Längere Sequenzen werden entsprechend der gewünschten Sequenzlänge in Stücke geteilt.
- Jede verbleibende Restsequenz, die kürzer als 80 % der gewünschten Länge ist, wird verworfen.
- Alle anderen Sequenzen werden mit Nullen aufgefüllt, um die gewünschte Länge zu erreichen.

7.2.1.2 Filterung

Nach der Segmentierung werden die Daten weiter gefiltert. Da das Verhalten auf hoher See klassifiziert werden soll, werden stationäre Schiffe, die z. B. vor Anker liegen, sowie Schiffe auf Flüssen entfernt. Das Maß $\alpha_{\text{stationary}}$ für eine stationäre Position ist dafür hier wie folgt definiert:

$$\alpha_{\text{stationary}} = \frac{\sum_{i=1}^{n-1} |\mathbf{p}_{i+1} - \mathbf{p}_i|}{n}. \tag{7.1}$$

Hierbei beschreibt n die Länge der Sequenz und $\mathbf{p}_i$ die Position eines Datenpunktes i. Wenn der Wert $\alpha_{\text{stationary}}$ unterhalb eines Schwellwerts liegt, gilt die dazugehörige Sequenz als stationär und wird aus dem Datensatz entfernt.

Eine Karte mit den größten Flüssen der Welt[1] wird benutzt, um Sequenzen, die sich nicht zu mindestens 50 % auf hoher See befinden, aus dem Datensatz zu entfernen.

7.2.1.3 Trajektorienmerkmale

Insgesamt werden drei Merkmale direkt aus den Trajektoriendaten extrahiert:

- Zeitdifferenz
- Geschwindigkeit über Grund
- Kurs über Grund

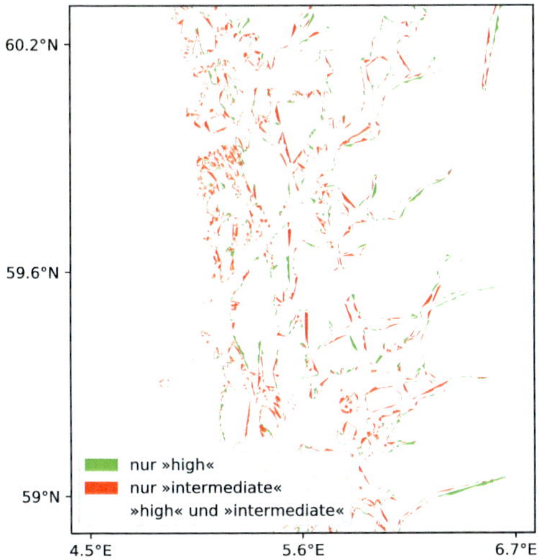

Abbildung 7.2: Vergleich zwischen zwei Auflösungsstufen der verwendeten Küstenliniendatenbank

Die AIS-Daten werden in regelmäßigen Intervallen von den Schiffen basierend auf ihrer Geschwindigkeit und ihrem Navigationsstatus ausgesendet

[1] http://www.soest.hawaii.edu/wessel/gshhg/, letzter Abruf am 04.03.2020.

(vgl. Tabelle 2.2). Da aber zum einen nicht alle Datenpakete empfangen werden können und zum anderen durch Geschwindigkeitsänderungen die Sendeintervalle variieren können, kann nicht davon ausgegangen werden, dass alle Datenpunkte zeitlich äquidistant vorliegen. Die zeitliche Komponente muss also explizit als Merkmal betrachtet werden. Dazu wird hier jeweils die Zeitdifferenz zwischen zwei aufeinander folgenden Datenpunkten bestimmt und als Merkmal eingeführt.

Die Geschwindigkeit und der Kurs können direkt aus den AIS-Daten extrahiert werden. Diese werden ohne weitere Verarbeitung unmittelbar als Merkmal verwendet. Die Geschwindigkeit hat hier eine Auflösung von 0,1 kn und liegt in dem Intervall [0, 102,2]. Der Kurs wird gegenüber rechtweisend Nord im mathematisch negativen Drehsinn im Intervall [0, 359] angegeben.

Zusätzlich werden zwei verschiedene Transformationen der Trajektorie durchgeführt: zum einen »relative-to-first«, zum anderen »relative-to-zero«. Im ersten Fall wird der Startpunkt jeder Sequenz in den Ursprung verschoben. Im zweiten Fall wird zusätzlich die Sequenz rotiert, sodass der Endpunkt auf der Abszisse liegt. Diese Transformationen sollen den Lernprozess der Verhaltensmuster beschleunigen.

7.2.1.4 Geographische Merkmale

Als zusätzliche Merkmale werden zwei geographische Merkmale auf Basis von weiteren Informationen bestimmt: zum einen der Abstand zur Küste, zum anderen der Abstand zu Häfen. Für Ersteres kommt eine Karte der Küstenlinien[2] zum Einsatz. Diese besteht aus einzelnen Polygonzügen und steht in unterschiedlichen Auflösungen zur Verfügung. Ein Vergleich von zwei Auflösungen ist für einen Ausschnitt der norwegischen Atlantikküste in Abbildung 7.2 wiedergegeben. Die Küstenlinie eignet sich gut zum Vergleich, da durch die Fjorde eine komplexe Küstenlinie entsteht. Bei den Küstenverläufen liegt der größte Unterschied zwischen den beiden gezeigten Auflösungen im Auslassen von Inseln und in der Vereinfachung von detaillierten Geometrien.

[2] http://www.soest.hawaii.edu/wessel/gshhg/, letzter Abruf am 04.03.2020.

Da diese Unterschiede jedoch gering ausfallen, wird, um die Komplexität der Berechnungen zu reduzieren, die Distanz zur Küste mit der niedrigeren Auflösung bestimmt.

Eine Liste der 140 bedeutendsten Häfen nach dem »World Port Index«[3] wird verwendet, um den Abstand zum nächsten großen Hafen zu bestimmen. Da bspw. Fischerboote für eine Tagestour den eigenen Heimathafen nur bis zu einer bestimmten Entfernung verlassen, sollte dieses Merkmal die Klassifikation ebensolcher Verhaltensmuster erleichtern.

7.2.1.5 Normalisierung

Die einzelnen extrahierten Merkmale werden jeweils auf das Intervall $[0, 1]$ normalisiert. Für die Position wird dabei zwischen einer »lokalen« und einer »globalen« Position unterschieden: Die »globale« Position wird zwischen dem Minimum und dem Maximum innerhalb des gesamten Datensatzes skaliert, während für die »lokale« Position nur über die Trajektorie selbst normalisiert wird. Die Idee hierbei ist, dass das Verhalten auf zwei unterschiedlichen Skalen beobachtet und klassifiziert werden kann.

Für die geographischen Merkmale werden Indizes erstellt, die die maximale abfragbare Entfernung einschränken. Dieser Wert wird als Maximum für die Skalierung verwendet. Für die Zeitdifferenz wird der Schwellwert für die Teilung der Trajektorien als Maximum verwendet, für die Geschwindigkeit und den Kurs die durch das AIS gegebenen Maximalwerte. Der untere Wert für die Skalierung ist jeweils 0.

7.2.1.6 Resultierender Datensatz

Die ursprünglich im *IOSB-AISHub*-Datensatz enthaltenen Daten werden wie beschrieben verarbeitet. Dabei werden sechs Datensätze extrahiert. Für alle

[3] https://msi.nga.mil/Publications/WPI, letzter Abruf am 04.03.2020.

Datensätze werden identische Schwellwerte für die Aufteilung der Trajektorien nach Zeit und Position sowie für die Filterung verwendet. Die Datensätze unterscheiden sich zum einen bezüglich der Sequenzlänge (360, 1 080 oder 1 800 Datenpunkte pro Sequenz) und zum anderen bezüglich der angewendeten Transformationen (»relative-to-first« oder »relative-to-zero«). Die gewählten Sequenzlängen entsprechen 1 h, 3 h oder 5 h. Die Verteilung der Schiffsklassen auf die resultierenden Sequenzen in den verschiedenen Datensätzen kann Tabelle 7.1 entnommen werden.

Tabelle 7.1: Anzahl der Sequenzen je Schiffsklasse für die verschiedenen Datensätze

		»relative-to-first«	»relative-to-zero«
#360	Cargo-Tanker	1 026 854	1 155 782
	Fishing	267 233	354 939
	Passenger	303 690	350 117
	Pleasure Craft	156 083	236 557
	Tug	414 904	482 376
#1 080	Cargo-Tanker	232 213	273 340
	Fishing	49 399	79 742
	Passenger	68 212	83 781
	Pleasure Craft	26 173	51 009
	Tug	11 0513	13 1145
#1 800	Cargo-Tanker	111 269	126 015
	Fishing	27 414	39 362
	Passenger	35 620	41 757
	Pleasure Craft	14 445	24 171
	Tug	61 236	69 636

7.2.2 Architektur der neuronalen Netze

Zur Klassifikation werden hier Residual Neural Networks (ResNets), also eine spezielle Architektur eines CNNs, verwendet. Diese Architektur wurde ursprünglich für die Klassifikation von Bilddaten entwickelt, aber bereits Fawaz et al. [Faw19] konnten zeigen, dass sich ein ResNet gut zur Zeitreihenklassifikation eignet.

Tabelle 7.2: Parameter der neuronalen Netzwerkarchitekturen. Für das MLP wird eine Sequenz von 360 angenommen.

Architektur	Tiefe	# Parameter
Tiny ResNet	11	29 125
Shallow ResNet	21	440 837
Deep ResNet	66	1 327 877
Stretched Deep ResNet	66	3 280 645
Split ResNet	26	390 701
Total Split ResNet	26	364 461
MLP	4	211 909
Tieferes MLP	6	220 229

Der Hauptunterschied zwischen dem ResNet und anderen Architekturen ist das Einfügen von sogenannten »Skip-Connections«. Diese erlauben durch zusätzliche Verbindungen das Überspringen von Ebenen im Netz. Damit kann das »Vanishing-Gradient-Problem«, also die Herausforderung, dass bei tiefen Netzen der Gradient für die verwendeten Lernverfahren ab einer gewissen Tiefe unterhalb der Berechnungsauflösung liegt, umgangen werden und dies ermöglicht tiefere Netze.

Aufbauend auf dieser Ursprungsidee werden verschiedene Architekturen (siehe in Anhang A die Abbildungen A.1 bis A.6) abgeleitet. Weitere Details zu den Architekturen können der Tabelle 7.2 entnommen werden. Die Architekturen bestehen jeweils aus den folgenden Blöcken:

Convolutional Layer (Conv): Eine Faltungsschicht mit der jeweils genannten Kernelgröße und Schrittweite (engl. »stride«).

Rectified Linear Unit (ReLU): Eine Aktivierungsfunktion, die nur als Positivteil ihres Arguments definiert ist.

Max Pooling: Innerhalb der angegebenen Schrittweite (engl. »stride«) wird jeweils die höchste Aktivierung aus der vorherigen Schicht übernommen.

Add: Summiert die Aktivierung der eingehenden Schichten.

Global Avg. Pooling: Bildet den Mittelwert über die zeitliche Dimension.

Dense Layer: Zuweisung der Ausgabeklassen.

Der Hauptgedanke hinter den Architekturen in den Abbildungen A.1 bis A.4 ist die Analyse der Auswirkungen der Tiefe der Netzwerke. Da die Merkmale selbst nicht notwendigerweise logisch miteinander verknüpft sind, wird mit den Architekturen in Abbildungen A.5 und A.6 untersucht, ob das Verhalten besser erfasst werden kann, indem der Netzwerkpfad für jedes Merkmal aufgeteilt wird. Außerdem wird untersucht, ob eine klassische MLP-Architektur bereits gute Ergebnisse erreicht. Dazu werden zwei MLPs erprobt: eines mit zwei versteckten Schichten und eines mit vier versteckten Schichten. Diese haben jeweils 64 Neuronen und sind vollständig mit den Neuronen ihrer benachbarten Schichten verbunden. Bei dieser Architektur befindet sich der Großteil der Parameter in der ersten Schicht. Sie sind notwendig, um die große Anzahl von Eingangsneuronen – bei einer Sequenzlänge von 360 ergeben sich $360 \cdot 9 = 3\,240$ Eingangsneuronen – auf die erste versteckte Schicht abzubilden.

7.3 Ergebnis

Für die Evaluation werden die verschiedenen Netzarchitekturen mit Hilfe des Frameworks Keras [Cho15] unter Verwendung von TensorFlow [Aba16] implementiert. Die Datensätze werden jeweils wie folgt aufgeteilt: Für das Training werden 64 %, für die Validierung 16 % und für das Testen 20 % der Daten verwendet. Als Metrik wird das *F1-Maß* (vgl. Abschnitt 5.2.3) benutzt.

Um den Lernprozess zu verbessern, werden die folgenden drei Regularisierungsmechanismen verwendet: ein additives Eingangsrauschen, *Batch-Normalization* (BN) und *Early Stopping*. Das Eingangsrauschen wird im Training hinzugefügt, um die Generalisierung der Klassifikationsergebnisse zu unterstützen. Hierbei wird für jedes Merkmal eine mittelwertlose Normalverteilung mit der Varianz 0,0001 angenommen. Die *Batch-Normalization* wird vor den jeweiligen *ReLU*-Layern eingefügt und erlaubt höhere Lernraten.

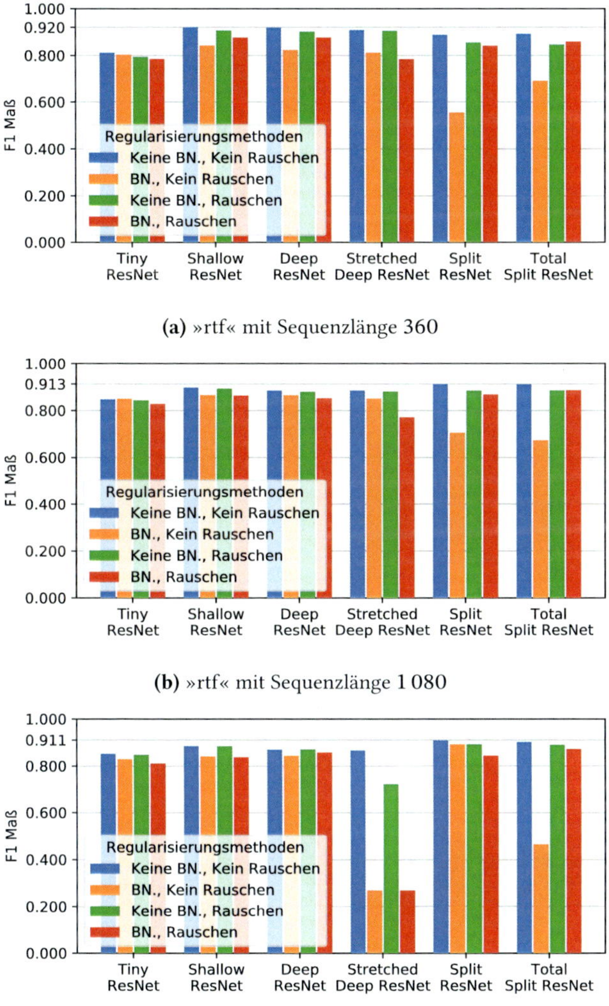

(a) »rtf« mit Sequenzlänge 360

(b) »rtf« mit Sequenzlänge 1 080

(c) »rtf« mit Sequenzlänge 1 800

Abbildung 7.3: Balkendiagramme des *F1-Maßes* für die verschiedenen Netzarchitekturen bei Verwendung der »relative-to-first«(rtf)-Transformation. Außerdem wird der Einfluss der Regularisierungsmethoden gezeigt.

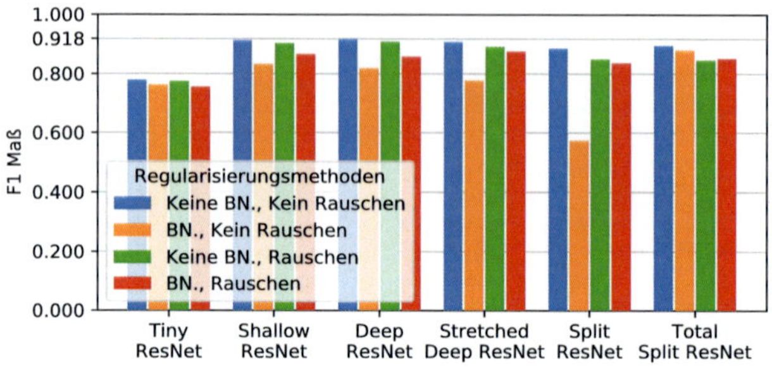

(a) »rtz« mit Sequenzlänge 360

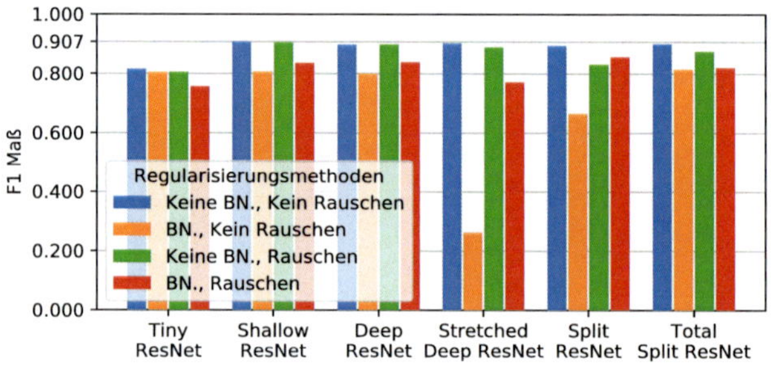

(b) »rtz« mit Sequenzlänge 1 080

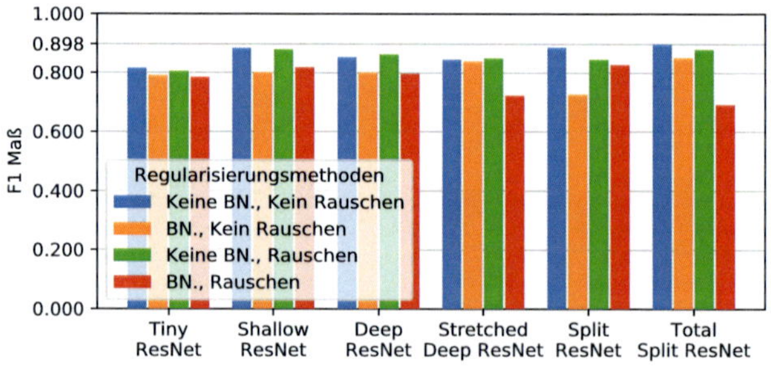

(c) »rtz« mit Sequenzlänge 1 800

Abbildung 7.4: Balkendiagramme des *F1-Maßes* für die verschiedenen Netzarchitekturen bei Verwendung der »relative-to-zero«(rtz)-Transformation. Außerdem wird der Einfluss der Regularisierungsmethoden gezeigt.

Um beim Lernen einem Springen um ein Minimum entgegenzuwirken, wird die Lernrate immer halbiert, wenn der Validationsfehler sich zwischen zehn Lerniterationen nicht verbessert. Das *Early-Stopping*-Kriterium führt dazu, dass das Einlernen des Netzes abgebrochen wird, wenn der Validationsfehler über 15 Lerniterationen nicht sinkt. Damit soll eine Überanpassung des Netzes verhindert werden.

Die verschiedenen neuronalen Netzwerkarchitekturen werden auf einem AMD Ryzen™ Threadripper™ 1920X 12-Kern-Prozessor mit 64 GB Arbeitsspeicher und vier Geforce GTX 1080 Ti evaluiert. Jedes Netzwerk wird anhand der sechs Datensätze evaluiert. Bei den ResNet-basierten Netzwerken werden die *Batch-Normalization* und das Eingangsrauschen getestet. Die anfängliche Lernrate wird auf 0,001 ohne *Batch-Normalization* und 0,002 mit aktivierter *Batch-Normalization* festgelegt. Die maximale Anzahl der Epochen ist auf 600 festgelegt. Die Batchgröße wird auf 64, 128 und 256 für die Sequenzlängen von 360, 1 080 bzw. 1 800 festgelegt.

Insgesamt werden 144 verschiedene Konfigurationen evaluiert. Darüber hinaus werden vier zusätzliche Netze auf dem Datensatz mit einer Sequenzlänge von 360 und der »relative-to-first«-Transformation eingelernt: zum einen zwei MLPs, zum anderen das »Shallow ResNet« und das »Deep ResNet« ohne geographische Merkmale. Letztere werden verwendet, um die Auswirkung dieser abgeleiteten Merkmale evaluieren zu können. Die Ergebnisse für die sechs verschiedenen Architekturen sind in Abbildungen 7.3 und 7.4 dargestellt. Das »Shallow ResNet« hat unter Verwendung einer Sequenzlänge von 360 und der »relative-to-first«-Transformation das insgesamt beste Ergebnis (auch wenn nicht von einem signifikanten Unterschied zum nächstschlechteren Ergebnis gesprochen werden kann). Für diesen Aufbau ist die Konfusionsmatrix in Tabelle 7.3 dargestellt. Bei einer Sequenzlänge von 360 übertrafen sowohl das »Shallow ResNet« als auch das »Deep ResNet« die anderen Netzarchitekturen. Für die »relative-to-first«-Transformation (siehe Abbildung 7.3a) hat das »Shallow ResNet« ein *F1-Maß* von 0,920 und das »Deep ResNet« 0,919 erreicht. Unter Verwendung der »relative-to-zero«-Transformation (siehe Abbildung 7.4a) erreicht das »Deep ResNet« ein *F1-Maß* von 0,918 und das »Shallow ResNet« 0,913. Für beide Transformationen konnte keine Verbesserung der Ergebnisse durch die Regularisierungsmethoden festgestellt werden.

Tabelle 7.3: Konfusionsmatrix der »Shallow ResNet«-Architektur unter Verwendung des Datensatzes mit Sequenzlänge 360 und der »relative-to-first«-Transformation. Es wurde kein Eingangsrauschen und keine *Batch-Normalization* benutzt.

		Prädizierte Klasse				
		Cargo-Tanker	Fishing	Passenger	Pleasure Craft	Tug
Wahre Klasse	Cargo-Tanker	95,1 %	1,2 %	0,8 %	0,8 %	2,1 %
		97 636	1 250	831	832	2 135
	Fishing	6,2 %	89,1 %	0,8 %	1,3 %	2,6 %
		1 669	24 074	225	343	699
	Passenger	5,5 %	0,9 %	91,0 %	1,4 %	1,2 %
		1 700	289	28 284	426	374
	Pleasure Craft	7,9 %	2,7 %	2,4 %	84,6 %	2,4 %
		1 148	397	356	12 296	344
	Tug	7,3 %	1,5 %	0,7 %	0,7 %	89,8 %
		3 032	637	270	284	37 301

Über alle Experimente hinweg zeigt sich, dass die »relative-to-first«- im Vergleich zur »relative-to-zero«-Transformation besser abschneidet. Für eine Sequenzlänge von 360 konnten die geteilten ResNet-Architekturen keinen Vorteil aufzeigen. Die Unterschiede sind hier gering. Wie anfangs vermutet ist das »Tiny ResNet« nicht mit ausreichend Parametern ausgestattet, sodass es nicht die Klassifikationsqualität der anderen Architekturen erreicht.

Bei längeren Sequenzen können die beiden geteilten ResNet-Architekturen »Split ResNet« und »Total Split ResNet« zum Teil bessere Ergebnisse als die anderen Architekturen erreichen. So liegt das *F1-Maß* für eine Sequenzlänge von 1 080 und die »relative-to-first«-Transformation (siehe Abbildung 7.3b) bei Ersterer bei 0,913 und bei Letzterer bei 0,912. Hier konnte die Regularisierung keine Verbesserung erbringen. Bei der »relative-to-zero«-Transformation (siehe Abbildung 7.4b) erzielt das »Shallow ResNet« die besten Ergebnisse:

zum einen ohne Regularisierung ein *F1-Maß* von 0,907 und zum anderen mit Eingangsrauschen einen Wert von 0,905.

Für beide Transformationen bei Verwendung der längsten Sequenzen von 1 800 erreichen die geteilten Netze die besten Ergebnisse. Für die »relative-to-first«-Transformation erzielt das »Split ResNet« ein *F1-Maß* von 0,911 und für die »relative-to-zero«-Transformation erreicht das »Total Split ResNet« einen Wert von 0,898. In beiden Fällen wurden diese Ergebnisse wieder ohne Regularisierungsmethoden erreicht. Um zu überprüfen, ob die verwendeten CNNs tatsächlich notwendig sind, wurden zusätzliche Tests mit MLPs durchgeführt. Die beiden Architekturen wurden mit einer Sequenzlänge von 360 und der »relative-to-first«-Transformation eingelernt. Das Training verlief dabei erfolglos: Die Netze waren nicht dazu in der Lage, die Charakteristika der Trajektorien einzulernen, um eine korrekte Klassifikation in dem gewünschten Maß durchzuführen. Die beiden Netze haben für jedes Eingangsdatum die »Cargo-Tanker«-Klasse als Ausgabe gezeigt. Da diese Klasse die meisten Beispiele im Datensatz besitzt (siehe Tabelle 7.1), hat das Netz also nur die wahrscheinlichste Klasse eingelernt (dies ergibt ein *F1-Maß* von 0,304).

Im Weiteren wurden die »Shallow ResNet«- und »Deep ResNet«-Architekturen mit dem Merkmalsvektor ohne die beiden geographischen Merkmale eingelernt. Als Datensatz wurden hierfür wieder eine Sequenzlänge von 360 und die »relative-to-first«-Transformation gewählt. Die beiden Netze konnten auf Basis dieser Daten ein *F1-Maß* von 0,888 bzw. 0,871 erreichen und liegen damit etwa 3,5 % unterhalb der zuvor mit allen Merkmalen erbrachten Leistungen.

7.4 Schlussfolgerung

In der Evaluation hat sich herausgestellt, dass die vorgeschlagenen MLP-Architekturen ungeeignet für die vorliegenden Daten sind. Die hohe Dimension selbst der kleinen Sequenzlänge macht die Verwendung der vollständig verbundenen Netze unpraktikabel (die Anzahl der benötigten Parameter insbesondere in der ersten verdeckten Schicht ist groß). Durch die weitere händische Extraktion von Merkmalen könnte der Lernprozess für ein MLP verbessert werden.

Wie erwartet ist das »Tiny ResNet« nicht in der Lage, mit den anderen zu konkurrieren. Die anderen nicht geteilten ResNet-Architekturen schnitten gut ab, insbesondere auch bei kürzeren Sequenzen. In einigen Fällen ist das »Stretched Deep ResNet« nicht in der Lage, die Klassen zu erlernen. Dies tritt vor allem bei der Evaluation mit *Batch-Normalization* auf. Es ist möglich, dass es ein Problem mit der Struktur des Netzes oder der großen Anzahl von Parametern gibt.

Die »relative-to-first«-Transformation führt im Vergleich zur »relative-to-zero«-Transformation zu den besseren Ergebnissen. Dies ist insbesondere bei der längsten Sequenzlänge gut sichtbar. Ein Problem könnte sein, dass der Endpunkt für die Drehung der Trajektorie verwendet wird. Dadurch wird den Daten – insbesondere bei Rundfahrten – eine gewisse Zufälligkeit hinzugefügt.

Es wurde erwartet, dass die kurzen Sequenzen im Vergleich zu den längeren Sequenzen schlechter abschneiden würden. Dies hat sich jedoch nicht in der Evaluation bestätigt. Hier konnten die Netze, die mit kürzeren Sequenzen trainiert worden waren, bessere Ergebnisse erreichen. Als ein Hauptgrund hierfür kann die Anzahl an Sequenzen vermutet werden. Bei den kürzeren Sequenzen können deutlich mehr Sequenzen extrahiert werden: Bei einer Sequenzlänge von 360 wurden bei der »relative-to-first«-Transformation 2 168 764 Sequenzen extrahiert, bei den Sequenzlängen von 1 080 und 1 800 nur 486 510 (ca. 22 %) respektive 249 984 Sequenzen (ca. 12 %).

Darüber hinaus kann die häufigere Segmentierung leichter klassifizierbare Sequenzen ergeben: Das Verhalten eines Fischerbootes ist dadurch gekennzeichnet, dass es allgemein drei Phasen gibt. Es fährt aus dem Hafen, beim Fischgrund fängt es an zu fischen und am Ende fährt es wieder zurück in den Hafen. Das Hin- und Zurückfahren zum Fischgrund hat große Ähnlichkeit zu

Bewegungsmustern anderer Schiffstypen, nur der Teil des aktiven Fischens ist klar einem Fischerboot zuzuschreiben. Eine aggressivere Segmentierung führt zu mehr Fischereisequenzen, die unabhängig von der Beobachtungsdauer leichter zu klassifizieren sind.

Die geteilten Architekturen sind dazu in der Lage, bei Datensätzen mit längeren Sequenzen eine bessere Leistung zu erbringen. Diese ist aber ähnlich zu der des »Shallow ResNet«. Vergleicht man die Anzahl der Parameter, so hat das »Split ResNet« etwa 390 000 Parameter, das »Shallow ResNet« ca. 50 000 Parameter mehr und das »Total Split ResNet« ca. 25 000 Parameter weniger.

Nur auf dem Datensatz mit einer großen Anzahl an Sequenzen schneidet das »Deep ResNet« gut ab. Dies korreliert mit dem Bedarf an mehr Informationen wegen der größeren Anzahl an Parametern. Aufgrund der reduzierten Flexibilität kann eine geteilte Architektur als eingebrachtes Vorwissen zur Struktur der Daten interpretiert werden, das dann wiederum nicht implizit aus den Daten extrahiert werden muss. Dies kann zu einer besseren Leistung bei kleineren Datensätzen führen.

Über die verschiedenen Experimente konnten die vorgeschlagenen Regularisierungsmethoden keine Vorteile bzgl. der Klassifikation erbringen. Durch die *Batch-Normalization* ist die Lernrate jedoch höher und es werden weniger Iterationen bis zur Konvergenz benötigt.

Die erzielten Ergebnisse sind insgesamt vielversprechend. Für weitere Arbeiten sollte aber insbesondere die verwendete Sequenzlänge genauer betrachtet werden: In realen Anwendungsfällen kann eine Mindestbeobachtungsdauer von einer Stunde zu lang sein, um sinnvoll mit diesem System arbeiten zu können. Erste vielversprechende Ergebnisse hierzu wurden bspw. in der Abschlussarbeit [Har20] erarbeitet. Außerdem könnte eine Interpolation zur Erzeugung von Daten mit gleicher Zeitdifferenz zwischen zwei Datenpunkten oder eine Art »Embedding«- oder »Alignment«-Schicht bessere Ergebnisse liefern. Von Interesse kann hier insbesondere auch die Betrachtung weiterer Informationsquellen sein.

8 Bestimmen von Nutzenfunktionen – Routenextraktion

»Wanderer, es gibt keinen Weg, der Weg entsteht im Gehen.«

— Antonio Machado

Ergebnisse aus diesem Kapitel wurden im Rahmen der »2018 International Conference on Computational Science and Computational Intelligence« [Ann18a] vorgestellt.

8.1 Problem und Zielsetzung

In Kapitel 6 wurde ein spieltheoretisches Modell eingeführt, mit dem durch Vorgabe von charakteristischen Nutzenfunktionen ein bestimmtes Verhalten von Schiffen nachgebildet werden kann. Hierzu wurden zunächst verschiedene einfache Nutzenfunktionen, die bestimmte Aspekte des gewünschten Verhaltens darstellen, aufgestellt. Eine dieser Funktionen sollte die Route beschreiben. Hierbei wurde die Route als eine Gerade (bzw. als Kombination aus linearen Abschnitten) angenommen, von der in einem gewissen Abstand ohne Verschlechterung des Nutzens abgewichen werden kann. Erst bei größeren Abweichungen wird der Abstand immer mehr bestraft. Dies bildet jedoch nur bedingt Routen im maritimen Raum ab. Außerdem ist das Aufstellen der einzelnen Nutzenfunktionen nicht für jeden Schiffstyp trivial möglich. Daher soll in diesem Kapitel die Frage beantwortet werden, wie Routen aus Daten extrahiert und in einem sinnvollen Format weiterverarbeitet werden können.

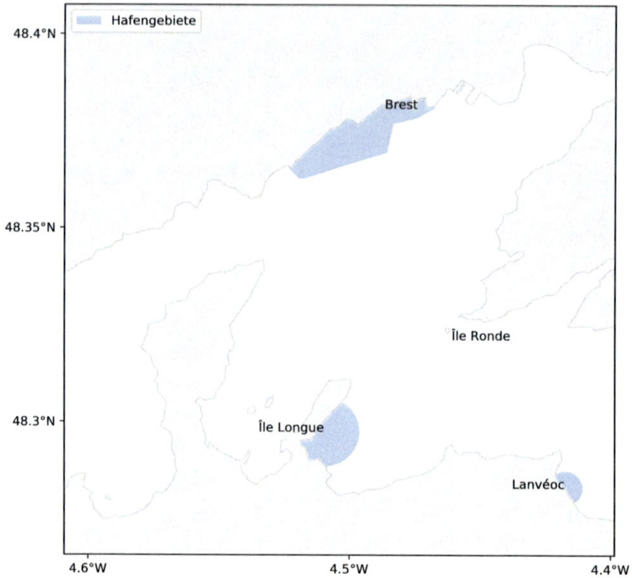

Abbildung 8.1: Das untersuchte Gebiet um Brest, Île Longue und Lanvéoc. Das Hafengebiet um Brest ist durch das von der Mole geschützte Hafenbecken gegeben, während die anderen Häfen durch Kreise approximiert werden.

Bei der Modellierung von Routen müssen unterschiedliche Kriterien beachtet werden, um die erstellten Abbildungen sinnvoll weiter verwenden zu können. Im Allgemeinen sollte eine Darstellung wenig Speicherplatz benötigen sowie originalgetreu und robust gegenüber Ausreißern in den zugrundeliegenden Daten sein. Im Folgenden werden zur Verdeutlichung einiger Herausforderungen verschiedene Ergebnisse zu den Routen zwischen Brest und Lanvéoc (siehe Abbildung 8.1) sowie dem Verkehr auf der Straße von Dover (siehe Abbildung 8.3) basierend auf Verfahren aus der Literatur vorgestellt. Die Daten zum ersten Fall entstammen dem *Naval-Academy-Brest*-Datensatz, die des zweiten Szenarios aus dem *IOSB-AISHub*-Datensatz.

In den Abbildungen 8.2a und 8.2b werden zwei Beispiele für die Speicherung von Routen, wie sie in [Pal13a] verwendet werden, gezeigt. Für Abbildung 8.2a wird eine adaptive KDE verwendet. In Abbildung 8.2b werden *Alpha-Shapes* genutzt, um die Route über ein Polygon zu beschreiben. Bei einer *Alpha-Shape* handelt es sich um eine Verallgemeinerung des Konvexitätskonzepts, d. h., jede konvexe Hülle ist eine *Alpha-Shape*, aber nicht jede *Alpha-Shape* ist eine konvexe Hülle.

Alpha-Shapes sind wie folgt definiert: Nach [Ede83] gilt zunächst für eine verallgemeinerte Kreisscheibe mit einem Radius $1/\alpha$:

1 Für $\alpha > 0$ entspricht sie einer Kreisscheibe mit Radius $1/\alpha$.

2 Für $\alpha = 0$ entspricht sie einer Halbebene.

3 Für $\alpha < 0$ entspricht sie dem Komplement einer Kreisscheibe mit Radius $-1/\alpha$.

Ein Punkt $\mathbf{p}$ in einer Menge $\mathcal{S}$ wird dann als α*-extrem* in $\mathcal{S}$ bezeichnet, wenn es eine abgeschlossene verallgemeinerte Kreisscheibe mit Radius $1/\alpha$ gibt für die $\mathbf{p}$ auf dem Rand der Kreisscheibe liegt und die Kreisscheibe alle Punkte aus $\mathcal{S}$ enthält. Zwei α*-extreme* Punkte $\mathbf{p}$ und $\mathbf{q}$ heißen dann α*-Nachbarn*, wenn es eine abgeschlossene verallgemeinerte Kreisscheibe mit Radius $1/\alpha$ gibt, für die $\mathbf{p}$ und $\mathbf{q}$ auf dem Rand liegen und die alle anderen Punkte beinhaltet. Eine *Alpha-Shape* für eine Menge $\mathcal{S}$ ist dann ein Graph, dessen Knoten durch α*-extreme* Punkte gegeben sind und dessen Kanten jeweils α*-Nachbarn* miteinander verbinden.

Der tatsächliche Verlauf der abgebildeten Routen sollte durch einen Algorithmus möglichst gut erfasst werden. Dazu gehört, dass Seewege nicht über Land verlaufen: In beiden Abbildungen kann ein Überqueren von Inseln und teilweise größeren Landmassen erkannt werden. Insbesondere die Insel Île Ronde (siehe auch Abbildung 8.1) befindet sich in ihrer Gesamtheit innerhalb der gezeigten *Alpha-Shapes* sowie in einem Gebiet mit einer hohen Log-Likelihood.

Bedingt durch kleine Inseln, aber auch Untiefen und Sandbänke kann sich eine Seeroute aufspalten. Als ein Beispiel sei hier die Varne-Bank in der Straße von Dover genannt. Der Verlauf der Sandbank und der umliegenden Verkehrsrouten ist in Abbildung 8.3 dargestellt. Da Schiffe in solchen Fällen im Allgemeinen nicht unbeschadet durch die Sandbank fahren können, spaltet sich der Verkehr hier auf. Solche Faktoren sollten auch für eine originalgetreue Abbildung der Routen bedacht werden.

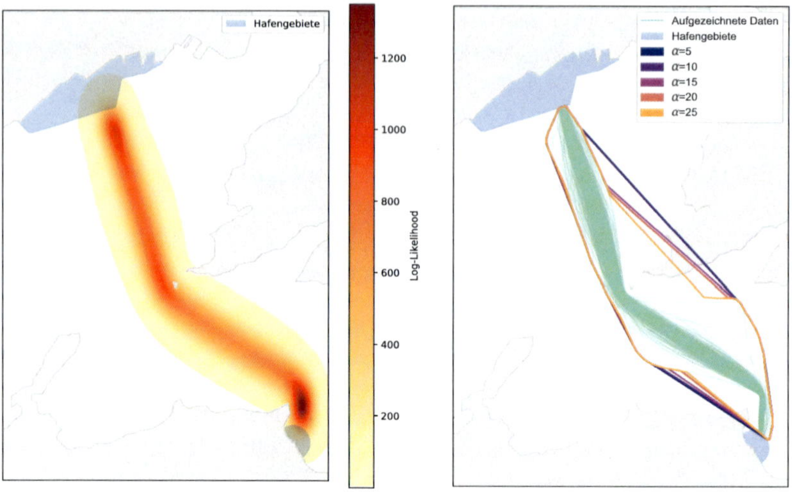

(a) Adaptive KDE für $\alpha = 0{,}5$ **(b)** *Alpha-Shapes*

Abbildung 8.2: Darstellung einer Route basierend auf verschiedenen Verfahren

Auf bestimmten Routen kann die Anzahl der Schiffe, die diese befahren, gering sein, was dazu führt, dass nur wenige Trajektorien für diese Route zur Verfügung stehen. Ein anderes Problem besteht darin, dass nur über einen gewissen Zeitraum Daten erfasst werden können oder dass eine nachträgliche Erfassung nicht möglich ist (bspw. würde sich aufgrund von saisonalen Effekten die Möglichkeit für weitere Messungen erst Monate später wieder ergeben), was zu der gleichen Ausgangslage führen kann. Daher ist es wichtig, dass der Algorithmus trotz der spärlichen Datengrundlage eine aussagekräftige Darstellung erzeugt.

Im Vergleich zum Straßenverkehr muss ein Schiff nicht unbedingt einem bestimmten Weg starr folgen und kann von diesem auch erheblich abweichen. Dennoch sollte eine solche Trajektorie als Teil eines größeren Clusters betrachtet werden. In Abbildung 8.2b sind mehrere Schiffe erkennbar, die weit vom allgemeinen Verhalten abweichen. Diese Ausreißer sollten auch berücksichtigt werden, jedoch sollte der Einfluss nicht zu groß sein: In

Abbildung 8.2b ist der Einfluss auf die *Alpha-Shapes* groß, während in Abbildung 8.2a der Einfluss nur gering ausfällt.

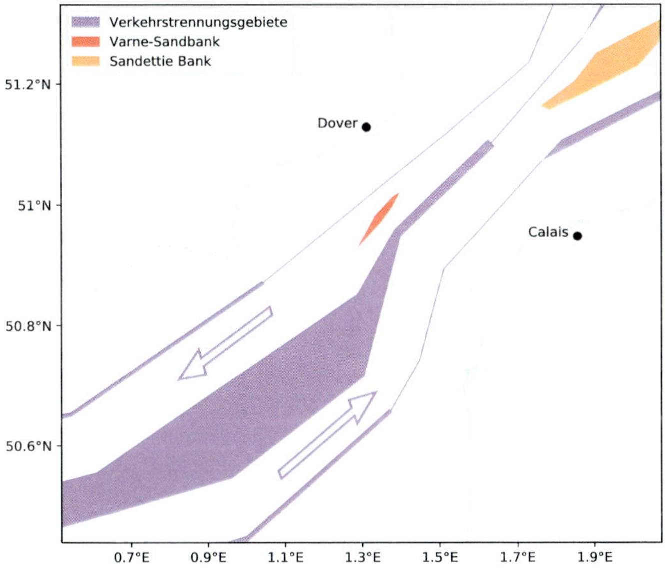

Abbildung 8.3: Die Varne-Sandbank in der Straße von Dover. Im Gegensatz zu anderen Sandbänken, wie der eingezeichneten Sandettie Bank, ist die Varne-Sandbank Teil des durch das Verkehrstrennungsgebiet vorgegebenen, zu befahrenden Bereichs. Die Sandettie Bank hingegen liegt im markierten Teil des nicht zu durchfahrenden Gebietes (Ähnliches gilt bspw. auch für die Colbart Bank) und wurde hier nur für eine klarere Positionierung farblich abweichend zum restlichen Verkehrstrennungsgebiet markiert.

8.2 Methodik

Ein Cluster wird durch das ähnliche Verhalten der in ihm zusammengefassten Trajektorien definiert. Um die Cluster zu identifizieren, können verschiedene Algorithmen verwendet werden. Eine Variante besteht darin, die Cluster auf

Basis von Orten von Interesse zu erstellen. Dies sind im maritimen Raum insbesondere Häfen und andere Anlegestellen, für die Überwachung eines spezifischen Gebiets aber auch die Ein- bzw. Ausgänge aus diesem Gebiet. Haben zwei Trajektorien die gleichen Start- und Endpunkte, können diese einem Cluster zugeordnet werden. Hier werden Häfen in Brest, Île Longue und Lanvéoc im Aufnahmegebiet des *Naval-Academy-Brest*-Datensatzes (siehe Abbildung 8.1) als Grundlage verwendet, um die Trajektorien zu clustern.

Um die Qualität der Cluster zu verbessern, werden die Trajektorien innerhalb eines Clusters miteinander verglichen. Dafür wird hier die Hausdorff-Metrik [Hau02] verwendet. Da Trajektorien innerhalb eines Clusters möglichst ähnliches Verhalten aufweisen sollen, ist ihr Abstand zueinander gering. Der Hausdorff-Abstand ist wie folgt definiert: Für zwei nichtleere Untermengen $\mathcal{X}$ und $\mathcal{Y}$ eines metrischen Raums $(\mathcal{M}, d)$ gilt für ihren Abstand zueinander

$$d_{\mathrm{H}}(\mathcal{X},\mathcal{Y}) = \max\left\{ \sup_{x\in\mathcal{X}} \inf_{y\in\mathcal{Y}} d(x,y),\ \sup_{y\in\mathcal{Y}} \inf_{x\in\mathcal{X}} d(x,y) \right\}. \tag{8.1}$$

Es wird nun für jede Trajektorie im Cluster zu jeder anderen Trajektorie der Abstand bestimmt. Sollte der Abstand einer Trajektorie zu keiner anderen Trajektorie unter einem zuvor festgelegten Schwellwert liegen, so wird diese aus dem Cluster entfernt. Wenn nur die Positionsdaten zweier Trajektorien unter Verwendung der Hausdorff-Metrik verglichen werden, wird die Richtung der Trajektorie ignoriert (beide Trajektorien werden als Mengen interpretiert, sodass die Verbindung zwischen den Punkten in einer Trajektorie nicht berücksichtigt wird). Dieses Problem wird dadurch umgangen, dass die Trajektorien in einem Cluster durch ihren Anfang und ihr Ende zusammengefasst werden und somit nur Trajektorien in einer Fahrtrichtung miteinander verglichen werden.

Die Cluster werden ähnlich zu den Arbeiten von Guillarme und Lerouvreur [Gui13] in Segmente aufgeteilt. Für jedes Segment werden der arithmetische Mittelwert und die Standardabweichung jeweils für die Position, die Geschwindigkeit und den Kurs ermittelt. Im Fall eines Aufspaltens der

Trajektorie aufgrund von Untiefen etc. werden für alle Teilsegmente diese Statistiken einzeln bestimmt.

Zunächst werden für alle Trajektorien in einem Cluster B-Splines [Boo72] bestimmt. Im nächsten Schritt werden die Splines an n Punkten abgetastet. Diese Abtastwerte müssen nicht äquidistant gewählt werden: Ein B-Spline kann an einem beliebigen Punkt i im normalisierten Intervall $[0,1]$ zwischen dem Start- und Endpunkt ausgewertet werden. Da die Schiffe in der Nähe eines Ortes von Interesse eine größere Varianz in ihrem Verhalten zeigen, werden die Segmente in der Nähe des Start- und Endpunktes kleiner gewählt. Die Abtastung $f : i \to [0,1]$ für einen Punkt $i \in \{1, \dots, n\}$ und $n = 2j + 1, \forall j \in \mathbb{N}^+$ wird wie folgt beschrieben:

$$g(i) = \frac{1}{2}\left(\frac{i}{\lfloor n/2 \rfloor}\right)^2 \tag{8.2}$$

$$f(i) = \begin{cases} g(i), & i < n/2 \\ 1 - g(n-1-i), & i \geq n/2 \end{cases}. \tag{8.3}$$

Im nächsten Schritt wird für jedes Segment ein *Anderson-Darling-Test* mit einem Signifikanzniveau von 5 % durchgeführt. Da der Test auswertet, ob die Stichproben aus einer gegebenen Wahrscheinlichkeitsverteilung (hier als Annahme eine Normalverteilung) gezogen werden, zeigt er an, ob eine einzige Normalverteilung ausreicht, um das Segment zu repräsentieren. In diesem Fall wird dann also eine Normalverteilung der Daten im Segment angenommen und an die Daten angepasst.

Wenn der *Anderson-Darling-Test* fehlschlägt, wird für jedes Segment ein GMM mit einer festen Anzahl von Komponenten geschätzt. Unter Verwendung der *Energy-Distance* [Szé04, Szé05, Bar04] wird der Abstand zwischen den Normalverteilungen der einzelnen Komponenten berechnet: Die *Energy-Distance* zwischen den Verteilungen U und V ist wie folgt definiert:

$$D(U,V)^2 = 2\,\mathbb{E}\,\|X - Y\| - \mathbb{E}\,\|X - X'\| - \mathbb{E}\,\|Y - Y'\| \geq 0, \tag{8.4}$$

mit den unabhängigen Zufallsvariablen X, X', Y, Y' und der kumulierten Verteilungsfunktion U für X und X' bzw. V für Y und Y'. Mit $\|\cdot\|$ wird die euklidische Norm beschrieben. Wenn der Abstand kleiner als ein bestimmter Schwellwert ist, wird ein neues GMM mit weniger Komponenten bestimmt. Das Ergebnis dieser Schätzung wird dann zur Modellierung des Gesamtverhaltens der Schiffe im Cluster verwendet. Wenn mehr als eine Komponente vorhanden ist, führt dies zu einer Aufteilung der Trajektorien.

Schließlich werden die verschiedenen Segmente zu einem Graphen verbunden, der das Verhalten im Cluster darstellt. Dieser Graph kann auch die Wahrscheinlichkeit enthalten, dass ein Schiff einem bestimmten Untersegment folgt. Für jedes Segment (und Subsegment) in der Route werden der arithmetische Mittelwert und die Standardabweichung jeweils für die Position, den Kurs über Grund und die Geschwindigkeit über Grund gespeichert.

8.3 Ergebnis

In Abbildung 8.4 sind Beispiele für die aus den jeweiligen Daten generierten Routen dargestellt. Hierbei sind für die Segmente jeweils das 1σ- (grün), 2σ- (gelb) und 3σ-Intervall (rot) eingezeichnet.

Im Vergleich zu den anderen Darstellungen in den Abbildungen 8.2a und 8.2b befindet sich die Insel Île Ronde nahezu vollständig außerhalb der in Abbildung 8.4a gezeigten Route zwischen Brest und Lanvéoc. Auch das Beispiel in Abbildung 8.4b zeigt, dass der Verlauf der Route gut abgebildet wird und insbesondere Landmassen umgangen werden und die Kurve beim Verlassen des Hafens gut wiedergegeben wird. In Abbildung 8.4c beginnt die Route im Osten und führt nach Westen. Sie teilt sich nach etwa einem Viertel der gezeigten Länge vor der Varne-Sandbank in zwei Teile auf. Die gezeigte Route bildet dieses Verhalten gut ab und ihre Teile kommen nach der Varne-Sandbank wieder zusammen.

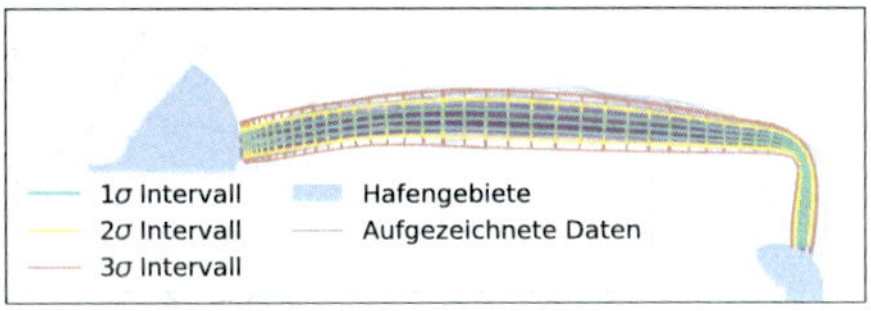

(b) Route zwischen Lanvéoc und Île Longue

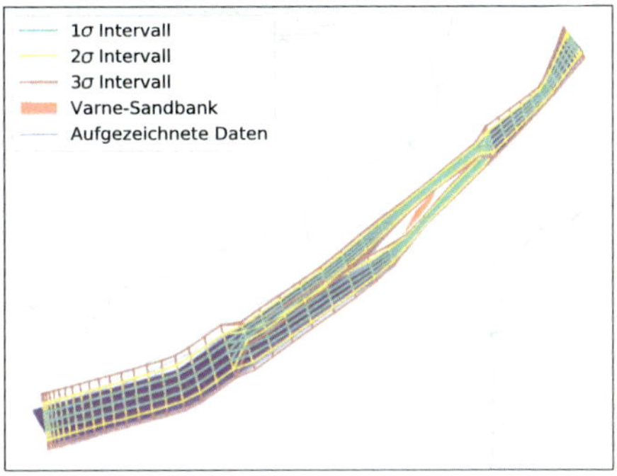

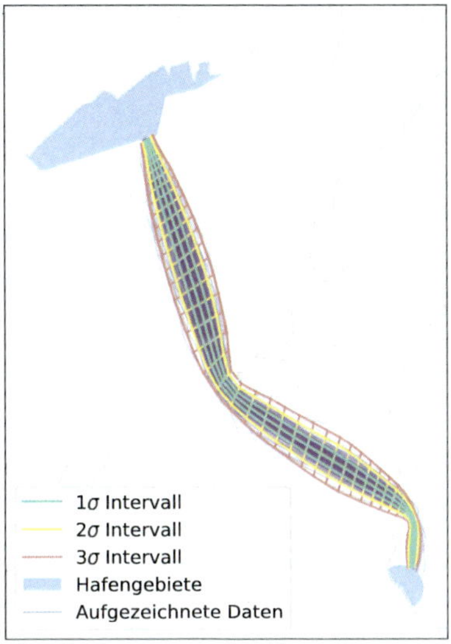

(a) Route zwischen Brest und Lanvéoc

(c) Route um die Varne-Sandbank

Abbildung 8.4: Beispielergebnisse zu dem Routenextraktionsverfahren

8.4 Schlussfolgerung

In diesem Kapitel wurde dargestellt, wie Routen für das in Kapitel 6 vorgestellte spieltheoretisch motivierte Verhaltensmodell erstellt werden können. Hierbei wird davon ausgegangen, dass das Verhalten in verschiedene quantifizierbare Teilnutzenfunktionen aufgespalten werden kann, um so das Gesamtverhalten zu beschreiben. Für viele Schiffstypen ist dieses Vorgehen vielversprechend, jedoch zeigen bspw. Fischerboote in Teilen ihrer Fahrt ein weniger berechenbares Verhalten. Es fehlt also die Möglichkeit, das Gesamtverhalten durch die vorhandenen Daten zu approximieren.

9 Bestimmen von Nutzenfunktionen – Inverse Reinforcement-Learning

»Tiefes Wissen heißt, der Störung vor der Störung gewahr sein.«

— Sunzi

Ergebnisse aus diesem Kapitel wurden im Rahmen eines Workshops zum Thema künstliche Intelligenz in der Modellierung auf der »Modellierung 2020« [Ann20a] vorgestellt sowie in der Abschlussarbeit [Mar19] betreuend erarbeitet.

9.1 Problem und Zielsetzung

In Kapitel 8 wurde gezeigt, wie Routen aus Daten extrahiert werden können, um diese in anderen Verfahren bereitzustellen. Im nächsten Schritt soll hier gezeigt werden, wie Nutzenfunktionen für komplexeres Verhalten aus Daten abgeleitet werden können. Dabei werden aufgrund ihres unterschiedlichen Verhaltens Fischerboote und Frachtschiffe untersucht.

9.2 Methodik

Zunächst werden benötigte Grundlagen zum Thema *(Inverse) Reinforcement-Learning* eingeführt. Insbesondere werden hier Arbeiten vorgestellt, auf denen der gewählte Ansatz basiert, sowie deren Funktionsweisen erklärt. Im Anschluss wird erläutert, wie die Vorverarbeitung der AIS-Daten abläuft, um die geographischen Informationen für den Algorithmus zugänglich zu machen.

9.2.1 Inverse Reinforcement-Learning

Das *Reinforcement-Learning* (dt. »bestärkende Lernen«) steht für eine Gruppe maschineller Lernverfahren. Anders als beim überwachten Lernen (ein Modell wird auf Basis von annotierten Ein- und Ausgangsdaten eingelernt) und beim unüberwachten Lernen (ein Modell wird ohne weitere Informationen aus den Daten extrahiert) wird beim bestärkenden Lernen ein bestimmtes Verhalten für einen Agenten auf Basis einer Nutzenfunktion (engl. »utility function«) eingelernt. Die Nutzenfunktion bewertet dabei die Aktionen des Agenten. Solche Funktionen werden häufig von Hand für das vorliegende Problem zugeschnitten und können direkt zum Einlernen oder Prädizieren des Agentenverhaltens genutzt werden.

Das *Inverse Reinforcement-Learning (IRL)* beschreibt den inversen Ansatz: Es soll eine Nutzenfunktion abgeleitet werden, die das Verhalten des Agenten möglichst gut imitiert. Als ein IRL-Ansatz wurde das Lernen einer Nutzenfunktion auf Basis von Expertentrajektorien von Ng und Russell in ihrer Arbeit [Ng00] eingeführt. Dieser erste Ansatz hatte einige Unzulänglichkeiten: unter anderem eine unzureichende Heuristik, um sich für eine Nutzenfunktion zu entscheiden, und die Beschränkung auf kleine Zustandsräume.

Ausgehend von dieser Idee stellen Ziebart et al. [Zie08] einen Ansatz basierend auf der maximalen Entropie vor: Für das *Maximum-Entropy Inverse Reinforcement-Learning (MaxEntIRL)* wird die maximale Entropie als entscheidender Faktor der Nutzenfunktion eingeführt. Die maximale Entropie beschreibt hierbei die Menge der Annahmen über die Funktionen. Die Autoren zeigen, dass die Verwendung der geringsten Anzahl von Annahmen zur allgemeinsten Nutzenfunktion führt.

Auf Basis des Prinzips des MaxEntIRL prädizieren Hirakawa et al. [Hir18] die Flugbahnen von Vögeln (Sturmtaucher), indem sie die zugrundeliegende Nutzenfunktion approximieren. Sie verwenden GNSS-Daten, die bei Vogelflügen gesammelt wurden, um Merkmalskarten in Abhängigkeit vom aktuellen Geländetyp zu erstellen. Anschließend werden diese Merkmalskarten zur Vorhersage von Trajektorien verwendet. Der Faktor Zeit wird hierbei explizit modelliert und als Teil des Zustands abgebildet. Die Dimension des Zustandsraums vergrößert sich damit enorm, jedoch ermöglicht dies auch indirekte Trajektorien der Sturmtaucher zu prädizieren. Diese Möglichkeit einer indirekten Trajektorie ist auch für die Abbildung des Schiffsverkehrs gerade für komplexere Verhaltensmuster von großer Bedeutung. Daher wird im Folgenden dieser Ansatz für das Modellieren des Schiffsverhaltens adaptiert.

Analog zu den Vögeln in [Hir18] werden hier die einzelnen Schiffe als Agenten modelliert. Wie in Abschnitt 4.2.1 erläutert, nimmt ein Agent seine Umgebung wahr und führt Aktionen durch, um diese zu beeinflussen. Die durch Sensoren erfassten Informationen werden verwendet, um eine interne Repräsentation aller wichtigen Entitäten um den Agenten herum aufzubauen. Basierend auf diesem Zustand wird der Agent Aktionen zur Veränderung der Umgebung durchführen. Die Übergänge zwischen den Zuständen müssen nicht deterministisch sein.

Im Gegensatz zu dem in Kapitel 6 verwendeten nutzenbasierten Agenten (siehe Abbildung 4.2) entspricht das *Reinforcement-Learning* einem lernenden Agenten. Der schematische Aufbau eines solchen Agenten ist in Abbildung 9.1 dargestellt.

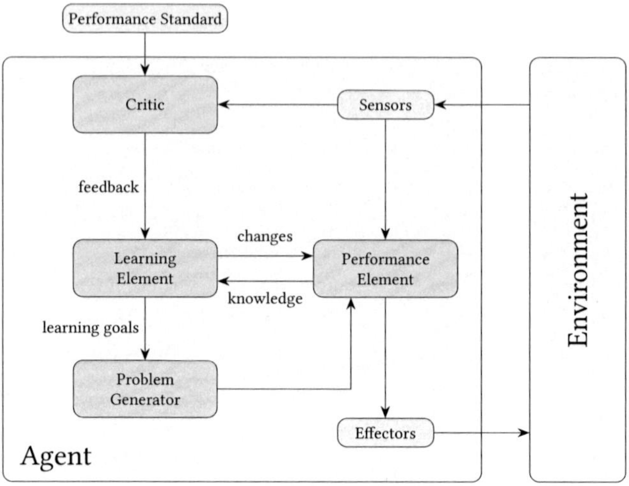

Abbildung 9.1: Aufbau eines lernenden Agenten nach [Rus10, S. 55]

Die Ein- und Ausgänge in Form der Sensorik und Aktorik, um die Umwelt wahrnehmen und mit ihr interagieren zu können, sind identisch zu den vorherigen Agentenmodellen. Von großer Bedeutung für einen lernenden Agenten ist die Wechselwirkung zwischen den beiden Komponenten *Performance-Element* und *Learning-Element*. Ersteres ist für die Aufnahme der Sensorinformationen und die Auswahl der Aktion sowie deren Ausführung verantwortlich. Letzteres erhält über die *Critic*-Komponente Rückschlüsse über die Leistung des Agenten und entscheidet, welche Änderungen in das *Performance-Element* einfließen sollen, um zukünftig bessere Leistungen zu erzielen. Die letzte Komponente, der *Problem-Generator*, soll Aktionen vorschlagen, die zu neuen informativen Erfahrungen für den Agenten führen. Die Idee hierbei ist, dass das *Performance-Element* ohne weiteres Eingreifen immer nur die derzeit beste Strategie weiterverfolgen würde. Durch Abweichungen und Explorieren werden auch Aktionen durchgeführt, die zwar zunächst einen geringeren Nutzen versprechen, aber auf längere Sicht dieses Defizit ggf. kompensieren können und einen größeren Nutzen erreichen. Es wird damit also möglich, lokale Optima zu umgehen.

Als Basis für das *Reinforcement-Learning* wird von einem *Markov-Entscheidungsproblem (MEP)* ausgegangen. Dieses besteht aus dem Tupel $(\Omega, \mathcal{B}, \mathbf{P}_{\mathcal{B}}, u)$ mit

- dem Zustandsraum Ω als Menge der möglichen Zustände,
- dem Aktionsraum $\mathcal{B}$ als Menge der möglichen Aktionen des Agenten,
- der Belohnungsfunktion (engl. »reward-function«) u, die jedem Übergang zwischen zwei Zuständen eine Belohnung zuordnet, und
- dem Aktionsmodell (bzw. der Übergangswahrscheinlichkeit) $\mathbf{P}_{\mathcal{B}}$, die für jede Aktion die Wahrscheinlichkeit angibt, von einem Zustand in einen anderen zu wechseln.

Zusätzlich wird häufig ein *Discount-Faktor* eingeführt, um abnehmende Belohnungen zu generieren. Ein MEP erfüllt die Markov-Eigenschaft, d. h., der nächste Schritt hängt nur vom aktuellen Zustand und von der gewählten Aktion ab. Die Lösung eines MEP wird als *Policy* (dt. »Strategie«) bezeichnet und bildet im deterministischen stationären Fall jeden Zustand auf eine Aktion ab:

$$\pi : \Omega \rightarrow \mathcal{B} \tag{9.1}$$

Im Allgemeinen wird aber von einer stochastischen *Policy* ausgegangen. Hier ist dann eine *Policy* keine Abbildung auf eine einzelne Aktion, sondern eine Wahrscheinlichkeitsverteilung über die möglichen Aktionen. Diese Wahrscheinlichkeitsverteilung über die Aktionen gleicht den gemischten Strategien im Bayes-Spiel (vgl. Abschnitt 4.2.2). Eine Verallgemeinerung des MEP ist das von Shapley als stochastisches Spiel [Sha53] vorgestellte Modell für kompetitive Ausgangssituationen mit mehr als einem Entscheider.

Beim *Reinforcement-Learning* lernt ein Agent auf Basis einer gegebenen Belohnungsfunktion u eine optimale *Policy* $\hat{\pi}$. Im Vergleich dazu ist beim IRL die Belohnungsfunktion u gesucht. Es wird versucht, mit Hilfe einer Menge Z an Expertentrajektorien $\zeta = (\mathbf{x}_1, \mathbf{x}_2, \dots, \mathbf{x}_n)$, die durch eine unbekannte optimale *Policy* $\hat{\pi}$ generiert wurden, die Belohnungsfunktion u zu erlernen. Jede Trajektorie ζ wird durch die aufeinanderfolgenden Zustände $\mathbf{x}_i \in \Omega$ beschrieben. Der Zustand setzt sich hierbei aus der zweidimensionalen Position

(x_i, y_i) und einem diskreten Zeitstempel t_i zusammen:

$$\mathbf{x}_i = (x_i, y_i, t_i)^T. \tag{9.2}$$

Die Belohnungsfunktion wird hier als Linearkombination ihrer Merkmale angenommen:

$$u(\zeta, \theta) = \sum_{\mathbf{x}_j \in \zeta} \theta^T \mathbf{f}(\mathbf{x}_j). \tag{9.3}$$

Hierbei ist $\mathbf{f}(\mathbf{x}_j)$ ein Merkmalsvektor für den Zustand $\mathbf{x}_j$ und θ ein Gewichtungsvektor. Verkürzt ist $\mathbf{f}(\zeta)$ die Summe über alle Zustände in der Trajektorie ζ für ein Merkmal:

$$\mathbf{f}(\zeta) = \sum_{\mathbf{x}_j \in \zeta} \mathbf{f}(\mathbf{x}_j). \tag{9.4}$$

Nach Hirakawa et al. [Hir18] lässt sich dann der Erwartungswert der Belohnung wie folgt bestimmen:

$$\mathbb{E}_{\mathbf{P}_\pi(\zeta)}\left[u(\zeta, \theta)\right] = \mathbb{E}_{\mathbf{P}_\pi(\zeta)}\left[\sum_{\mathbf{x}_j \in \zeta} \theta^T \mathbf{f}(\mathbf{x}_j)\right] \tag{9.5}$$

$$= \theta^T\, \mathbb{E}_{\mathbf{P}_\pi(\zeta)}\left[\mathbf{f}(\zeta)\right]. \tag{9.6}$$

Dabei bezeichnet $\mathbf{P}_\pi(\zeta)$ die Wahrscheinlichkeit des Auftretens einer Trajektorie ζ unter der Voraussetzung der *Policy* π. Der Erwartungswert über den Merkmalsvektor $\mathbb{E}_{\mathbf{P}_\pi(\zeta)}\left[\mathbf{f}(\zeta)\right]$ wird im nächsten Schritt mit Hilfe der Menge der aufgezeichneten Trajektorien Z geschätzt:

$$\mathbb{E}_{\mathbf{P}_{\hat{\pi}}(\zeta)}\left[\mathbf{f}(\zeta)\right] \approx \frac{1}{|Z|} \sum_{\zeta \in Z} \mathbf{f}(\zeta) = \bar{\mathbf{f}}. \tag{9.7}$$

Nach [Ng00] ergibt dies eine Menge an Lösungen, die auch degenerierte Belohnungsfunktionen enthalten, z. B. $u = 0$. Daher ist eine Filterung der Lösungen durch eine geeignete Heuristik erforderlich. Hier wird dazu analog zu [Hir18] auf das durch [Zie08] eingeführte Lösungskonzept des MaxEntIRL zurückgegriffen.

MaxEntIRL ist eine Erweiterung zum allgemeinen IRL-Ansatz. Hierbei wird die Lösung unter Zuhilfenahme der maximalen Entropie (siehe [Jay57] für weitere Informationen zum Begriff der Entropie) bestimmt: Beim MaxEntIRL werden die möglichen Pfade des MEP als eine Wahrscheinlichkeitsverteilung definiert. Während viele Pfade existieren, die dem Erwartungswert aus Gleichung (9.6) entsprechen, sollen durch die Verwendung der maximalen Entropie [Jay57] die Pfade, die höhere Belohnungen erbringen, mit einer höheren Wahrscheinlichkeit gewählt werden. Daraus ergibt sich die Wahrscheinlichkeitsverteilung mit der Partitionierungsfunktion P aus [Zie08, Hir18] zu

$$\mathbf{P}_\pi(\zeta \mid \Theta) = \frac{1}{P(\Theta)} \exp\left(\sum_{\mathbf{x}_j \in \zeta} \Theta^T \mathbf{f}(\mathbf{x}_j)\right) \tag{9.8}$$

$$= \frac{\exp\left(\sum_{\mathbf{x}_j \in \zeta} \Theta^T \mathbf{f}(\mathbf{x}_j)\right)}{\int_{\zeta'} \exp\left(\sum_{\mathbf{x}'_j \in \zeta'} \Theta^T \mathbf{f}(\mathbf{x}'_j)\right) d\zeta'}. \tag{9.9}$$

Durch Maximierung der Log-Likelihood können dann die optimalen Gewichte $\hat{\Theta}$ bestimmt werden:

$$\hat{\Theta} = \arg\max_{\Theta} L(\Theta) = \arg\max_{\Theta} \frac{1}{|Z|} \sum_{\zeta \in Z} \log \mathbf{P}_\pi(\zeta \mid \Theta). \tag{9.10}$$

Damit ergibt sich der Gradient zu

$$\nabla L(\Theta) = \bar{\mathbf{f}} - \sum_{\zeta \in Z} \mathbf{P}_\pi(\zeta \mid \Theta) = \bar{\mathbf{f}} - \sum_{\zeta \in Z} \sum_{\mathbf{x}_j \in \zeta} \mathbf{f}(\mathbf{x}_j) D_\zeta(\mathbf{x}_j) \tag{9.11}$$

mit D_ζ als Erwartungswert der Zustandsbesuchsfrequenz. Nach [Zie08] kann der Erwartungswert der Zustandsbesuchsfrequenz mit Hilfe von Vorwärts- und Rückwärtsdurchgängen approximiert werden. Der Algorithmus rechnet von Endzuständen rückwärts und verfolgt die mit jedem Zweig verbundene Wahrscheinlichkeitsmasse durch Berechnung der Partitionierungsfunktion P. Dies führt zu Zustandshäufigkeiten, die sich zu den Gesamthäufigkeiten addieren.

Nach [Kiv97] werden die Gewichte unter Verwendung des Gradienten mit der Lernrate λ nach der Vorschrift

$$\theta \leftarrow \theta \exp(\lambda \nabla L(\theta)) \tag{9.12}$$

aktualisiert, bis sie konvergieren.

9.2.2 Extraktion der Trainingsdaten

Für die Versuche werden Trajektorien aus dem *Naval-Academy-Brest*-Datensatz (siehe Abschnitt 3.2.3) verwendet. Zur weiteren Nutzung im vorgestellten MaxEntIRL-Ansatz werden die folgenden Vorverarbeitungsschritte durchgeführt:

Filtern nach Schiffstyp: Es sollen zunächst nur Fischerboote und Frachtschiffe analysiert werden, da diese jeweils distinktive Verhaltensmuster aufweisen. Es werden also alle anderen Schiffstypen herausgefiltert.

Aufteilen nach Länge: Da die vollständigen Trajektorien der Schiffe zum Trainieren nicht geeignet sind, werden diese anhand ihrer Länge aufgeteilt. Da kürzere Trajektorien einen kleineren Zustandsraum ergeben, wird u. a. auch der Lernprozess dadurch beschleunigt. Außerdem sorgt dieser Schritt dafür, dass stark verrauschte Trajektorien (wie sie nach [Sot17] häufig bei AIS-Daten vorkommen) häufig an diesen Stellen in zwei kürzere Trajektorien aufgeteilt werden.

Aufteilen nach Zeit: Die Trajektorien werden anhand eines Schwellwertes nach ihrer Zeitkomponente aufgeteilt. Dies führt u. a. dazu, dass Schiffe, die im oder vor dem Hafen vor Anker liegen und sich nur auf ihrem Schwojekreis bewegen, als einzelne Trajektorien aufgefasst werden.

Position auf Fluss: Schiffe mit mehr als 80 % ihrer Trajektorie auf einem Fluss werden herausgefiltert. Die Idee ist, das Verhalten von Schiffen auf hoher See und nicht das eingeschränkte Verhalten auf Flüssen zu analysieren.

Abbilden auf ein Raster: Ein kontinuierlicher Zustandsraum wäre nicht praktikabel. Daher wird die Position diskretisiert.

Aufteilen von Rundfahrten: Für den MaxEntIRL-Ansatz stellt sich eine Startposition, die sehr nah an oder exakt auf der Endposition liegt, als ein Problem dar. Bei Rundfahrten von Fähren, die zwischen bspw. zwei Inseln pendeln, würde eine Schätzung nach dem MaxEntIRL-Ansatz eine direkte Verbindung zwischen Start- und Endposition ergeben, anstatt den gesamten Verlauf zu schätzen. Um dies zu verhindern, werden Rundfahrten aufgeteilt.

Filtern von kurzen Trajektorien: Wenn eine Trajektorie nicht eine Mindestanzahl an Rasterzellen belegt, wird diese aus dem Trainingsdatensatz entfernt.

9.2.3 Erstellen der Merkmalskarten

Im beschriebenen MaxEntIRL-Ansatz werden Merkmalskarten $\mathbf{f}$ zur Bewertung eines Zustands $\mathbf{x}$ verwendet. Die zeitliche Komponente wird hierbei analog zu dem Vorgehen in [Hir18] nicht innerhalb der Merkmalskarten betrachtet. Eine Merkmalskarte f ist jeweils eine Abbildung des Zustands $\mathbf{x}$ auf eine reelle Zahl, die den jeweiligen Nutzen gegeben den bestimmten Eigenschaften der Umwelt für den Zustand darstellt. Die Linearkombination aller Merkmalskarten unter Verwendung einer Gewichtung Θ bildet dann nach Gleichung (9.3) den Nutzen bzw. die Belohnung u für den Agenten. Zum Ableiten geographischer Informationen werden die gleichen Shapefiles wie in Abschnitt 7.2.1.4 verwendet. Die für diese Untersuchung erstellten Merkmalskarten sind in Abbildung 9.2 dargestellt.

Im Folgenden wird auf die einzelnen Arten von Merkmalskarten eingegangen:

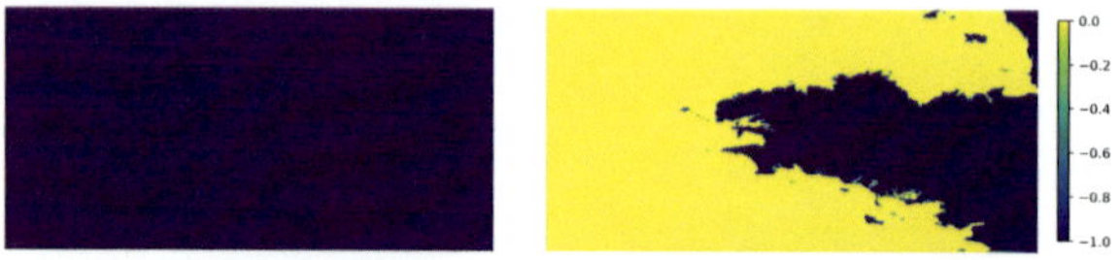

(a) Konstante Merkmalskarte **(b)** Küsten Merkmalskarte

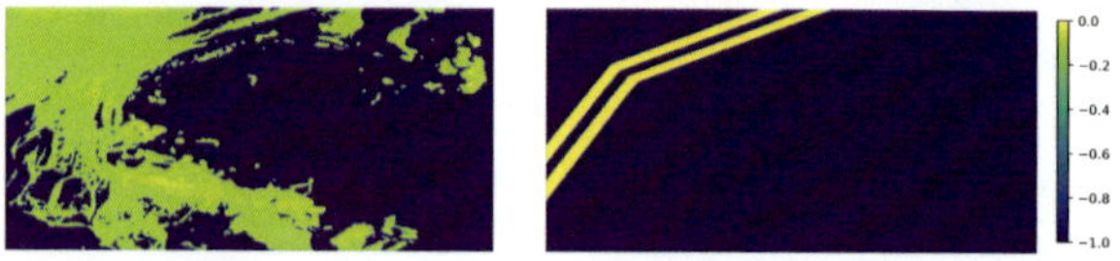

(c) Fischereikarte **(d)** Verkehrstrennungsgebiet

(e) Distanz zur Küste $\gamma^2 = 0{,}1$ **(f)** Distanz zur Küste $\gamma^2 = 0{,}5$ **(g)** Distanz zur Küste $\gamma^2 = 1{,}0$

(h) Distanz zur Küste invertiert $\gamma^2 = 0{,}1$ **(i)** Distanz zur Küste invertiert $\gamma^2 = 0{,}5$ **(j)** Distanz zur Küste invertiert $\gamma^2 = 1{,}0$

Abbildung 9.2: Die für das *Inverse Reinforcement-Learning* verwendeten Merkmalskarten $\mathbf{f(x)}$. γ entspricht dem Parameter einer gaußschen RBF nach Gleichung (9.13).

Konstante Merkmalskarte: Mit der in Abbildung 9.2a abgebildeten Merkmalskarte sollen längere Trajektorien bestraft werden. Durch höhere Gewichtung dieses Merkmals werden also kürzere Trajektorien bevorzugt.

Küsten-Merkmalskarte: Da die Schiffe auf See analysiert werden, wird das in Abbildung 9.2b dargestellte Merkmal eingeführt. Es bestraft jede Position über Land.

Merkmalskarte auf Basis der Fischereikarte: Die in Abbildung 3.7b gezeigte Fischereikarte wird benutzt, um eine Merkmalskarte wie in Abbildung 9.2c gezeigt abzuleiten.

Merkmalskarte auf Basis der Verkehrstrennungsgebiete: Durch die vorgegebenen Verkehrstrennungsgebiete soll der Schiffsverkehr koordiniert und eine sichere Fahrt gewährleistet werden. In Abbildung 9.2d ist die auf Basis von OpenSeaMap[1]-Daten abgeleitete Merkmalskarte zu sehen.

Merkmalskarten auf Basis der Distanz zur Küste: Auf Basis der Küstenlinie werden verschiedene Merkmalskarten extrahiert, die den Abstand zur Küste bewerten. Dazu wird die gaußsche Radiale Basisfunktion (RBF)

$$\varphi(x) = e^{-(\frac{x}{\gamma})^2} \tag{9.13}$$

mit unterschiedlichen Parametern $\gamma^2 \in \{0{,}1, 0{,}5, 1{,}0\}$ verwendet. Die Karten zur Belohnung eines größeren Abstands sind in den Abbildungen 9.2h bis 9.2j dargestellt. Da Schiffe aber häufig in einem gewissen Abstand zur Küste fahren, werden zusätzlich Merkmalskarten generiert, die einen kleinen Abstand zur Küste belohnen. Diese sind in den Abbildungen 9.2e bis 9.2g dargestellt.

[1] https://www.openseamap.org, letzter Abruf am 04.03.2020.

9.3 Ergebnis

In Abbildung 9.3 sind die unterschiedlichen Gewichte θ für Containerschiffe und Fischerboote in Blau respektive Orange dargestellt. Um Trajektorien über Land zu vermeiden, liegt das größte Gewicht für beide Typen auf der Merkmalskarte der Küste (siehe Abbildung 9.2b) sowie auf den inversen Distanzen zur Küste. Eine Begründung für die hohe Gewichtung der Letzteren liegt darin, dass die Schiffe einen gewissen Abstand zur Küste einhalten wollen, aber nicht zu weit von dieser entfernt fahren wollen. Insbesondere fahren Fischerboote im Vergleich zu den Containerschiffen näher an der Küste. Dies spiegelt sich in der jeweils höheren Gewichtung ebendieser Merkmalskarten wider.

Die Merkmalskarte auf Basis des Verkehrstrennungsgebiets (siehe Abbildung 9.2d) hat in beiden Fällen ein geringes Gewicht. Das Problem hierbei ist, dass es in dem untersuchten Gebiet nur ein kleines offizielles Verkehrstrennungsgebiet gibt, das relativ weit entfernt von der Küste liegt. In dieser Entfernung gibt es aber im zugrundeliegenden Datensatz nur wenige aufgezeichnete Trajektorien (vgl. dazu auch Abbildung 3.7a für eine Darstellung des im Datensatz vorhandenen Verkehrs). Die eher geringe Gewichtung der konstanten Merkmalskarte (siehe Abbildung 9.2a) lässt sich unter anderem damit begründen, dass die anderen Merkmalskarten bereits zu einer Bestrafung von längeren Trajektorien führen und damit die explizite Bestrafung nicht benötigt wird.

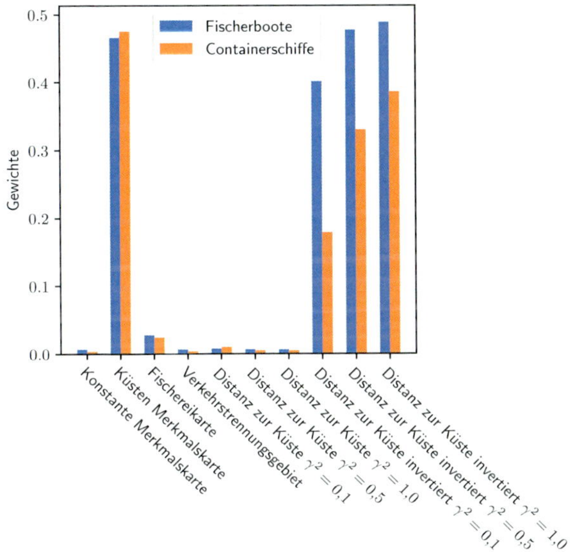

Abbildung 9.3: Resultierende Gewichte θ für die Merkmalskarten $\mathbf{f}(\mathbf{x})$

Durch die Kombination der gewichteten Merkmalskarten unter Verwendung der Gleichung (9.3) kann eine statische Belohnungsfunktion u für einen Zustand $\mathbf{x}$ geschätzt werden. Diese Belohnungsfunktion u ist für die beiden Schiffstypen in Abbildung 9.4 dargestellt. Im Vergleich zueinander ist deutlich zu erkennen, dass sich Fischerboote näher an der Küste aufhalten.

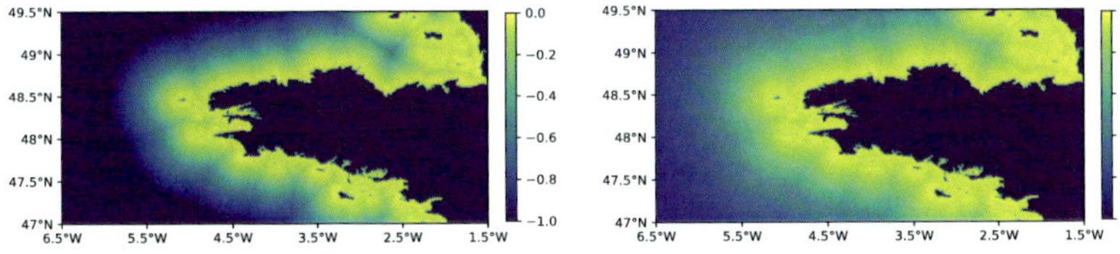

Abbildung 9.4: Aus der Kombination der einzelnen Merkmale resultierende Belohnungsfunktion u für Fischerboote (links) und Frachtschiffe (rechts)

Neben diesen Betrachtungen der Merkmalskarten $\mathbf{f}(\mathbf{x})$ und ihrer Gewichtungen $\boldsymbol{\theta}$ ist es außerdem möglich, Prädiktionen auf Basis des MaxEntIRL zu generieren. Im nächsten Schritt wird daher eine erste quantitative Bewertung der Möglichkeit zur Prädiktion von Trajektorien gegeben. Dafür werden Trajektorien anhand des gelernten Modells für bestimmte Anfangs- und Endzustände prädiziert und mit den tatsächlich abgefahrenen, aufgezeichneten Trajektorien verglichen. Die Schätzung wird dabei durch die approximierte optimale *Policy* $\hat{\pi}$ generiert und für jeden Schritt wird dann die Aktion mit der höchsten Wahrscheinlichkeit ausgeführt, bis der Endzustand erreicht wird. Zum Vergleich werden Trajektorien auf Basis einer linearen Interpolation sowie auf Basis des A*-Algorithmus verwendet. Beispiele für die Prädiktionen sind in Abbildung 9.5 zu sehen.

Um den Abstand der prädizierten Verläufe zur originalen Trajektorie zu messen, wird DTW mit der euklidischen Distanz als Abstandsmaß verwendet. DTW ermöglicht es, Zeitunterschiede in den Trajektorien besser zu berücksichtigen.

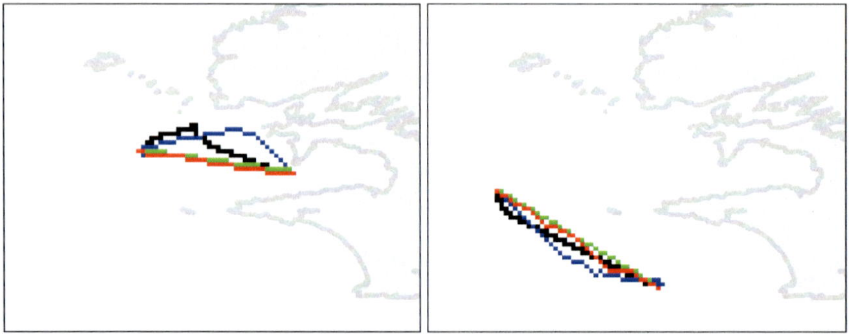

Abbildung 9.5: Prädiktion von Schiffstrajektorien, links für ein Fischerboot und rechts für ein Frachtschiff. Die rote Linie ist die Prädiktion, die grüne eine lineare Interpolation, die blaue eine Prädiktion basierend auf dem A*-Algorithmus und die schwarze die ursprüngliche Trajektorie. Jedes Pixel stellt eine Gitterzelle dar.

In Tabelle 9.1 sind die Abstände für die beiden Schiffstypen dargestellt. Für beide Typen liefern die MaxEntIRL-basierten Vorhersagen bessere Ergebnisse. Dies bedeutet, dass die MaxEntIRL-basierten Vorhersagen im Durchschnitt näher an der ursprünglichen Trajektorie liegen und somit das Verhalten besser imitieren.

Tabelle 9.1: Durch *Dynamic Time-Warping* bestimmte Distanzen zwischen den prädizierten und originalen Trajektorien

Methode	Fischerboot	Frachtschiff
Lineare Interpolation	$4{,}3 \pm 3{,}7$	$2{,}4 \pm 4{,}9$
MaxEntIRL	$2{,}6 \pm 1{,}4$	$1{,}9 \pm 1{,}8$
A*-Algorithmus	$4{,}2 \pm 3{,}7$	$2{,}2 \pm 4{,}8$

Im Vergleich zwischen Fischerbooten und Frachtschiffen zeigt sich, dass MaxEntIRL im Fall von Fischerbooten eine größere Verbesserung der Prädiktion darstellt als bei Frachtschiffen. Ein Grund dafür könnten die oft geraden und direkten Routen der Frachtschiffe auf hoher See sein. Häufig ist daher die kürzeste Verbindung zwischen dem Anfangs- und Endzustand bei Frachtschiffen die beste Annäherung an die originale Trajektorie. Gerade dieses Verhalten wird von den Vergleichsmethoden auch gut imitiert.

9.4 Schlussfolgerung

In diesem Kapitel konnte gezeigt werden, dass mit Hilfe von MaxEntIRL die Belohnungsfunktionen u zweier Schiffstypen eingelernt werden können. Hierbei wurden AIS-Daten und auf Basis von Hintergrundwissen erstellte Merkmalskarten verwendet, die unterschiedliche Charakteristika der Umgebung aufgreifen. Die resultierenden Belohnungsfunktionen u wurden erfolgreich für die Prädiktionen von Trajektorien eingesetzt. Für die zwei untersuchten Schiffstypen wurden im Mittel bessere Ergebnisse als bei den Vergleichsverfahren erreicht. Inwieweit diese Verbesserungen signifikant sind, müssen weitere Untersuchungen zeigen.

Durch die Diskretisierung des Gebiets können schmale Landmassen nur auf wenige Zellen abgebildet werden. Da ein diagonales Durchqueren des Rasters möglich ist, könnte die vorhergesagte Trajektorie bei ungünstiger Lage der Gitterzellen in der Realität undurchführbar sein. Dies ist aber zunächst kein direktes Problem des MaxEntIRL-Ansatzes, sondern wird durch die verwendete Auflösung des Rasters bedingt. Diese wurde relativ grob gewählt, um eine handhabbare Zustandsraumgröße zu erhalten.

Insgesamt bietet dieser Ansatz aber noch Raum für Optimierungen. Zum einen werden die Merkmalskarten bisher nur linear miteinander kombiniert. Zum anderen werden die Merkmalskarten aus rein statischen Informationen generiert. Das heißt, dieser Ansatz berücksichtigt z. B. noch keine anderen Schiffe oder zeitliche Abhängigkeiten (bspw. Tageszeit). Des Weiteren können Arbeiten wie z. B. von Wulfmeier et al. [Wul15] herangezogen werden, um neuronale Netze zur Extraktion der Merkmale zu nutzen.

10 Detektion von komplexen Anomalien

> »Lerne die Situation, in der du dich befindest, insgesamt zu betrachten.«
>
> — Miyamoto Musashi

Ergebnisse aus diesem Kapitel wurden im Rahmen des »Maritime Big Data Workshop« [Ann18b, Ros18a], des »2018 20th International Radar Symposium (IRS)« [Ann19b] und des »International Forum for the Military and Civil Simulation, Training and Education Community« [Ros19] vorgestellt.

10.1 Problem und Zielsetzung

Nachdem in den vorangegangenen Kapiteln gezeigt worden ist, wie *Positions-, kinematische* und *kontextuelle Anomalien* erkannt werden können, wird in diesem Kapitel anhand einer Beispielanwendung ein Verfahren zur Detektion von komplexen Anomalien vorgestellt. Der entwickelte Algorithmus soll in Echtzeit reale Situationen erkennen und ihre Existenzwahrscheinlichkeit angeben. Außerdem soll eine Bewertung der Zuverlässigkeit der unterschiedlichen Informationsquellen in die Inferenz einfließen.

10.2 Methodik

Wie bereits in Tabelle 2.3 gezeigt, wurden probabilistische graphische Modelle zuvor erfolgreich für die Detektion von komplexen Anomalien eingesetzt. Ein solches Modell ist ein DBN, das gegenüber einem Bayes'schen Netz um die Betrachtung der Zeitkomponente erweitert wird. Bei einem DBN werden hierbei diskrete Zeitpunkte miteinander in Bezug gesetzt. Die Zeitschritte werden auch als Zeitscheibe oder engl. »Slice« bezeichnet. Im Folgenden werden DBNs kurz eingeführt, weitere Details können bspw. [Bar14] oder [Mur12] entnommen werden.

Ein DBN ist ein gerichteter Graph, in dem Zufallsvariablen X_i^t als Knoten und ihre Abhängigkeiten (bedingte Wahrscheinlichkeiten) zueinander durch Kanten dargestellt werden. Der gesamte Graph ist azyklisch. Bedingte Wahrscheinlichkeiten können nur innerhalb einer Zeitscheibe t oder zwischen zwei Zeitscheiben t und $t-1$ beschrieben werden, im zweiten Fall aber immer nur (zeitlich) nach vorne gerichtet. Es kann also keine Rückkopplung entstehen.

Ein einfaches Beispiel für ein DBN zusammen mit dem abgerollten Netz für zwei Zeitscheiben ist in Abbildung 10.1 dargestellt. Für die Eltern und Kinder der Knoten gilt eine verallgemeinerte Markov-Eigenschaft erster Ordnung, d. h., ein Knoten hängt nur von seinen unmittelbaren Eltern ab. Für die Zufallsvariablen $X_1, \dots, X_n$ kann dann die gemeinsame Wahrscheinlichkeitsverteilung wie folgt beschrieben werden:

$$\mathbf{P}(X_1, \dots, X_n) = \prod_{i=1}^{n} \mathbf{P}(X_i \mid \mathrm{Pa}(X_i)), \tag{10.1}$$

hierbei stellt $\mathrm{Pa}(X_i)$ die Elternknoten von X_i dar. Für das Beispiel aus Abbildung 10.1 gilt dann

$$\mathrm{Pa}(X_1^{t+1}) = \{X_2^{t+1}, X_3^{t+1}, X_1^t\}. \tag{10.2}$$

Informationen über den Wert von X_i werden als *Evidenz* bezeichnet. Die Schätzung der Wahrscheinlichkeitsdichtefunktion für X_i unter Berücksichtigung aller *Evidenzen* wird *Inferenz* genannt. Verfahren dafür teilen sich in exakte (z. B. *Variable-Elimination* [Zha94]) und approximierte Inferenz (z. B. *Importance-Sampling* [Yua06]) auf.

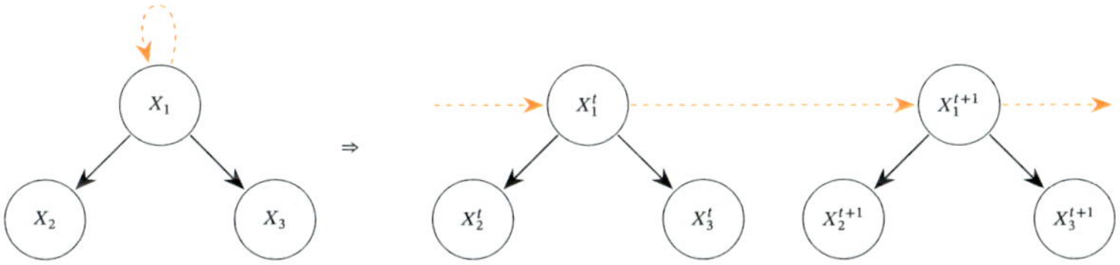

Abbildung 10.1: Beispiel für ein DBN, links kompakt und rechts ausgerollt. Orange gestrichelte Pfeile repräsentieren zeitliche Abhängigkeiten, während die schwarzen durchgezogenen Pfeile die Abhängigkeiten innerhalb einer Zeitscheibe darstellen.

Das DBN soll hier eine Situation nach Abschnitt 2.3.3 repräsentieren und eine Wahrscheinlichkeit für deren Existenz nachvollziehbar charakterisieren. Situationen können in verschiedene Typen eingeteilt werden, die sich im Abstraktionsgrad unterscheiden. In dieser Arbeit wird nach [Fis16] zwischen *elementaren Situationen* und *abstrakten Situationen* unterschieden: Bei einer *elementaren Situation* kann der Träger explizit modelliert werden. Damit folgt die Existenzwahrscheinlichkeit einer deterministischen Abbildung. Für eine *abstrakte Situation* kann die Unterstützung nicht explizit modelliert werden. Die Existenzwahrscheinlichkeit hängt also von der Existenz anderer (elementarer oder abstrakter) Situationen ab.

Situationen können voneinander abhängen. Die Beziehung ist entweder eine notwendige oder eine hinreichende Bedingung. Nach [Fis14] gilt: Eine Situation A ist notwendig für eine andere Situation B, wenn die Existenz von B die Existenz von A impliziert, d. h. $B \rightarrow A$. Eine Situation A ist hinreichend für eine andere Situation B, wenn die Existenz von A die Existenz von B impliziert, d. h. $A \rightarrow B$.

Die Situationen und ihre Abhängigkeiten können dann in ein DBN übertragen werden. Abbildung 10.2 veranschaulicht die Gesamtstruktur eines Netzes, das im Rahmen des Projekts MARISA zum Erkennen illegaler Tauchgänge erstellt wurde. Das Netz besteht aus zwei Ebenen: der *Situationsebene* und der *Berichtsebene*. Die *Situationsebene* wurde in Zusammenarbeit mit Fachleuten aus der Anwendungsdomäne aufgebaut und nach dem in [Fis16] beschriebenen Vorgehen modelliert. Bei diesem Ansatz hat jeder Knoten, der keine elementare Situation darstellt, eine zeitliche Abhängigkeit zwischen zwei Zeitscheiben mit sich selbst.

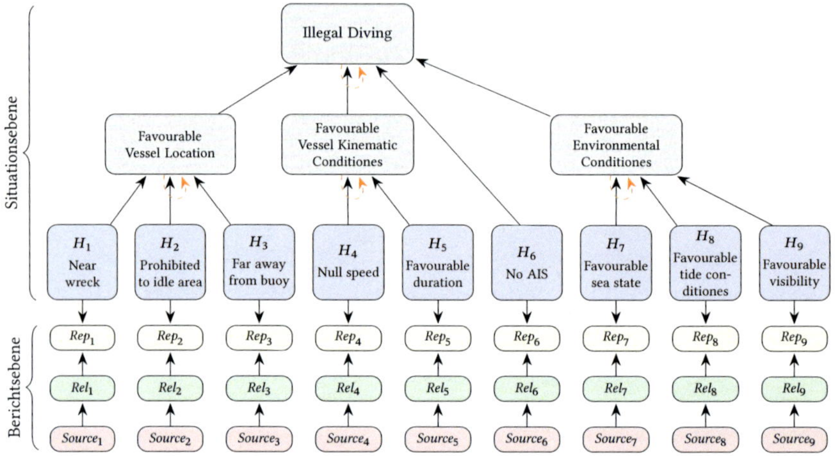

Abbildung 10.2: DBN zum Erkennen von illegalen Tauchgängen. Die Situationsebene besteht aus abstrakten Situationen (graue Knoten) und elementaren Situationen (blaue Knoten). Die *Berichtsebene* hat für jede Hypothese (elementare Situation) einen Berichts- (gelb), einen Zuverlässigkeits- (grün) und einen Quellknoten (rot). Einfarbige schwarze Pfeile sind bedingte Abhängigkeiten innerhalb einer Zeitscheibe t, orange gestrichelte sind Abhängigkeiten zwischen den Zeitscheiben t und $t-1$. [Ann19b]

Nachdem die Netzwerkstruktur identifiziert worden ist, müssen die bedingten Wahrscheinlichkeitstabellen (engl. »Conditional-Probability-Table (CPT)«) für jedes Knotenpaar bspw. durch die Befragung von Fachleuten definiert werden. Dies würde die Einstellung einer großen Anzahl von Parametern zur Folge haben: Da es sich hier bei jeder Situation um eine binäre Zufallsvariable handelt, würden die CPTs für eine Situation mit k Kindersituationen aus

$2^k + 1$ Einträgen bestehen. In [Fis16] wird ein Algorithmus zur Identifizierung der CPTs anhand von drei Parametern eingeführt: einer zur Abstimmung der Empfindlichkeit des Netzwerks auf positive Evidenzen, einer für diejenige auf negative Evidenzen und einer für das asymptotische Verhalten.

Für die hier beschriebenen Netze wurden die CPTs für $t = 0$ unterstützt durch die Befragungen von Fachleuten [Ros18a] sowie durch Auswertungen eines *Reliability-Game* [Ros19] ermittelt. Details zu dem verwendeten *Reliability-Game* können [Ros18b] entnommen werden. Die Bestimmung der CPTs für $t \neq 0$ lehnt sich an die Vorgaben aus der Arbeit [Fis16] zum asymptotischen zeitlichen Verhalten an.

Bei der Verwendung eines DBNs für maritime Überwachungsaufgaben können Evidenzen aus unterschiedlichen Informationsquellen (siehe Abschnitt 2.2) generiert werden. Um diesen Umstand abzubilden, wird die Netzstruktur, die zunächst nur eine *Situationsebene* beinhaltet, um eine Ebene erweitert: die *Berichtsebene*. Diese Schicht erlaubt eine individuelle Berücksichtigung der Zuverlässigkeit der Informationsquellen.

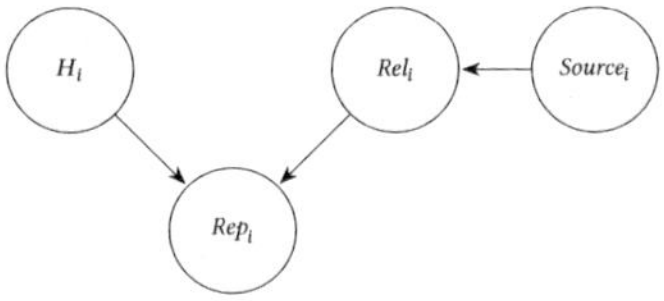

Abbildung 10.3: *Bericht-Zuverlässigkeit-Quelle*-Struktur

Wie in [Ros18a] beschrieben, gibt es für jede Variable H_i der *Situationsebene*, auf der es möglich ist, einen direkten Bericht zu erhalten, eine wie in Abbildung 10.3 dargestellte verbundene *Bericht-Zuverlässigkeit-Quelle*-Struktur. Die Struktur basiert auf dem in [Bov04] vorgeschlagenen Modell, in dem die Zuverlässigkeit als endogene Variable modelliert wird. Dieses Modell wird in Anlehnung an den Ansatz in [Fen12] weiter ausgebaut, um die Faktoren zu berücksichtigen, die die Quellenzuverlässigkeit bestimmen. Diese Faktoren werden als Eltern des Zuverlässigkeitsknotens Rel_i modelliert. Da hier nur der Quellentyp als Faktor modelliert wird, umfasst die aktuelle Implementierung des Netzes nur einen Elternfaktor ($Source_i$) von Rel_i. Die Evidenzen werden in die Knoten Rep_i und $Source_i$ eingegeben und über das Netz propagiert, sodass sowohl die Vielfalt als auch der potenzielle Unterschied in der Zuverlässigkeit der Quellen berücksichtigt werden kann.

10.3 Ergebnis

Die DBN-basierte Situationserkennung wurde im Rahmen des Projektes MARISA erprobt. Das Ziel des MARISA-Projekts ist die Erhöhung des maritimen Situationsbewusstseins durch ein umfängliches Verständnis der Situation auf See. Das entwickelte System soll Betreiber von Überwachungssystemen, z. B. Küstenwachen, bei der Beobachtung, Identifizierung und Bewertung von Schiffen bzw. Anomalien unterstützen. Außerdem werden die Themen der Einsatzplanung auf See, der Zusammenarbeit zwischen den grenzübergreifenden Behörden und der effizienten Nutzung der vorhandenen Ressourcen adressiert. MARISA zielt darauf ab, den Austausch zwischen den Behörden und den Anbietern von Datenfusionsdiensten zu fördern, um eine maßgeschneiderte Lösung für ein breites Spektrum an Sensoren und Daten zu liefern. Dafür wurde eine Reihe an Werkzeugen zur Anreicherung und Analyse der verfügbaren Daten entwickelt und während sogenannter Live Trials in verschiedenen Gebieten der EU zusammen mit Endanwendern/Endanwenderinnen erprobt.

Einer der wichtigsten Aspekte der entwickelten Werkzeuge ist die Informationsfusion der verfügbaren Informationsquellen zu einem gemeinsamen RMP. Dieser Prozess schließt Quellen ein, die über die klassischen maritimen Quellen (siehe Abschnitt 2.2) hinausgehen, wie z. B. Open-Source-Informationen aus den sozialen Medien bzw. allgemein aus dem Internet, wobei die volle Kontrolle über die Nutzung der verschiedenen Eingangsströme beim Menschen verbleibt. Darüber hinaus erleichtert es die Integration der bereitgestellten Quellen, um benötigte Informationen bei Bedarf länderübergreifend auszutauschen.

Für die Live Trials werden jeweils für die verschiedenen Endnutzer maßgeschneiderte Versionen bereitgestellt und evaluiert. Dafür werden die Datenfusionsdienste sowie Vernetzungs-, Integrations- und Präsentationsdienste auf die Bedürfnisse der einzelnen Versuche zugeschnitten. Um den Endnutzern den größten Mehrwert zu bieten, werden sie bei der Entscheidung über Möglichkeiten zur Nutzung einbezogen. Diese bestehen neben der Anzeige der durch Altsysteme bereitgestellten Funktionen auch in der menschlichen Interaktion mit dem System sowie in der Verarbeitung und Bewertung mit Hilfe spezieller Algorithmen. Das Projekt war in zwei Phasen aufgeteilt, die jeweils mit Live Trials abgeschlossen wurden. Die Erkenntnisse aus der ersten Phase konnten damit direkt in die Weiterentwicklung der verschiedenen Dienste und Algorithmen einfließen und in der zweiten Phase evaluiert werden.

Die DBN-basierte Situationserkennung wurde insbesondere im Rahmen des »North Sea Trials« mit der niederländischen Küstenwache erprobt. Zu den Zuständigkeiten der Küstenwache gehören unter anderem die Gewährleistung einer verantwortungsvollen Nutzung der Nordsee, die Gewährleistung von Sicherheit und Gefahrenabwehr auf See und die Einhaltung nationaler und internationaler Gesetze und Pflichten. Wie in Abschnitt 3.2 beschrieben wurde der Versuch vor der Küste der Niederlande durchgeführt. Als Datenquelle wurden von der Küstenwache Daten im IVEF-Format (siehe Abschnitt 2.2.4) bereitgestellt. Zusätzlich konnten über die Benutzeroberfläche weitere Informationen händisch in das System eingegeben werden. Im Rahmen des Live Trials wurden von der niederländischen Küstenwache verschiedene Situationen durch eigene Schiffe simuliert: illegale Tauchgänge an Schiffswracks, Schmuggel auf See und eine Seenotrettungsoperation. Impressionen und weitere Details zur Versuchsdurchführung sind in [Ann19b, Moh19] veröffentlicht.

Zur Konfiguration des Systems wurden durch den/die Anwender/-in Informationen zum Einsatzgebiet, zu vorhandenen Schiffswracks und Bojen sowie den Umweltbedingungen (z. B. Seegang und Sichtbedingungen) in das System eingegeben. Zur Alarmierung beim Auftreten der Situationen wurde ein Schwellwert für die Existenzwahrscheinlichkeit der Situation festgelegt.

Im Folgenden wird der Anwendungsfall der illegalen Tauchgänge näher beschrieben. Diese Aktivität ist für die niederländische Küstenwache aufgrund von Schiffswracks aus der Zeit der niederländischen Ostindien-Kompanie von besonderem Interesse.

Zur Bestimmung der Existenzwahrscheinlichkeiten wird für jedes Schiff im Überwachungsgebiet eine Instanz des DBN aus Abbildung 10.2 erstellt. Evidenzen werden jeweils in den Rep_i-Knoten gesetzt. Die dazugehörigen $Source_i$-Knoten werden je nach Typ der Quelle auf »AIS«, »Radar« oder »menschliche Eingabe« gesetzt. Evidenzen, die nicht direkt aus den IVEF-Daten abgeleitet werden können, werden von dem/der Anwender/-in eingestellt. Dies umfasst insbesondere die Umweltbedingungen *Wetter*, *Gezeiten* oder *Sicht*. Die kinematischen Informationen des Schiffes, z. B. *Position* und *Geschwindigkeit*, werden automatisch aus dem verfügbaren IVEF-Datenstrom abgeleitet. Für die abstrakten Situationen zur Schiffsposition werden die Positionsdaten zusammen mit menschlichen Eingaben über die Position von Schiffswracks, Bojen und anderen Bereichen von Interesse verwendet.

Da die einzelnen Knoten binäre Zufallsvariablen repräsentieren, werden die Evidenzen wenn nötig durch Schwellwerte in binäre Aussagen übertragen. Dies ist z. B. für die Hypothese H_4 »Null speed« zur Bestimmung eines sich nicht bewegenden Schiffes nötig, da sich Schiffe durch Strömungen und Wind auf See auch ohne eigenen Antrieb leicht bewegen können. Für die Netze wird global bestimmt, über wie viele Zeitscheiben sie definiert sind und wie lang eine Zeitscheibe dauert, bspw. ergeben zehn Zeitscheiben und eine Länge von je einer Minute eine Beobachtungszeit von zehn Minuten.

Während der Live Trials im Rahmen des MARISA-Projektes wurden alle modellierten Situation erkannt und der/die Anwender/-in wurde jeweils alarmiert. Dies wurde im Echtzeitbetrieb erreicht. Außerdem gab es während der verschiedenen Versuchsphasen keine Fehlalarme. Neben dem hier vorgestellten Beispiel zur Detektion von illegalen Tauchgängen wurden weitere Netze erstellt, um bspw. Schmuggelaktivitäten zu erkennen. Diese wurden im Projektrahmen in anderen Live Trials erprobt [Mou19].

10.4 Schlussfolgerung

Es konnte in diesem Kapitel gezeigt werden, wie ein Algorithmus zum Erkennen komplexer Situationen genutzt werden kann. Hierbei wurde auf eine Modellierung durch DBNs zurückgegriffen. Dies ermöglicht im Vergleich zu rein logisch operierenden regelbasierten Ansätzen eine Ausgabe von Wahrscheinlichkeiten für die einzelnen Teilsituationen. Durch die übersichtliche Darstellung ist es möglich, Ergebnisse nachzuvollziehen und damit weitere Entscheidungen fundiert zu begründen. Außerdem wurde gezeigt, wie die Zuverlässigkeit unterschiedlicher Datenquellen modelliert werden kann.

Für zukünftige Entwicklungen muss das Erstellen der Netzstruktur sowie das Erheben der CPTs vereinfacht werden. Auch wenn bspw. die Arbeiten von Fischer [Fis16] gezeigt haben, wie durch drei Parameter die CPTs für die Zeitscheiben $t \neq 0$ gesetzt werden können, reicht dies nicht aus, um für alle Zufallsvariablen die bedingten Wahrscheinlichkeiten zu bestimmen. Der hier gewählte Weg über einen spielerischen Ansatz in Form des »Reliability-Games« stellt sich in Hinblick auf die Kooperationsbereitschaft der Endanwender/-innen als eine deutliche Verbesserung gegenüber der Befragung in Form von länglichen Fragebögen heraus. Ein weiterer Punkt ist die Wiederverwendbarkeit von Komponenten vergleichbar mit der objektorientierten Programmierung. Konzepte dafür sind bspw. *Multi-Entity Bayesian Networks.* Dies soll es einem Nutzer ermöglichen, schneller und einfacher Netzstrukturen für den eigenen Anwendungsfall aufzubauen.

11 Schlussbetrachtung

> »Eine gute Idee löst nicht nur ein einzelnes Problem, sondern kann mehrere Probleme gleichzeitig lösen.«
>
> — Shigeru Miyamoto

11.1 Zusammenfassung

In dieser Arbeit wurden verschiedene Mittel und Wege aufgezeigt, um in räumlich-zeitlichen Daten Anomalien zu erkennen. Hierbei wurde zwischen *Positions-* und *kinematischen Anomalien*, *kontextuellen Anomalien* und *komplexen Anomalien* unterschieden. Als Anwendungsdomäne für die Evaluation der Verfahren wurde der maritime Raum gewählt. Als Grundlage für die durchgeführten Arbeiten wurde zunächst das OOWM um Verhaltensmodelle erweitert.

Da *Positions-* und *kinematische Anomalien* ohne weitere Kontextinformationen erkannt werden können, wurden im nächsten Schritt verschiedene Verfahren zur Anomaliedetektion basierend auf einzelnen Datenpunkten und auf Trajektorien vorgestellt und erprobt. Für einfache Anomalien sind diese ausreichend, beim Auftreten von komplexeren Situationen (bspw. der Interaktion zwischen Schiffen) reichen diese Ansätze nicht aus.

Im nächsten Schritt wurden daher Verfahren erprobt, die Kontextinformationen verarbeiten können. Dies wurde zum einen in einem spieltheoretischen Modell zur Simulation von Schiffsbewegungen und zum anderen durch ein CNN zur Klassifikation von Schiffstypen gezeigt. Das spieltheoretische Modell basiert auf Nutzenfunktionen, deren Erstellung in weiteren Iterationen sowohl durch Expertenwissen als auch durch datengetriebene Verfahren dargestellt wurde. Für die Schiffstypklassifikation wurden weitere georeferenzierte Informationen in den Merkmalsraum aufgenommen, um so dem neuronalen Netz einen gewissen Kontext mitzugeben.

Zuletzt wurden *komplexe Anomalien* in Live Trials mit Hilfe von DBNs detektiert. Den DBNs wurden Kontextinformationen zum Wetter oder Informationen zu geographischen Besonderheiten bereitgestellt. Dabei wurde die Zuverlässigkeit der zugrundeliegenden Quellen modelliert und in der Auswertung beachtet. Außerdem wurden Ergebnisse aus anderen automatischen Verfahren, die innerhalb des MARISA-Projekts bereitgestellt wurden, als Basis zur Generierung der Evidenzen benutzt.

Insgesamt konnte gezeigt werden, dass

- das OOWM um Verhaltensmodelle erweitert werden kann,
- einfache *Positions-* und *kinematische Anomalien* zwar erkannt werden, aber ohne Kontextinformationen unzureichende Ergebnisse resultieren,
- das Schiffsverhalten durch spieltheoretische Konzepte abgebildet werden kann,
- Schiffstypen durch neuronale Netze zuverlässig erkannt werden können,
- datengetriebene maschinelle Lernverfahren die Erstellung von Nutzenfunktionen unterstützen können und
- *komplexe Anomalien* in Echtzeit unter Beachtung der Zuverlässigkeit verschiedener Sensorquellen erkannt werden können.

Damit wurden die aufgestellten Ziele aus Abschnitt 1.2 erreicht und die Forschungshypothesen bestätigt.

11.2 Ausblick

Während in dieser Arbeit verschiedene Ansätze zur Anomaliedetektion in räumlich-zeitlichen Daten anhand eines maritimen Anwendungsszenarios gezeigt wurden, sollte in zukünftigen Arbeiten die Übertragbarkeit auf andere Domänen untersucht werden. Ein Anwendungsfeld mit einer ähnlichen Datenbasis ist bspw. der Flugverkehr.

Es wurde hier insbesondere die Machbarkeit überprüft. Zum täglichen Einsatz bei Küstenwachen und anderen Stakeholdern besteht jedoch weiterer Entwicklungsbedarf. So muss es Einsatzkräften möglich sein, die Verfahren an die jeweiligen Gegebenheiten möglichst intuitiv anzupassen. Dafür ist zum einen die Darstellungskomponente, zum anderen die Benutzerführung wichtig. Zur weiteren Entwicklung stellen sich hier etwa die Fragen, welche Hilfestellungen benötigt werden oder wie hoch Falschdetektionsraten ausfallen dürfen, um dem Nutzer tatsächlich hilfreiche Informationen zu geben.

Da die hinterlegten Modelle teilweise Black-Box-Modelle sind (insbesondere Deep-Learning-basierte neuronale Netze), ist es weiterhin wichtig, für kritische Situationen die zusätzlichen Informationen in geeigneter Form aufzubereiten. Zu diesem Forschungsfeld zählt das Thema erklärbare künstliche Intelligenz. Die Idee ist hier, Erklärungen für die Klassifikationen der neuronalen Netze (oder anderer Modelle) zu geben. Diese sollen für einen Menschen nach Möglichkeit ohne spezielles Hintergrundwissen zu den verwendeten Technologien transparent die jeweiligen Sachverhalte darlegen, sodass der Mensch begründet auf diesen Informationen seine Entscheidung treffen kann.

Weiterhin sollte die Kombination der verschiedenen Ansätze stärker untersucht werden, um so hybride Verfahren basierend auf datengetriebenen und wissensbasierten Ansätzen aufzubauen. Bestimmte Verfahren, die weniger Ressourcen benötigen, bspw. zur Erkennung von statistischen Ausreißern (vgl. Kapitel 5), können als vorgeschalteter Filter fungieren, um mit anderen Verfahren (vgl. Kapitel 10) spezifische Situationen zu identifizieren. Außerdem ist es denkbar, die Ergebnisse von unterschiedlichen Verfahren, wie dies bereits in kleinerem Maße im MARISA-Projekt gezeigt wurde, zu kombinieren.

Literatur

Allgemeine Referenzen

[Aba16] Abadi, M. et al.: TensorFlow: Large-Scale Machine Learning on Heterogeneous Systems. 2016. arXiv: 1603.04467 [cs.DC] (siehe S. 130).

[Abu18] Abualhaol, I.; Falcon, R.; Abielmona, R. und Petriu, E.: »Data-Driven Vessel Service Time Forecasting using Long Short-Term Memory Recurrent Neural Networks«. In: *2018 IEEE International Conference on Big Data (Big Data)*. IEEE. 2018, S. 2580–2590 (siehe S. 45, 51).

[Agn09] Agnew, D. J.; Pearce, J.; Pramod, G.; Peatman, T.; Watson, R.; Beddington, J. R. und Pitcher, T. J.: »Estimating the Worldwide Extent of Illegal Fishing«. In: *PLOS ONE* 4.2 (Feb. 2009), S. 1–8. doi: 10.1371/journal.pone.0004570 (siehe S. 3).

[Aki17] Akinbulire, T.; Schwartz, H.; Falcon, R. und Abielmona, R.: »A reinforcement learning approach to tackle illegal, unreported and unregulated fishing«. In: *2017 IEEE Symposium Series on Computational Intelligence (SSCI)*. IEEE. 2017, S. 1–8 (siehe S. 45, 52).

[Amr14] Amrollahi, A.; Ghapanchi, A. H. und Talaei-Khoei, A.: »From artefact to theory: ten years of using design science in information systems research«. In: *13th European Conference on Research Methodology for Business and Management Studies proceedings*. Academic Conferences International Limited. 2014, S. 383–392 (siehe S. 57).

[And10] ANDERSSON, M. und JOHANSSON, R.: »Multiple sensor fusion for effective abnormal behaviour detection in counter-piracy operations«. In: *Waterside Security Conference (WSS), 2010 International.* Nov. 2010, S. 1–7. DOI: 10.1109/WSSC.2010.5730221 (siehe S. 45, 50).

[Ann15] ANNEKEN, M.; FISCHER, Y. und BEYERER, J.: »Evaluation and comparison of anomaly detection algorithms in annotated datasets from the maritime domain«. In: *Proceedings of 2015 SAI Intelligent Systems Conference (IntelliSys).* 2015. DOI: 10.1109/IntelliSys.2015.7361141 (siehe S. 83).

[Ann16a] ANNEKEN, M.; FISCHER, Y. und BEYERER, J.: »Anomaly Detection using B-Spline Control Points as Feature Space in Annotated Trajectory Data from the Maritime Domain«. In: *Proceedings of the 8th International Conference on Agents and Artificial Intelligence.* Bd. 2. 2016, S. 250–257. DOI: 10.5220/0005655302500257 (siehe S. 83).

[Ann16b] ANNEKEN, M.; FISCHER, Y. und BEYERER, J.: »Detection of conspicuous behavior in street traffic by using b-splines as feature vector«. In: *Proceedings of the 11th Security Research Conference (Future Security).* Fraunhofer Verlag, 2016, S. 325–331 (siehe S. 83).

[Ann16c] ANNEKEN, M.; FISCHER, Y. und BEYERER, J.: »Quantitative Assessment of Anomaly Detection Algorithms in Annotated Datasets from the Maritime Domain«. In: *Intelligent Systems and Applications.* Hrsg. von BI, Y.; KAPOOR, S. und BHATIA, R. Bd. 650. Springer International Publishing, 2016, S. 89–107 (siehe S. 83).

[Ann17a] ANNEKEN, M.: »Anomaly detection using the Nash equilibrium in a multi-agent system«. In: *Proceedings of the 2016 Joint Workshop of Fraunhofer IOSB and Institute for Anthropomatics, Vision and Fusion Laboratory.* Hrsg. von BEYERER, J. und PAK, A. Triberg-Nussbach: Karlsruhe: KIT Scientific Publishing, 2017 (Karlsruher Schriften zur Anthropomatik 33), 2017, S. 31. DOI: 10.5445/KSP/1000070009 (siehe S. 105).

[Ann17b] Anneken, M.; Fischer, Y. und Beyerer, J.: »A Multi-agent Approach to Model and Analyze the Behavior of Vessels in the Maritime Domain«. In: *Proceedings of the 9th International Conference on Agents and Artificial Intelligence, ICAART 2017, Volume 1, Porto, Portugal, February 24-26, 2017.* SCITEPRESS - Science und Technology Publications, 2017, S. 200–207. doi: 10.5220/0006192002000207 (siehe S. 105).

[Ann18a] Anneken, M.; Jousselme, A.-L.; Robert, S. und Beyerer, J.: »Synthetic Trajectory Extraction for Maritime Anomaly Detection«. In: *Proceedings of the 2018 International Conference on Computational Science and Computational Intelligence (CSCI'18: 13-15 December 2018, Las Vegas, Nevada, USA).* Hrsg. von Arabnia, H. R.; Deligiannidis, L.; Tinetti, F. G. und Tran, Q.-N. IEEE Computer Society, 2018, S. 1048–1053. doi: 10 . 1109 / CSCI46756.2018.00204 (siehe S. 139).

[Ann18b] Anneken, M.; Rosa, F. de; Jousselme, A.-L. und Robert, S.: »Modelling Dynamic Bayesian Networks to Identify Suspicious Behaviour«. In: *Maritime Big Data Workshop.* NATO STO CMRE, 2018. url: https://www.cmre.nato.int/maritime-big-data-workshop-home/proceedings (siehe S. 165).

[Ann19a] Anneken, M.: »A Behaviour Model as Extension for the Object-Oriented World Model«. Englisch. In: *Proceedings of the 2018 Joint Workshop of Fraunhofer IOSB and Institute for Anthropomatics, Vision and Fusion Laboratory.* Hrsg. von Beyerer, J. und Taphanel, M. Bd. 40. Karlsruher Schriften zur Anthropomatik / Lehrstuhl für Interaktive Echtzeitsysteme, Karlsruher Institut für Technologie ; Fraunhofer-Inst. für Optronik, Systemtechnik und Bildauswertung IOSB Karlsruhe. KIT Scientific Publishing, Karlsruhe, 2019. doi: 10.5445/KSP/1000094782 (siehe S. 40, 71).

[Ann19b] Anneken, M.; Rosa, F. de; Kröker, A.; Jousselme, A.-L.; Robert, S. und Beyerer, J.: »Detecting illegal diving and other suspicious activities in the North Sea: Tale of a successful trial«.

In: *2018 20th International Radar Symposium (IRS).* 2019. DOI: 10.23919/IRS.2019.8768132 (siehe S. 165, 168, 171).

[Ann20a] ANNEKEN, M.; MARKGRAF, S.; ROBERT, S. und BEYERER, J.: »Learning of Utility Functions for the Behaviour Analysis in Maritime Surveillance Tasks«. In: *Companion Proceedings of Modellierung 2020 Short, Workshop and Tools & Demo Papers co-located with Modellierung 2020, Vienna, Austria, February 19-21, 2020.* Hrsg. von MICHAEL, J. et al. Bd. 2542. CEUR Workshop Proceedings. CEUR-WS.org, 2020, S. 130–143. URL: http://ceur-ws.org/Vol-2542/MOD-KI1.pdf (siehe S. 149).

[Ann20b] ANNEKEN, M.; STRENGER, M.; ROBERT, S. und BEYERER, J.: »Classification of Maritime Vessels using Convolutional Neural Networks«. In: *Artificial Intelligence: Research Impact on Key Industries; the Upper-Rhine Artificial Intelligence Symposium (UR-AI 2020).* Hrsg. von CHRIST, A. und QUINT, F. 2020, S. 103–114. arXiv: 2010.16241 [cs.AI] (siehe S. 121, 225).

[Arn12] ARNOTT, D. und PERVAN, G.: »Design science in decision support systems research: An assessment using the Hevner, March, Park, and Ram Guidelines«. In: *Journal of the Association for Information Systems* 13.11 (2012), S. 923–949 (siehe S. 57).

[Arn16] ARNOTT, D. und PERVAN, G.: »A critical analysis of decision support systems research revisited: the rise of design science«. In: *Enacting Research Methods in Information Systems.* Springer, 2016, S. 43–103 (siehe S. 57).

[Bal14] BALDUZZI, M.; PASTA, A. und WILHOIT, K.: »A security evaluation of AIS automated identification system«. In: *Proceedings of the 30th annual computer security applications conference.* ACM. 2014, S. 436–445 (siehe S. 20).

[Bar04] BARINGHAUS, L. und FRANZ, C.: »On a new multivariate two-sample test«. In: *Journal of Multivariate Analysis* 88.1 (Jan. 2004), S. 190–206. DOI: 10.1016/s0047-259x(03)00079-4 (siehe S. 145).

[Bar14] Barber, D.: Bayesian Reasoning and Machine Learning. Cambridge University Press, 2014 (siehe S. 85, 166).

[Bau10a] Bauer, A. und Fischer, Y.: »Task-oriented situation recognition«. In: *Cyber Security, Situation Management, and Impact Assessment II; and Visual Analytics for Homeland Defense and Security II.* Bd. 7709. International Society for Optics und Photonics. 2010, S. 770906 (siehe S. 40).

[Bau10b] Baum, M.; Gheta, I.; Belkin, A.; Beyerer, J. und Hanebeck, U. D.: »Data association in a world model for autonomous systems«. In: *2010 IEEE Conference on Multisensor Fusion and Integration.* Sep. 2010, S. 187–192. doi: 10.1109/MFI.2010.5604454 (siehe S. 40, 41).

[Bed99] Bedworth, M. und O'Brien, J.: »The Omnibus Model: A New Model of Data Fusion?« In: *Proceedings of the 2nd International Conference on Information Fusion (FUSION).* 1999 (siehe S. 37).

[Bel15] Belkin, A.: »World Modeling for Intelligent Autonomous Systems«. Diss. Institut für Anthropomatik und Robotik (IAR) Fakultät für Informatik (INFORMATIK), 2015. doi: 10.5445/IR/1000060148 (siehe S. 40).

[Ber07] Berner, E. S.: Clinical decision support systems. Bd. 233. Springer, 2007 (siehe S. 11).

[Bla12] Blasch, E.; Valin, P.; Jousselme, A.-L.; Lambert, D. und Bosse, E.: »Top ten trends in High-Level Information Fusion«. In: *Proceedings of the 15th International Conference on Information Fusion (FUSION).* 2012, S. 2323–2330 (siehe S. 36).

[Blu12] BlueMassMed Consortium: BlueMassMed Final report. Forschungsber. 2012. url: http://www.statewatch.org/news/2014/jul/eu-2011-marsuno-final-report.pdf (besucht am 14. 04. 2020) (siehe S. 28).

[Boo72] Boor, C. de: »On calculating with B-splines«. In: *Journal of Approximation Theory* 6.1 (Juli 1972), S. 50–62. doi: 10.1016/0021-9045(72)90080-9. url: http://www.sciencedirect.com/science/article/pii/0021904572900809 (siehe S. 145).

[Bov04] Bovens, L. und Hartmann, S.: Bayesian Epistemology. Oxford University Press, 2004 (siehe S. 169).

[Bra11] Brax, C.: »Anomaly detection in the surveillance domain«. Diss. University of Skövde, 2011 (siehe S. 45, 54).

[Bro01] Broersen, J.; Dastani, M.; Hulstijn, J.; Huang, Z. und Torre, L. van der: »The BOID Architecture - Conflicts Between Beliefs, Obligations, Intentions and Desires«. In: *In Proceedings of the Fifth International Conference on Autonomous Agents*. ACM Press, 2001, S. 9–16 (siehe S. 75).

[BSU20] BSU: Bundesstelle für Seeunfalluntersuchung: Jahresbericht 2019. 2020 (siehe S. 3).

[Bul16] Bullinger-Hoffmann, A. C. und Mühlstedt, J.: Homo Sapiens Digitalis - Virtuelle Ergonomie und digitale Menschmodelle. Springer Berlin Heidelberg, 2016. doi: 10.1007/978-3-662-50459-8 (siehe S. 11, 12).

[Bun02] Bundesamt für Seeschifffahrt und Hydrographie: Beilage zum NfS-Heft 33/2002. 2002 (siehe S. 17, 18).

[Bun17] Bundesministerium für Wirtschaft und Energie: Bekanntmachungzur Förderung von Forschung, Entwicklung und Innovationauf dem Gebiet der„Echtzeittechnologien für die Maritime Sicherheit". 2017 (siehe S. 3, 4).

[Car65] Carroll, L.: Alice's Adventures in Wonderland. 1865 (siehe S. 76).

[Cat19] Cater-Steel, A.; Toleman, M. und Rajaeian, M. M.: »Design Science Research in Doctoral Projects: An Analysis of Australian Theses«. In: *Journal of the Association for Information Systems* 20.12 (2019), S. 1844–1869. doi: 10.17705/1jais.00587 (siehe S. 57).

[Cha09] CHANDOLA, V.; BANERJEE, A. und KUMAR, V.: »Anomaly Detection: A Survey«. In: *ACM Computing Surveys* 41.3 (Juli 2009), S. 1–58. DOI: 10.1145/1541880.1541882 (siehe S. 43, 44).

[CLI20] CLIA: CRUISE LINES INTERNATIONAL ASSOCIATION: State Of The Cruise Industry Outlook 2020. 2020 (siehe S. 2).

[Cou14] COUNCIL OF THE EUROPEAN UNION: European Union Maritime Security Strategy. 2014 (siehe S. 4).

[Dab15] DABROWSKI, J. J. und VILLIERS, J. P. de: »Maritime Piracy Situation Modelling with Dynamic Bayesian Networks«. In: *Information Fusion* 23 (2015), S. 116–130 (siehe S. 45, 54).

[Dah07] DAHLBOM, A. und NIKLASSON, L.: »Trajectory clustering for coastal surveillance«. In: *Information Fusion, 2007 10th International Conference on.* Juli 2007, S. 1–8. DOI: 10.1109/ICIF.2007.4408114 (siehe S. 45, 48).

[Das01] DASARATHY, B. V.: »Information Fusion - What, Where, Why, When, and How?« In: *Information Fusion* 2.2 (2001), S. 75–76 (siehe S. 35).

[Das08] DAS, S.: High-Level Data Fusion. Artech House, Inc., 2008 (siehe S. 37, 38).

[DMA19] DMAIB: DANISH MARITIME ACCIDENT INVESTIGATION BOARD: Marine Accident Report on Collision with World Bora and Raba on 19 February 2019. 2019 (siehe S. 3).

[Dur16] DURSUN, E.: »Erkennen auffälliger Situationen auf Basis der Spieltheorie im maritimen Raum«. Diplomarbeit. Karlsruhe Institute of Technology, 2016 (siehe S. 105).

[Ede83] EDELSBRUNNER, H.; KIRKPATRICK, D. und SEIDEL, R.: »On the shape of a set of points in the plane«. In: *IEEE Transactions on Information Theory* 29.4 (1983), S. 551–559. DOI: 10.1109/TIT.1983.1056714 (siehe S. 141).

[Emt08] Emter, T.; Gheta, I. und Beyerer, J.: »Object Oriented Environment Model for Video Surveillance Systems«. In: *Proceedings of the 3rd Security Research Conference (Future Security)*. Fraunhofer Press, 2008, S. 155–160 (siehe S. 40).

[End00] Endsley, M. R.; Garland, D. J. et al.: »Theoretical underpinnings of situation awareness: A critical review«. In: *Situation awareness analysis and measurement* 1 (2000) (siehe S. 14).

[End08] Endsley, M. R. und Connors, E. S.: »Situation Awareness: State of the Art«. In: *Power and Energy Society General Meeting - Conversion and Delivery of Electrical Energy in the 21st Century*. IEEE, 2008, S. 1–4 (siehe S. 12).

[End87] Endsley, M. R.: SAGAT: A methodology for the measurement of situation awareness (NOR DOC 87-83). Techn. Ber. Hawthorne, CA: Northrop Corporation, 1987 (siehe S. 12).

[End88] Endsley, M. R.: »Situation Awareness Global Assessment Technique (SAGAT)«. In: *Proceedings of the National Aerospace and Electronics Conference (NAECON)*. IEEE, 1988, S. 789–795 (siehe S. 12, 13).

[End95a] Endsley, M. R.: »Measurement of Situation Awareness in Dynamic Systems«. In: *Human Factors: The Journal of the Human Factors and Ergonomics Society* 37.1 (1995), S. 65–84 (siehe S. 14).

[End95b] Endsley, M. R.: »Toward a Theory of Situation Awareness in Dynamic Systems«. In: *Human Factors: The Journal of the Human Factors and Ergonomics Society* 37.1 (1995), S. 32–64 (siehe S. 12–14).

[End98] Endsley, M. R.; Selcon, S. J.; Hardiman, T. D. und Croft, D. G.: »A comparative analysis of SAGAT and SART for evaluations of situation awareness«. In: *Proceedings of the Human Factors and Ergonomics Society 42nd Annual Meeting*. 1998, S. 82–86 (siehe S. 12).

[EQU08] EQUID (Ergonomic Quality In Design) Technical Committee: EQUID Design Process Guidelines. 2008 (siehe S. 12).

[Est96] Ester, M.; Kriegel, H.-P.; Sander, J.; Xu, X. et al.: »A density-based algorithm for discovering clusters in large spatial databases with noise.« In: *Kdd.* Bd. 96. 34. 1996, S. 226–231 (siehe S. 49).

[Eti12] Etienne, L.; Devogele, T. und Bouju, A.: »Spatio-temporal trajectory analysis of mobile objects following the same itinerary«. In: *Advances in Geo-Spatial Information Science.* Juni 2012, pp 47 –57. url: https://hal.archives-ouvertes.fr/hal-00495484 (siehe S. 45, 47).

[EUC16] EUCISE2020 Consortium: EUCISE2020 D4.3: Technical Specifications - ANNEX B : EUCISE2020 Data Model. 2016 (siehe S. 29).

[Eur02] European Parliament und Council Of The European Union: Richtlinie 2002/59/EG des Europäischen Parlaments und des Rates. 2002 (siehe S. 18).

[Eur09] European Commission - Maritime Affairs and Fisheries: Mitteilung der Kommission - Auf dem Weg zur Integration der Meeresüberwachung: Ein gemeinsamer Informationsraum für den maritimen Bereich der EU. 2009 (siehe S. 15).

[FAO20] FAO: Food and Agriculture Organizationof the United Nations: The State of World Fisheries and Aquaculture 2020. Sustainability in action. Rome, 2020. doi: 10.4060/ca9229en (siehe S. 2).

[Faw19] Fawaz, H. I.; Forestier, G.; Weber, J.; Idoumghar, L. und Muller, P.-A.: »Deep learning for time series classification: a review«. In: *Data Mining and Knowledge Discovery* 33.4 (2019), S. 917–963 (siehe S. 128).

[Fel13] Felski, A. und Jaskólski, K.: »The integrity of information received by means of AIS during anti-collision manoeuvring«. In: *TransNav: International Journal on Marine Navigation and Safety of Sea Transportation* 7.1 (2013) (siehe S. 19).

[Fel15] Felski, A.; Jaskólski, K. und Banyś, P.: »Comprehensive assessment of automatic identification system (AIS) data application to anti-collision manoeuvring«. In: *The Journal of Navigation* 68.4 (2015), S. 697–717 (siehe S. 19).

[Fel16] Felsberger, A.; Oberegger, B. und Reiner, G.: »A Review of Decision Support Systems for Manufacturing Systems.« In: *SAMI@ iKNOW*. 2016 (siehe S. 11).

[Fen12] Fenton, N.; Neil, M. und Lagnado, D. A.: »A General Structure for Legal Arguments About Evidence Using Bayesian Networks«. In: *Cognitive Science* (2012), S. 1–42. doi: 10.1111/cogs.12004 (siehe S. 169).

[Fis12] Fischer, Y.: »Modeling and Recognizing Situations in the Maritime Domain«. In: *Proceedings of the 2011 Joint Workshop of Fraunhofer IOSB and Institute for Anthropomatics, Vision and Fusion Laboratory*. 2012 (siehe S. 31, 32).

[Fis14] Fischer, Y.; Reiswich, A. und Beyerer, J.: »Modeling and recognizing situations of interest in surveillance applications«. In: *Cognitive Methods in Situation Awareness and Decision Support (CogSIMA), 2014 IEEE International Inter-Disciplinary Conference on*. März 2014, S. 209–215. doi: 10.1109/CogSIMA.2014.6816564 (siehe S. 45, 53, 167).

[Fis16] Fischer, Y.: »Wissensbasierte probabilistische Modellierung für die Situationsanalyse am Beispiel der maritimen Überwachung«. Diss. Karlsruhe Institute of Technology, 2016 (siehe S. 31, 40, 41, 53, 167–169, 173).

[Fra91] Fracker, M. L.: Measures of situation awareness: Review and future directions. Techn. Ber. Wright-Patterson Air Force Base, Ohio: Armstrong Aerospace Medical Research Laboratory, 1991 (siehe S. 14).

[Gal99] Gallier, J.: Curves and Surfaces in Geometric Modeling: Theory and Algorithms. Morgan Kaufmann, 1999 (siehe S. 87).

[Ghe08] Gheta, I.; Heizmann, M. und Beyerer, J.: »Object oriented environment model for autonomous systems«. In: *Proceedings of the second Skövde Workshop on Information Fusion Topics.* Hrsg. von Boström, H.; Johansson, R. und Laere, J. van. Skövde Studies in Informatics, Nov. 2008, S. 9–12 (siehe S. 39).

[Ghe10] Gheta, I.; Baum, M.; Belkin, A.; Beyerer, J. und Hanebeck, U. D.: »Three Pillar Information Management System for Modeling the Environment of Autonomous Systems«. In: *Proceedings of IEEE Conference on Virtual Environments, Human-Computer Interfaces and Measurement Systems.* Taranto, Sep. 2010, S. 12–17 (siehe S. 39, 40).

[Gro19] Grottenberg, L. O.; Njå, O.; Tøssebro, E.; Braut, G. S.; Bragstad, K. und Grøneng, G. M.: »Detecting Influenza Outbreaks Based on Spatiotemporal Information from Urban Systems«. In: *Intelligent Systems for Crisis Management.* Hrsg. von Altan, O.; Chandra, M.; Sunar, F. und Tanzi, T. J. Cham: Springer International Publishing, 2019, S. 87–106 (siehe S. 12).

[Gui13] Guillarme, N. L. und Lerouvreur, X.: »Unsupervised Extraction of Knowledge from S-AIS Data for Maritime Situational Awareness«. In: *Information Fusion (FUSION), 2013 16th International Conference on.* Juli 2013, S. 2025–2032 (siehe S. 45, 48, 144).

[Hal01] Hall, D. L. und Llinas, J.: Multisensor data fusion. CRC press, 2001 (siehe S. 34).

[Han19] Hansen, H. R.; Mendling, J. und Neumann, G.: Wirtschaftsinformatik: Grundlagen und Anwendungen. 12. Aufl. De Gruyter, Jan. 2019. doi: 10.1515/9783110608731 (siehe S. 9).

[Har07] Harati-Mokhtari, A.; Wall, A.; Brooks, P. und Wang, J.: »Automatic Identification System (AIS): data reliability and human error implications«. In: *The Journal of Navigation* 60.3 (2007), S. 373–389 (siehe S. 19).

[Har20] HARTMANN, K.: »Maritime Vessel Classification based on Spatio-Temporal Data using Convolutional Neural Networks«. Bachelorthesis. Karlsruhe Institute of Technology, 2020 (siehe S. 121, 137).

[Har68] HARSANYI, J. C.: »Games with Incomplete Information Played by "Bayesian"Players, I-III. Part II. Bayesian Equilibrium Points«. In: *Management Science* 14.5 (1968), S. 320–334. URL: http://www.jstor.org/stable/2628673 (siehe S. 78).

[Hau02] HAUSDORFF, F.: Gesammelte Werke. Hrsg. von BRIESKORN, E. [Bd. 2: Grundzüge der Mengenlehre. Berlin: Springer, 2002. URL: http://swbplus.bsz-bw.de/bsz102170657cov.htm (siehe S. 144).

[Hir18] HIRAKAWA, T.; YAMASHITA, T.; TAMAKI, T.; FUJIYOSHI, H.; UMEZU, Y.; TAKEUCHI, I.; MATSUMOTO, S. und YODA, K.: »Can AI predict animal movements? Filling gaps in animal trajectories using inverse reinforcement learning«. In: *Ecosphere* 9.10 (2018), e02447. DOI: 10.1002/ecs2.2447 (siehe S. 151, 154, 155, 157).

[Hol19] HOLLER, M. J.; ILLING, G. und NAPEL, S.: Einführung in die Spieltheorie. 8. Aufl. Springer Gabler, 2019. DOI: 10.1007/978-3-642-31963-1 (siehe S. 77, 78, 106).

[IAL11] IALA: INTERNATIONAL ASSOCIATION OF MARINE AIDS TO NAVIGATION AND LIGHTHOUSE AUTHORITIES: IALA Recommendation V-145 On the Inter-VTS Exchange Format (IVEF) Service. 2011 (siehe S. 27).

[ICC20] ICC INTERNATIONAL MARITIME BUREAU: Piracy and Armed Robbery Against Ships - 2019 Annual Report. 2020 (siehe S. 2).

[IHO18] IHO: INTERNATIONAL HYDROGRAPHIC ORGANIZATION: S-100 – Universal Hydrographic Data Model. Version Edition 4.0.0. 2018 (siehe S. 29).

[IMO12] IMO: INTERNATIONAL MARITIME ORGANIZATION: Amendments to the International Aeronautical and Maritime Search and Rescue (IAMSAR) Manual. Version MSC.1/Circ.1415. 2012 (siehe S. 15).

[IMO14] IMO: International Maritime Organization: SOLAS Consolidated Edition 2014. http://www.imo.org/About/Documents/What%20it%20is%20Oct%202013_Web.pdf, letzter Abruf am 14.05.2015. 2014 (siehe S. 17, 21, 24).

[IMO15] IMO: International Maritime Organization: Revised Guidelines for the onboard operational use of shipborne automatic identification systems (AIS) - Resolution A.1106(29). 2015 (siehe S. 18–20).

[IMO79] IMO: International Maritime Organization: Performance Standards for Automatic Radar Plotting Aids (ARPA) - Resolution A.422(XI). 1979 (siehe S. 22).

[IMO96] IMO: International Maritime Organization: Performance Standards for Electronic Chart Display and Information Systems (ECDIS) - Resolution A.817(19). 1996 (siehe S. 22).

[Ind10] Indulska, M. und Recker, J.: »Design Science in IS Research: A Literature Analysis«. In: *Information Systems Foundations Part Three: The Role of Design Science.* ANU E Press, 2010, S. 285–302 (siehe S. 57).

[Iph16] Iphar, C.; Napoli, A. und Ray, C.: »On the interest of data mining for an integrity assessment of AIS messages«. In: *1st International ICDM Workshop on Maritime Domain Data Mining (MDDM 2016).* Institute of Electrical und Electronics Engineers-IEEE. 2016 (siehe S. 19).

[Jaj17] Jajodia, S.; Wang, C. und Liu, P., Hrsg.: Theory and Models for Cyber Situation Awareness. Lecture Notes in Computer Science ; 10030SpringerLinkSpringer eBook Collection. Cham: Springer International Publishing, 2017. doi: 10.1007/978-3-319-61152-5 (siehe S. 12).

[Jay57] Jaynes, E. T.: »Information theory and statistical mechanics«. In: *Physical review* 106.4 (1957), S. 620–630 (siehe S. 155).

[Jia16] JIANG, X.; SILVER, D. L.; HU, B.; SOUZA, E. N. de und MATWIN, S.: »Fishing activity detection from AIS data using autoencoders«. In: *Canadian Conference on Artificial Intelligence*. Springer. 2016, S. 33–39 (siehe S. 45, 51).

[Jia17] JIANG, X.; SOUZA, E. N. de; LIU, X.; SOLEIMANI, B. H.; WANG, X.; SILVER, D. L. und MATWIN, S.: »Partition-wise Recurrent Neural Networks for Point-based AIS Trajectory Classification«. In: *Computational Intelligence* 6 (2017) (siehe S. 45, 51).

[Kak87] KAK, A.; VAYDA, A.; CROMWELL, R.; KIM, W. und CHEN, C.: »Knowledge-based robotics«. In: *Proceedings. 1987 IEEE International Conference on Robotics and Automation*. Bd. 4. März 1987, S. 637–646. DOI: 10.1109/ROBOT.1987.1087845 (siehe S. 31).

[Kat13] KATSILIERIS, F.; BRACA, P. und CORALUPPI, S.: »Detection of malicious AIS position spoofing by exploiting radar information«. In: *proceedings of the 16th international conference on information fusion*. IEEE. 2013, S. 1196–1203 (siehe S. 20, 45, 47).

[Kiv97] KIVINEN, J. und WARMUTH, M. K.: »Exponentiated Gradient versus Gradient Descent for Linear Predictors«. In: *Information and Computation* 132.1 (1997), S. 1–63. DOI: 10.1006/inco.1996.2612 (siehe S. 156).

[Kle04] KLEIN, L. A.: Sensor and data fusion: a tool for information assessment and decision making. Bd. 138. SPIE press, 2004 (siehe S. 34–36).

[Kon18] KONTOPOULOS, I.; SPILIOPOULOS, G.; ZISSIS, D.; CHATZIKOKOLAKIS, K. und ARTIKIS, A.: »Countering Real-Time Stream Poisoning: An architecture for detecting vessel spoofing in streams of AIS data«. In: *2018 IEEE 16th Intl Conf on Dependable, Autonomic and Secure Computing, 16th Intl Conf on Pervasive Intelligence and Computing, 4th Intl Conf on Big Data Intelligence and Computing and Cyber Science and Technology Congress (DASC/PiCom/DataCom/CyberSciTech)*. IEEE. 2018, S. 981–986 (siehe S. 20).

[Kow12] KOWALSKA, K. und PEEL, L.: »Maritime anomaly detection using Gaussian process active learning«. In: *2012 15th International Conference on Information Fusion*. IEEE. 2012, S. 1164–1171 (siehe S. 45, 49).

[Krü12] KRÜGER, M.; ZIEGLER, J. und HELLER, K.: »A Generic Bayesian Network for Identification and Assessment of Objects in Maritime Surveillance«. In: *Proceedings of the 15th International Conference on Information Fusion (FUSION)*. 2012, S. 2309–2316 (siehe S. 45, 54).

[Küh10] KÜHN, B.; BELKIN, A.; SWERDLOW, A.; MACHMER, T.; BEYERER, J. und KROSCHEL, K.: »Knowledge-Driven Opto-Acoustic Scene Analysis based on an Object- Oriented World Modeling approach for Humanoid Robots«. In: *Proceedings of the 41st International Symposium on Robotics (ISR) and 6th German Conference on Robotics (ROBOTIK)*. 2010, S. 1296–1303 (siehe S. 39).

[Kuw12] KUWERTZ, A.; FISCHER, Y.; ESSENDORFER, B. und PEINSIPP-BYMA, E.: »Using Context Knowledge for Maritime Situation Assessment«. In: *Proceedings of 3rd International Conference on Water-Side Security*. Singapore, Mai 2012 (siehe S. 40).

[Kuw16] KUWERTZ, A. und BEYERER, J.: »Extending adaptive world modeling by identifying and handling insufficient knowledge models«. In: *Journal of Applied Logic* 19 (Dez. 2016), S. 102–127. DOI: 10.1016/j.jal.2016.05.005 (siehe S. 40, 41).

[Lam01a] LAMBERT, D. A.: »An exegesis of data fusion«. In: *Studies in Fuzziness and Soft Computing* (2001) (siehe S. 35).

[Lam01b] LAMBERT, D. A.: »Situations for Situation Awareness«. In: *Proceedings of the 4th International Conference on Information Fusion (Fusion)*. 2001, S. 1–7 (siehe S. 38).

[Lam03] LAMBERT, D. A.: »Grand Challenges of Information Fusion«. In: *Proceedings of the 6th International Conference of Information Fusion (FUSION)*. 2003, S. 213–220 (siehe S. 35).

[Lan10] Lane, R. O.; Nevell, D. A.; Hayward, S. D. und Beaney, T. W.: »Maritime Anomaly Detection and Threat Assessment«. In: *Proceedings of the 13th International Conference on Information Fusion (FUSION)*. 2010, S. 1–8 (siehe S. 45, 53).

[Lan17] Laneve, G. und MARISA Consortium: D2.2 MARISA User Requirements. Techn. Ber. MARISA Project, 2017 (siehe S. 16).

[Lau18] Laux, H.; Gillenkirch, R. M. und Schenk-Mathes, H. Y.: Entscheidungstheorie. Hrsg. von Gillenkirch, R. M. und Schenk-Mathes, H. Y. 10. Aufl. Springer-LehrbuchSpringerLink : Bücher. 2018. doi: 10.1007/978-3-662-57818-6 (siehe S. 76).

[Lax09] Laxhammar, R.; Falkman, G. und Sviestins, E.: »Anomaly detection in sea traffic - a comparison of the Gaussian Mixture Model and the Kernel Density«. In: *Information Fusion (FUSION), 2009 12th International Conference on.* 2009 (siehe S. 45, 46).

[Lax11] Laxhammar, R. und Falkman, G.: »Sequential Conformal Anomaly Detection in trajectories based on Hausdorff distance«. In: *Information Fusion (FUSION), 2011 14th International Conference on.* Juli 2011, S. 1–8 (siehe S. 63, 87).

[Lax14] Laxhammar, R.: »Conformal Anomaly Detection - Detecting abnormal trajectories in surveillance applications«. Diss. University of Skövde, 2014 (siehe S. 45, 47).

[Lie16] Liebner, M.: »Fahrerabsichtserkennung und Risikobewertung für warnende Fahrerassistenzsysteme«. Diss. Karlsruher Institut für Technologie (KIT), 2016. 159 S. doi: 10.5445/KSP/1000053685 (siehe S. 12).

[Liu14] Liu, B.; Souza, E. N. de; Matwin, S. und Sydow, M.: »Knowledge-based clustering of ship trajectories using density-based approach«. In: *2014 IEEE International Conference on Big Data (Big Data).* Okt. 2014, S. 603–608. doi: 10.1109/BigData.2014.7004281 (siehe S. 45, 51).

[Lli04] Llinas, J.; Bowman, C.; Rogova, G.; Steinberg, A.; Waltz, E. und White, F.: Revisiting the JDL data fusion model II. Techn. Ber. Space und Naval Warfare Systems Command San Diego CA, 2004 (siehe S. 37).

[MAI18] MAIB: Marine Accident Investigation Branch: Accident Investigation Report 7/2018. 2018. url: https://assets.publishing.service.gov.uk/media/5ad86d01e5274a76c13dfdc1/MAIBInvReport07_2018.pdf (siehe S. 3).

[Man08] Manning, C. D.; Raghavan, P. und Schütze, H.: Introduction to Information Retrieval. Cambridge University Press, 2008 (siehe S. 89).

[Man10] Mano, J.-P.; Georgé, J.-P. und Gleizes, M.-P.: »Adaptive multi-agent system for multi-sensor maritime surveillance«. In: *Advances in Practical Applications of Agents and Multiagent Systems.* Springer, 2010, S. 285–290 (siehe S. 45, 52).

[MAR11] MARSUNO Consortium: MARSUNO Final report. Forschungsber. 2011. url: http://www.statewatch.org/news/2014/jul/eu-2012-bluemassmed-final-report.pdf (besucht am 14. 04. 2020) (siehe S. 28).

[Mar19] Markgraf, S.: »Learning of Utility Functions for the Behaviour Analysis in Surveillance Task«. Bachelorthesis. Karlsruhe Institute of Technology, 2019 (siehe S. 149).

[McL05] McLachlan, G. J.; Do, K.-A. und Ambroise, C.: Analyzing microarray gene expression data. Bd. 422. John Wiley & Sons, 2005 (siehe S. 90).

[Mel06] Melo, J.; Naftel, A.; Bernardino, A. und Santos-Victor, J.: »Detection and classification of highway lanes using vehicle motion trajectories«. In: *Intelligent Transportation Systems, IEEE Transactions on* 7.2 (Juni 2006), S. 188–200. doi: 10.1109/TITS.2006.874706 (siehe S. 45, 48).

[Mil16] Millefiori, L. M.; Braca, P.; Bryan, K. und Willett, P.: »Long-term vessel kinematics prediction exploiting mean-reverting processes«. In: *2016 19th International Conference on Information Fusion (FUSION)*. Juli 2016, S. 232–239 (siehe S. 45, 49).

[Mit12] Mitchell, H. B.: Data Fusion: Concepts and Ideas. Springer, 2012 (siehe S. 34–36).

[Moh19] Mohamoud, A.; Pol, J.; Breejen, E. den; Veltman, K.; Velde, J.; Mannucci, T. und Hildmann, H.: »Detection of maritime anomalous behavior in a successful MARISA North Sea trial«. In: *Maritime Situational Awareness Workshop MSAW2019*. Okt. 2019 (siehe S. 171).

[Mou19] Moutzouris, M. und MARISA Consortium: D7.5 MARISA Validation in Operational Trial Approach and Plan Document Final. Techn. Ber. MARISA Project, 2019 (siehe S. 172).

[MSI19] MSIU: Marine Safety Investigation Unit: Marine Safety Investigation Report No. 06/2019. 2019 (siehe S. 3).

[Mur12] Murphy, K. P.: Machine learning: a probabilistic perspective. Cambridge, MA: MIT Press, Cambridge, MA, 2012 (siehe S. 85, 166).

[Nas50] Nash, J. F.: »The Bargaining Problem«. In: *Econometrica* 18.2 (1950), S. 155–162 (siehe S. 107).

[Nas51] Nash, J.: »Non-cooperative games«. In: *Annals of mathematics* (1951), S. 286–295 (siehe S. 78).

[NAT10] NATO Standardization Agency, Hrsg.: STANAG 4607 - NATO Ground Moving Target Indicator (GMTI) Format. 2010 (siehe S. 27).

[NAT14] NATO Standardization Agency, Hrsg.: STANAG 4676 - NATO ISR Tracking Standard AEDP-12 EDITION A. 2014 (siehe S. 27).

[Nat15] NATALE, F.; GIBIN, M.; ALESSANDRINI, A.; VESPE, M. und PAULRUD, A.: »Mapping Fishing Effort through AIS Data«. In: *PLOS ONE* 10.6 (Juni 2015). Hrsg. von TSERPES, G., S. 1–16. DOI: 10.1371/journal.pone.0130746 (siehe S. 68).

[Ng00] NG, A. Y. und RUSSELL, S. J.: »Algorithms for Inverse Reinforcement Learning«. In: *Proceedings of the Seventeenth International Conference on Machine Learning*. ICML '00. San Francisco, CA, USA: Morgan Kaufmann Publishers Inc., 2000, S. 663–670 (siehe S. 150, 155).

[Ngu18] NGUYEN, D.; VADAINE, R.; HAJDUCH, G.; GARELLO, R. und FABLET, R.: »A Multi-task Deep Learning Architecture for Maritime Surveillance using AIS Data Streams«. In: *2018 IEEE International Conference on Data Science and Advanced Analytics (DSAA)*. 2018 (siehe S. 45, 50).

[Ngu19] NGUYEN, D.; VADAINE, R.; HAJDUCH, G.; GARELLO, R. und FABLET, R.: »GeoTrackNet-A Maritime Anomaly Detector using Probabilistic Neural Network Representation of AIS Tracks and A Contrario Detection«. In: *arXiv preprint arXiv:1912.00682* (2019) (siehe S. 45, 50).

[Oat05] OATES, B. J.: Researching information systems and computing. Sage, 2005 (siehe S. 8, 57).

[One20] ONE EARTH FUTURE: The State of Maritime Piracy 2019. USA, 2020 (siehe S. 3).

[Pal13a] PALLOTTA, G.; VESPE, M. und BRYAN, K.: »Traffic knowledge discovery from AIS data«. In: *Proceedings of the 16th International Conference on Information Fusion*. IEEE. 2013, S. 1996–2003 (siehe S. 45, 49, 51, 140).

[Pal13b] PALLOTTA, G.; VESPE, M. und BRYAN, K.: »Vessel pattern knowledge discovery from AIS data A framework for anomaly detection and route prediction«. In: *Entropy* 15.6 (2013), S. 2218–2245 (siehe S. 49).

[Par11] Paradice, D.; Burstein, F.; Power, D. J. und Sharda, R.: Decision Support : An Examination of the DSS Discipline. Annals of Information Systems ; 14SpringerLink. New York, NY: Springer New York, 2011. doi: 10.1007/978-1-4419-6181-5 (siehe S. 11).

[Pat17] Patroumpas, K.; Alevizos, E.; Artikis, A.; Vodas, M.; Pelekis, N. und Theodoridis, Y.: »Online event recognition from moving vessel trajectories«. In: *GeoInformatica* 21.2 (2017), S. 389–427 (siehe S. 45, 54).

[Pie08] Pierre, M. S.; Hofinger, G. und Buerschaper, C., Hrsg.: Crisis Management in Acute Care Settings : Human Factors and Team Psychology in a High Stakes Enviroment. Springer Berlin Heidelberg, 2008. doi: 10.1007/978-3-540-71062-2 (siehe S. 12).

[Pil12] Pilato, G.; Augello, A.; Missikoff, M. und Taglino, F.: »Integration of Ontologies and Bayesian Networks for Maritime Situation Awareness«. In: *Proceedings of the IEEE Sixth International Conference on Semantic Computing (ICSC).* 2012, S. 170–177 (siehe S. 45, 54).

[Pri17] Primeau, N.; Abielmona, R.; Falcon, R. und Petriu, E.: »Maritime smuggling detection and mitigation using risk-aware hybrid robotic sensor networks«. In: *2017 IEEE Conference on Cognitive and Computational Aspects of Situation Management (CogSIMA).* IEEE. 2017, S. 1–7 (siehe S. 45, 54, 55).

[Pul15] Puls, S.: »Situationsverstehen für die Risikobeurteilung bei der Mensch-Roboter-Kooperation«. Diss. Karlsruhe: Karlsruhe Institute of Technology, 2015. doi: 10.5445/KSP/1000044584 (siehe S. 12).

[Rao95] Rao, A. S. und Georgeff, M. P.: »BDI Agents: From Theory to Practice«. In: *In Proceedings of the First International Conference on Multi-agent Systems.* 1995, S. 312–319 (siehe S. 75).

[Ray18] Ray, C.; Dréo, R.; Camossi, E. und Jousselme, A.-L.: Heterogeneous Integrated Dataset for Maritime Intelligence, Surveillance, and Reconnaissance. en. Feb. 2018. doi: 10.5281/zenodo.1167595 (siehe S. 61, 68).

[Riv18] Riveiro, M.; Pallotta, G. und Vespe, M.: »Maritime anomaly detection: A review«. In: *Wiley Interdisciplinary Reviews: Data Mining and Knowledge Discovery* 8.5 (Mai 2018). doi: 10.1002/widm.1266 (siehe S. 44).

[Ros12] Rosen, O. und Medvedev, A.: »An on-line algorithm for anomaly detection in trajectory data«. In: *American Control Conference (ACC), 2012.* Juni 2012, S. 1117–1122. doi: 10.1109/ACC.2012.6315346 (siehe S. 45, 48).

[Ros18a] Rosa, F. de; Ben Abdallah, N.; Jousselme, A.-L. und Anneken, M.: »Source quality handling in fusion systems: a Bayesian perspective«. In: *Maritime Big Data Workshop.* NATO STO CMRE, 2018. url: https://www.cmre.nato.int/maritime-big-data-workshop-home/proceedings (siehe S. 165, 169).

[Ros18b] Rosa, F. de; Jousselme, A.-L. und Gloria, A. de: »A Reliability Game for Source Factors and Situational Awareness Experimentation«. In: *International Journal of Serious Games* 5 (Juni 2018), S. 45–64. doi: 10.17083/ijsg.v5i2.243 (siehe S. 169).

[Ros19] Rosa, F. de; Jousselme, A.-L.; Gloria, A. de und Anneken, M.: »Analytical games to support interoperability by design: a case study on reliability impact on human Situational Assessment«. In: *Proceedings of the International Forum for the Military and Civil Simulation, Training and Education Community.* 2019 (siehe S. 165, 169).

[Rus10] Russell, S. J. und Norvig, P.: Artificial intelligence : a modern approach. 3. ed. Prentice-Hall series in artificial intelligence. Boston: Pearson, 2010 (siehe S. 72–75, 86, 152).

[Sai15] Saito, T. und Rehmsmeier, M.: »The Precision-Recall Plot Is More Informative than the ROC Plot When Evaluating Binary Classifiers on Imbalanced Datasets«. In: *PLOS ONE* 10.3 (März 2015). Hrsg. von Brock, G., S. 1–21. doi: 10.1371/journal.pone.0118432 (siehe S. 90).

[Sai18] Saini, R.; Roy, P. P. und Dogra, D. P.: »A segmental HMM based trajectory classification using genetic algorithm«. In: *Expert Systems with Applications* 93 (2018), S. 169–181 (siehe S. 45, 49).

[Sch13] Schulz, C. M.; Endsley, M. R.; Kochs, E. F.; Gelb, A. W. und Wagner, K. J.: »Situation awareness in anesthesia: concept and research«. In: *Anesthesiology* 118.3 (2013), S. 729–742 (siehe S. 12).

[Sha14a] Shalev-Shwartz, S. und Ben-David, S.: Understanding Machine Learning - From Theory to Algorithms. Cambridge University Press, 2014 (siehe S. 87).

[Sha14b] Shao, H.; Japkowicz, N.; Abielmona, R. und Falcon, R.: »Vessel Track Correlation and Association using Fuzzy Logic and Echo State Networks«. In: *Evolutionary Computation (CEC) 2014, IEEE Conference on*. 2014 (siehe S. 45, 48).

[Sha53] Shapley, L. S.: »Stochastic Games«. In: *Proceedings of the National Academy of Sciences* 39.10 (1953), S. 1095–1100. doi: 10.1073/pnas.39.10.1095. eprint: https://www.pnas.org/content/39/10/1095.full.pdf. url: https://www.pnas.org/content/39/10/1095 (siehe S. 153).

[Shi20] Shibuya, Y.: Social Media Communication Data for Recovery : Detecting Socio-Economic Activities Following a Disaster. Springer eBooks. Singapore: Springer Singapore, 2020. doi: 10.1007/978-981-15-0825-7 (siehe S. 12).

[Smi09] Smirnov, A. V. und Jakobson, G.: »Intelligent decision making in dynamic environments: methods, architectures and applications«. In: *Intelligent Decision Technologies* 3.1 (2009), S. 1–2 (siehe S. 11).

[Sne06] Sneddon, A.; Mearns, K. und Flin, R.: »Situation awareness and safety in offshore drill crews«. In: *Cognition, Technology & Work* 8.4 (Juli 2006), S. 255–267. doi: 10.1007/s10111-006-0040-1 (siehe S. 12).

[Sne13] Sneddon, A.; Mearns, K. und Flin, R.: »Stress, fatigue, situation awareness and safety in offshore drilling crews«. In: *Safety Science* 56 (Juli 2013). Situation Awareness and Safety, S. 80–88. doi: 10.1016/j.ssci.2012.05.027. url: http://www.sciencedirect.com/science/article/pii/S0925753512001646 (siehe S. 12).

[Sni11] Snidaro, L.; Visentini, I. und Foresti, G. L.: »Data Fusion in Modern Surveillance«. In: *Innovations in Defence Support Systems - 3.* Hrsg. von Remagnino, P.; Monekosso, D. N. und Jain, L. C. Bd. 336. Studies in Computational Intelligence. Springer, 2011, S. 1–21 (siehe S. 35).

[Sot17] Sotirov, S. und Alexandrov, C.: »Improving AIS data reliability«. In: *Global perspectives in MET: Towards Sustainable, Green and Integrated Maritime Transport.* 2017, S. 237–244 (siehe S. 156).

[Sou16] Souza, E. N. de; Boerder, K.; Matwin, S. und Worm, B.: »Improving fishing pattern detection from satellite AIS using data mining and machine learning«. In: *PloS one* 11.7 (2016) (siehe S. 45, 50).

[Ste01] Steinberg, A. N. und Bowman, C. L.: »Revisions to the JDL Data Fusion Model«. In: *Handbook of Multisensor Data Fusion.* CRC Press LLC, 2001. Kap. 2, S. 1–19 (siehe S. 37).

[Ste04] Steinberg, A. N. und Bowman, C. L.: »Rethinking the JDL Data Fusion Levels«. In: *Proceedings of the Military Sensing Symposia (MSS) National Symposium on Sensor and Data Fusion (NSSDF).* 2004 (siehe S. 37).

[Ste98] Steinberg, A. N.; Bowman, C. L. und White, F. E.: Revisions to the JDL Data Fusion Model. Techn. Ber. AMERICAN INST OF AERONAUTICS und ASTRONAUTICS NEW YORK, 1998 (siehe S. 37).

[Ste99] Steinberg, A. N.; Bowman, C. L. und White, F. E.: »Revisions to the JDL data fusion model«. In: *Sensor Fusion: Architectures, Algorithms, and Applications III.* Hrsg. von Dasarathy, B. V. Bd. 3719. International Society for Optics und Photonics. SPIE, März 1999, S. 430–441. doi: 10.1117/12.341367 (siehe S. 37).

[Sto97] Storn, R. und Price, K.: »Differential Evolution - A Simple and Efficient Heuristic for global Optimization over Continuous Spaces«. In: *Journal of Global Optimization* 11.4 (1997), S. 341–359. doi: 10.1023/A:1008202821328 (siehe S. 107).

[Str19] Strenger, M.: »Classification of Maritime Vessel Trajectories using Deep Neural Networks«. Masterthesis. Karlsruhe Institute of Technology, 2019 (siehe S. 121).

[Szé04] Székely, G. J. und Rizzo, M. L.: »Testing for equal distributions in high dimensions«. In: *InterStat* (2004) (siehe S. 145).

[Szé05] Székely, G. J. und Rizzo, M. L.: »A new test for multivariate normality«. In: *Journal of Multivariate Analysis* 93.1 (März 2005), S. 58–80. doi: 10.1016/j.jmva.2003.12.002. url: http://www.sciencedirect.com/science/article/pii/S0047259X03002124 (siehe S. 145).

[Tay90] Taylor, R. M.: »Situational awareness rating technique (SART): The development of a tool for aircrew systems design«. In: *Proceedings of the AGARD AMP Symposium on Situational Awareness in Aerospace Operations, CP478.* NATO AGARD. 1990 (siehe S. 14).

[Tes17] Teske, A.; Falcon, R.; Abielmona, R. und Petriu, E.: »Automating maritime risk assessment with genetic fuzzy systems«. In: *Proc. 2nd Int. Symp. Fuzzy Rough Sets (ISFUROS).* 2017, S. 1–10 (siehe S. 45, 52).

[Tes18] Teske, A.; Falcon, R.; Abielmona, R. und Petriu, E.: »Automatic identification of maritime incidents from unstructured articles«. In: *2018 IEEE Conference on Cognitive and Computational Aspects of Situation Management (CogSIMA).* IEEE. 2018, S. 42–48 (siehe S. 45, 53).

[Tho19] Thomopoulos, S. C. A.: »Maritime situational awareness forensics tools for a Common Information Sharing Environment (CISE)«. In: *2019 4th International Conference on Smart and Sustainable Technologies (SpliTech)*. Juni 2019, S. 1–5. doi: 10.23919/SpliTech.2019.8783056 (siehe S. 28).

[UNC20] UNCTAD: United Nations Conference on Trade and Development: UNCTAD Review of Maritime Transport 2019. 2020 (siehe S. 1).

[Vak12] Vakanski, A.; Mantegh, I.; Irish, A. und Janabi-Sharifi, F.: »Trajectory Learning for Robot Programming by Demonstration Using Hidden Markov Model and Dynamic Time Warping«. In: *Systems, Man, and Cybernetics, Part B: Cybernetics, IEEE Transactions on* 42.4 (Aug. 2012), S. 1039–1052. doi: 10.1109/TSMCB.2012.2185694 (siehe S. 87).

[Ves16] Vespe, M.; Gibin, M.; Alessandrini, A.; Natale, F.; Mazzarella, F. und Osio, G. C.: »Mapping EU fishing activities using ship tracking data«. In: *Journal of Maps* 12 (2016), S. 520–525. doi: 10.1080/17445647.2016.1195299 (siehe S. 68).

[Vov05] Vovk, V.; Gammerman, A. und Shafer, G.: Algorithmic Learning in a Random World. Springer-Verlag GmbH, 2005 (siehe S. 47).

[Vri12] Vries, G. K. D. de und Someren, M. van: »Machine Learning for Vessel Trajectories Using Compression, Alignments and Domain Knowledge«. In: *Expert Systems with Applications* 39.18 (Dez. 2012), S. 13426–13439. doi: 10.1016/j.eswa.2012.05.060 (siehe S. 45, 52).

[Wal90] Waltz, E. L.; Llinas, J. und White, F. E.: Multisensor Data Fusion. USA: Artech House, Inc., 1990 (siehe S. 36).

[Whi91] White, F. E.: Data Fusion Lexicon. Technischer Bericht. The Data Fusion Panel of the Joint Directors of Laboratories, Technical Panel for C3, 1991 (siehe S. 35, 36).

[Wit05] Witten, I. H. und Frank, E.: Data Minig: Practical Machine Learning Tools and Techniques with Java Implementations. 2. Aufl. Morgan Kaufmann Publishers, 2005 (siehe S. 90).

[Wul15] Wulfmeier, M.; Ondruska, P. und Posner, I.: »Deep Inverse Reinforcement Learning«. In: *CoRR* abs/1507.04888 (2015). arXiv: 1507.04888. url: http://arxiv.org/abs/1507.04888 (siehe S. 164).

[Yan07] Yang, C.; Hu, Q. und Shi, C.: »Automated Collision Resolution for Vessel Traffic Management by Using Cooperative Multi-Agent Negotiation«. In: *2007 7th International Conference on ITS Telecommunications.* Juni 2007, S. 1–6. doi: 10.1109/ITST.2007.4295919 (siehe S. 45, 52).

[Ye12] Ye, J.; Dobson, S. und McKeever, S.: »Situation Identification Techniques in Pervasive Computing: A Review«. In: *Pervasive and Mobile Computing* 8.1 (2012), S. 36–66 (siehe S. 41).

[Yua06] Yuan, C. und Druzdzel, M. J.: »Importance sampling algorithms for Bayesian networks: Principles and performance«. In: *Mathematical and Computer Modelling* 43.9-10 (Mai 2006). Optimization and Control for Military Applications, S. 1189–1207. doi: 10.1016/j.mcm.2005.05.020. url: http://www.sciencedirect.com/science/article/pii/S0895717705005443 (siehe S. 167).

[Zha09] Zhang, E. und Zhang, Y.: »Average Precision«. In: *Encyclopedia of Database Systems.* Hrsg. von Liu, L. und Özsu, M. T. Boston, MA: Springer US, 2009, S. 192–193. doi: 10.1007/978-0-387-39940-9_482 (siehe S. 90).

[Zha94] Zhang, N. L. und Poole, D.: »A simple approach to Bayesian network computations«. In: *Proceedings of the Biennial Conference-Canadian Society for Computational Studies of Intelligence.* Canadian Information Processing Society. 1994, S. 171–178 (siehe S. 167).

[Zie08] ZIEBART, B. D.; MAAS, A.; BAGNELL, J. A. und DEY, A. K.: »Maximum Entropy Inverse Reinforcement Learning«. In: *Proceedings of the 23rd National Conference on Artificial Intelligence - Volume 3*. AAAI'08. Chicago, Illinois: AAAI Press, 2008, S. 1433–1438 (siehe S. 150, 155, 156).

Online Veröffentlichungen

[Air18] AIRBUS DEFENCE AND SPACE: STYRIS Vessel Traffic Services. 2018. URL: https://www.airbus.com/content/dam/stock-and-creative/infographic/STYRIS-VESSEL.pdf (besucht am 14. 04. 2020) (siehe S. 23).

[Cho15] CHOLLET, F. et al.: Keras. 2015. URL: https://keras.io (besucht am 11. 06. 2020) (siehe S. 130).

[deu13] DEUTSCHE-FLAGGE.DE: System zur Identifizierung und Routenverfolgung über große Entfernungen (LRIT) Long-Range Identification and Tracking. 2013. URL: https://www.deutsche-flagge.de/de/redaktion/dokumente/dokumente-bsh/lrit (besucht am 14. 04. 2020) (siehe S. 21).

[DG 17] DG JRC: DIRECTORATE GENERAL JOINT RESEARCH CENTRE: CISE Core Vocabulary Specification. 23. Nov. 2017. URL: http://emsa.europa.eu/cise-documentation/cise-data-model-1.5.3/ (besucht am 01. 09. 2020) (siehe S. 29).

[Eur12] EUROPEAN DEFENCE AGENCY: Maritime Surveillance (MARSUR). 2012. URL: https://www.eda.europa.eu/docs/eda-factsheets/marsur-factsheet-v2_09102012_cs5_bleu (besucht am 14. 04. 2020) (siehe S. 27).

[Eur18] EUROPEAN MARITIME SAFETY AGENCY: Automatic Detection And Alert Triggering Of Ship Behaviour. 2018. URL: http://www.emsa.europa.eu/ssn-main/download/5100/3206/23.html (besucht am 14. 04. 2020) (siehe S. 26).

[Eur20a] European Commission: Vessel monitoring system (VMS). 2020. url: https://ec.europa.eu/fisheries/cfp/control/technologies/vms_en (besucht am 14. 04. 2020) (siehe S. 21).

[Eur20b] European Fisheries Control Agency: Common Information Sharing Environment - CISE. 2020. url: https://www.efca.europa.eu/en/content/common-information-sharing-environment-cise (besucht am 14. 04. 2020) (siehe S. 28).

[Eur20c] European Maritime Safety Agency: CleanSeaNet Service. 2020. url: http://www.emsa.europa.eu/csn-menu.html (besucht am 14. 04. 2020) (siehe S. 24).

[Eur20d] European Maritime Safety Agency: Common Information Sharing Environment (CISE). 2020. url: http://www.emsa.europa.eu/cise.html (besucht am 14. 04. 2020) (siehe S. 29).

[Eur20e] European Maritime Safety Agency: Vessel traffic monitoring in EU waters (SafeSeaNet). 2020. url: http://www.emsa.europa.eu/ssn-main.html (besucht am 14. 04. 2020) (siehe S. 25).

[Hen20a] Hensoldt: MEOS: Surface Ship Optronics Systems. 2020. url: https://www.hensoldt.net/fileadmin/HENSOLDT_2019/Products/Optronics/Maritime_Optronics/0714_AM_05-19_MEOS_EN_lowRes.pdf (besucht am 14. 04. 2020) (siehe S. 17).

[Hen20b] Hensoldt: SPEXER® 2000 Coastal. 2020. url: https://www.hensoldt.net/fileadmin/HENSOLDT_2019/Products/Radar_IFF_Datalink/0812_17_Spexer2000_Coastal_E_intranet.pdf (besucht am 14. 04. 2020) (siehe S. 16, 17).

[Hen20c] Hensoldt UK: Kelvin Hughes Mk11 SharpEye™. 2020. url: https://www.hensoldt.net/fileadmin/user_upload/SSB-1011_Naval_Radar_systems_Issue7.pdf (besucht am 14. 04. 2020) (siehe S. 16).

[IMO20a] IMO: International Maritime Organization: Automatic Identification Systems (AIS). 2020. url: https://www.imo.org/en/OurWork/Safety/Pages/AIS.aspx (besucht am 14. 04. 2020) (siehe S. 17, 20).

[IMO20b] IMO: International Maritime Organization: Long-range identification and tracking (LRIT). 2020. url: https://www.imo.org/en/OurWork/Safety/Pages/LRIT.aspx (besucht am 14. 04. 2020) (siehe S. 21).

[IMO20c] IMO: International Maritime Organization: Vessel Traffic Services. 2020. url: https://www.imo.org/en/OurWork/Safety/Pages/VesselTrafficServices.aspx (besucht am 14. 04. 2020) (siehe S. 23).

[Pow20] Power, D. J.: Decision Support System (DSS). 2020. url: http://dssresources.com/glossary/48.php (besucht am 18. 03. 2020) (siehe S. 10).

[Ray20] Raytheon Anschütz GmbH: smartblue Surveillance Radars. 2020. url: https://www.raytheon-anschuetz.com/fileadmin/content/Downloads/Brochures/smartblue-surveillance-radars-8ft-12ft-18ft.pdf (besucht am 14. 04. 2020) (siehe S. 16).

[Tha20a] Thales: COAST WATCHER 100. 2020. url: https://thalesgroup.com/sites/default/files/database/d7/asset/document/coastWatcher100.pdf (besucht am 14. 04. 2020) (siehe S. 16).

[Tha20b] Thales: Gatekeeper: Staring Electro-Optical Ship Security System. 2020. url: https://www.thalesgroup.com/sites/default/files/database/d7/asset/document/gatekeeper-v01.pdf (besucht am 14. 04. 2020) (siehe S. 17).

[The12] The Maritime Executive: Iran, Tanzania and Falsifying AIS Signals to Trade with Syria. 2012. url: https://www.maritime-executive.com/article/iran-tanzania-and-falsifying-ais-signals-to-trade-with-syria (besucht am 14. 04. 2020) (siehe S. 20).

[The19] The Maritime Executive: Sanctioned Iranian Tanker Adrian Darya 1 Goes "Dark" Off Syria. 2019. url: https://www.maritime-executive.com/article/sanctioned-iranian-tanker-adrian-darya-1-goes-dark-off-syria (besucht am 14. 04. 2020) (siehe S. 20).

[US 20] U.S. Coast Guard Navigation Center: AIS Requirements. 2020. url: https://www.navcen.uscg.gov/?pageName=AISRequirementsRev (besucht am 14. 04. 2020) (siehe S. 18).

[Vas18] Vassalotti, O. und Trainer, C.: Fake Flags: At-Sea Sanctions Enforcement and Ship Identity Falsification. 2018. url: https://thediplomat.com/2018/09/fake-flags-at-sea-sanctions-enforcement-and-ship-identity-falsification/ (besucht am 14. 04. 2020) (siehe S. 20).

Eigene Publikationen

[1] BADER, S.; ANNEKEN, M.; GOLDBECK, M. und OELMANN, B.: »SAQnet: Experiences from the design of an air pollution monitoring system based on off-the-shelf equipment«. In: *2011 Seventh International Conference on Intelligent Sensors, Sensor Networks and Information Processing (ISSNIP)*. IEEE, 2011, S. 389–394. DOI: 10.1109/ISSNIP.2011.6146632.

[2] ANNEKEN, M.; FISCHER, Y. und BEYERER, J.: »Evaluation and comparison of anomaly detection algorithms in annotated datasets from the maritime domain«. In: *Proceedings of 2015 SAI Intelligent Systems Conference (IntelliSys)*. 2015. DOI: 10.1109/IntelliSys.2015.7361141.

[3] ANNEKEN, M.; TEUTSCH, M.; BRÜSTLE, S.; UNMÜßIG, G.; SCHUCHERT, T. und FISCHER, Y.: »Automatic detection of abnormal vehicle behavior within large-scale aerial video data«. In: *Proceedings of the NATO Symposium on Information Fusion (Hard and Soft) for Intelligence, Surveillance & Reconnaissance (IST-SET-126)*. NATO Information Systems und Technology (IST) Panel. Norfolk (US). 2015.

[4] GRASEMANN, G.; ANNEKEN, M. und PEINSIPP-BYMA, E.: »Improving the border control process by queue length optimization«. In: *Proceedings of the 10th Security Research Conference (Future Security)*. Fraunhofer Verlag, 2015, S. 325–331.

[5] MONARI, E.; FISCHER, Y. und ANNEKEN, M.: »Nest-crowdcontrol advanced video-based crowd monitoring for large public events«. In: *Proceedings of the 10th Security Research Conference (Future Security)*. Fraunhofer Verlag, 2015, S. 49–56.

[6] Anneken, M.; Fischer, Y. und Beyerer, J.: »Anomaly Detection using B-Spline Control Points as Feature Space in Annotated Trajectory Data from the Maritime Domain«. In: *Proceedings of the 8th International Conference on Agents and Artificial Intelligence*. Bd. 2. 2016, S. 250–257. doi: 10.5220/0005655302500257.

[7] Anneken, M.; Fischer, Y. und Beyerer, J.: »Detection of conspicuous behavior in street traffic by using b-splines as feature vector«. In: *Proceedings of the 11th Security Research Conference (Future Security)*. Fraunhofer Verlag, 2016, S. 325–331.

[8] Anneken, M.; Fischer, Y. und Beyerer, J.: »Quantitative Assessment of Anomaly Detection Algorithms in Annotated Datasets from the Maritime Domain«. In: *Intelligent Systems and Applications*. Hrsg. von Bi, Y.; Kapoor, S. und Bhatia, R. Bd. 650. Springer International Publishing, 2016, S. 89–107.

[9] Anneken, M.: »Anomaly detection using the Nash equilibrium in a multi-agent system«. In: *Proceedings of the 2016 Joint Workshop of Fraunhofer IOSB and Institute for Anthropomatics, Vision and Fusion Laboratory*. Hrsg. von Beyerer, J. und Pak, A. Triberg-Nussbach: Karlsruhe: KIT Scientific Publishing, 2017 (Karlsruher Schriften zur Anthropomatik 33), 2017, S. 31. doi: 10.5445/KSP/1000070009.

[10] Anneken, M.; Fischer, Y. und Beyerer, J.: »A Multi-agent Approach to Model and Analyze the Behavior of Vessels in the Maritime Domain«. In: *Proceedings of the 9th International Conference on Agents and Artificial Intelligence, ICAART 2017, Volume 1, Porto, Portugal, February 24-26, 2017*. SCITEPRESS - Science und Technology Publications, 2017, S. 200–207. doi: 10.5220/0006192002000207.

[11] Anneken, M.; Jousselme, A.-L.; Robert, S. und Beyerer, J.: »Synthetic Trajectory Extraction for Maritime Anomaly Detection«. In: *Proceedings of the 2018 International Conference on Computational Science and Computational Intelligence (CSCI'18: 13-15 December 2018, Las Vegas, Nevada, USA)*. Hrsg. von Arabnia, H. R.; Deligiannidis, L.; Tinetti, F. G. und Tran, Q.-N. IEEE Computer Society, 2018, S. 1048–1053. doi: 10.1109/CSCI46756.2018.00204.

[12] Anneken, M.; Rosa, F. de; Jousselme, A.-L. und Robert, S.: »Modelling Dynamic Bayesian Networks to Identify Suspicious Behaviour«. In: *Maritime Big Data Workshop.* NATO STO CMRE, 2018. URL: https://www.cmre.nato.int/maritime-big-data-workshop-home/proceedings.

[13] Martin, M.; Popp, J.; Anneken, M.; Voit, M. und Stiefelhagen, R.: »Body Pose and Context Information for Driver Secondary Task Detection«. In: *2018 IEEE Intelligent Vehicles Symposium (IV).* 2018, S. 2015–2021. DOI: 10.1109/IVS.2018.8500523.

[14] Rosa, F. de; Ben Abdallah, N.; Jousselme, A.-L. und Anneken, M.: »Source quality handling in fusion systems: a Bayesian perspective«. In: *Maritime Big Data Workshop.* NATO STO CMRE, 2018. URL: https://www.cmre.nato.int/maritime-big-data-workshop-home/proceedings.

[15] Anneken, M.: »A Behaviour Model as Extension for the Object-Oriented World Model«. Englisch. In: *Proceedings of the 2018 Joint Workshop of Fraunhofer IOSB and Institute for Anthropomatics, Vision and Fusion Laboratory.* Hrsg. von Beyerer, J. und Taphanel, M. Bd. 40. Karlsruher Schriften zur Anthropomatik / Lehrstuhl für Interaktive Echtzeitsysteme, Karlsruher Institut für Technologie ; Fraunhofer-Inst. für Optronik, Systemtechnik und Bildauswertung IOSB Karlsruhe. KIT Scientific Publishing, Karlsruhe, 2019. DOI: 10.5445/KSP/1000094782.

[16] Anneken, M.; Rosa, F. de; Kröker, A.; Jousselme, A.-L.; Robert, S. und Beyerer, J.: »Detecting illegal diving and other suspicious activities in the North Sea: Tale of a successful trial«. In: *2018 20th International Radar Symposium (IRS).* 2019. DOI: 10.23919/IRS.2019.8768132.

[17] Rosa, F. de; Jousselme, A.-L.; Gloria, A. de und Anneken, M.: »Analytical games to support interoperability by design: a case study on reliability impact on human Situational Assessment«. In: *Proceedings of the International Forum for the Military and Civil Simulation, Training and Education Community.* 2019.

[18] ANNEKEN, M.; MARKGRAF, S.; ROBERT, S. und BEYERER, J.: »Learning of Utility Functions for the Behaviour Analysis in Maritime Surveillance Tasks«. In: *Companion Proceedings of Modellierung 2020 Short, Workshop and Tools & Demo Papers co-located with Modellierung 2020, Vienna, Austria, February 19-21, 2020*. Hrsg. von MICHAEL, J. et al. Bd. 2542. CEUR Workshop Proceedings. CEUR-WS.org, 2020, S. 130–143. URL: http://ceur-ws.org/Vol-2542/MOD-KI1.pdf.

[19] ANNEKEN, M.; STRENGER, M.; ROBERT, S. und BEYERER, J.: »Classification of Maritime Vessels using Convolutional Neural Networks«. In: *Artificial Intelligence: Research Impact on Key Industries; the Upper-Rhine Artificial Intelligence Symposium (UR-AI 2020)*. Hrsg. von CHRIST, A. und QUINT, F. 2020, S. 103–114. arXiv: 2010.16241 [cs.AI].

[20] ANNEKEN, M.; VEERAPPA, M. und BURKART, N.: »Anomaly Detection and XAI Concepts in Swarm Intelligence«. In: *Proceedings of the NATO SCI Symposium on Situation Awareness of Swarms and Autonomous Systems*. 2021. DOI: 10.14339/STO-MP-SCI-341.

[21] BURKART, N.; HUBER, M. F. und ANNEKEN, M.: »Supported Decision-Making by Explainable Predictions of Ship Trajectories«. In: *15th International Conference on Soft Computing Models in Industrial and Environmental Applications (SOCO 2020)*. Hrsg. von HERRERO, Á.; CAMBRA, C.; URDA, D.; SEDANO, J.; QUINTIÁN, H. und CORCHADO, E. Cham: Springer International Publishing, 2021, S. 44–54. DOI: 10.1007/978-3-030-57802-2_5.

[22] VEERAPPA, M.; ANNEKEN, M. und BURKART, N.: »Evaluation of Interpretable Association Rule Mining Methods on time-series in the Maritime Domain«. In: *Pattern Recognition. ICPR International Workshops and Challenges*. Springer International Publishing, 2021, S. 204–218. DOI: 10.1007/978-3-030-68796-0_15.

Betreute studentische Arbeiten

[1] DURSUN, E.: »Erkennen auffälliger Situationen auf Basis der Spieltheorie im maritimen Raum«. Diplomarbeit. Karlsruhe Institute of Technology, 2016.

[2] STRENGER, M.: »Erkennung von Gewohnheiten im Automobilinnenraumauf Basis von maschinellen Lernverfahren«. Bachelorthesis. Karlsruhe Institute of Technology, 2016.

[3] MARKGRAF, S.: »Learning of Utility Functions for the Behaviour Analysis in Surveillance Task«. Bachelorthesis. Karlsruhe Institute of Technology, 2019.

[4] STRENGER, M.: »Classification of Maritime Vessel Trajectories using Deep Neural Networks«. Masterthesis. Karlsruhe Institute of Technology, 2019.

[5] HARTMANN, K.: »Maritime Vessel Classification based on Spatio-Temporal Data using Convolutional Neural Networks«. Bachelorthesis. Karlsruhe Institute of Technology, 2020.

[6] SCHÄBLE, D.: »Utilizing Modular Bayesian Networks for Situation Recognitionin the Maritime Domain«. Masterthesis. Karlsruhe Institute of Technology, 2021.

Abbildungsverzeichnis

Tabellenverzeichnis

Abkürzungsverzeichnis

AIS	Automatic Identification System
AP	Average Precision
ARPA	Automatic Radar Plotting Aid
AUC	Area under Curve
CISE	Common Information Sharing Environment
CMRE	NATO Centre for Maritime Research and Experimentation
CNN	Convolutional Neural Network
CPT	Conditional-Probability-Table
DBN	dynamisches Bayes'sches Netz
DBSCAN	Density-Based Spacial Clustering of Applications with Noise
DoB	Degree of Belief
DTW	Dynamic Time-Warping
ECDIS	Electronic Chart Display and Information System
EDA	European Defence Agency

EM-Algorithmus	Erwartungs-Maximierungs-Algorithmus
EMSA	European Maritime Safety Agency
ENC	Electronic Navigational Chart
EU	Europäische Union
EUCISE2020	European test bed for the maritime Common Information Sharing Environment in the 2020 perspective
EUMSS	EU-Strategie für maritime Sicherheit
EUS	Entscheidungsunterstützungssystem
Fraunhofer IOSB	Fraunhofer-Institut für Optronik, Systemtechnik und Bildauswertung
GMM	Gaussian-Mixture-Model
GNSS	Global Navigation Satellite System
HMM	Hidden Markov Model
ICC	Internationale Handelskammer
IES	Lehrstuhl für Interaktive Echtzeitsysteme
IHO	International Hydrographic Organization
IMO	International Maritime Organization
IRL	Inverse Reinforcement-Learning

IT	Informationstechnik
IUU	illegal, unreported and unregulated
IVEF	Inter-VTS Exchange Format
JDL	Joint Directors of Laboratories
KDE	Kernel-Density-Estimation
KHYS	Karlsruhe House of Young Scientists
KIT	Karlsruher Institut für Technologie
LRIT	Long-Range Identification and Tracking
LSTM	Long Short-Term Memory
MARISA	Maritime Integrated Surveillance Awareness
MARSUR	Maritime Surveillance
MAS	Multiagentensystem
MaxEntIRL	Maximum-Entropy Inverse Reinforcement-Learning
MDA	Maritime Domain Awareness
MEP	Markov-Entscheidungsproblem
MLP	Multilayer-Perceptron
MMSI	Maritime Mobile Service Identity
NATO	North Atlantic Treaty Organization

OOWM	Objektorientierte Weltmodell
OPTICS	Ordering Points To Identify the Clustering Structure
PR	Precision-Recall
Radar	Radio-Detection and Ranging
RBF	Radiale Basisfunktion
ResNet	Residual Neural Network
RMP	Recognized Maritime Picture
RNN	rekurrentes neuronales Netz
ROC	Receiver Operating Characteristic
SAR	Synthetic Aperture Radar
SOLAS	International Convention for the Safety of Life at Sea
STANAG	Standardization Agreement
SVM	Support-Vector-Machine
VMS	Vessel Monitoring System
VTS	Vessel Traffic Service

A Schematische Darstellungen der untersuchten ResNet-Architekturen

Die folgenden Architekturen wurden [Ann20b] entnommen.

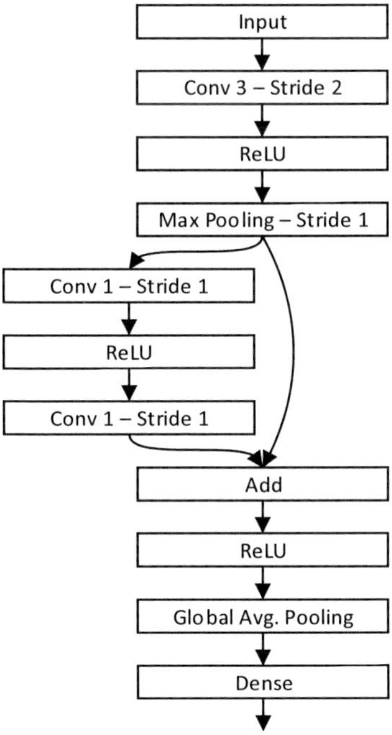

Abbildung A.1: Tiny ResNet

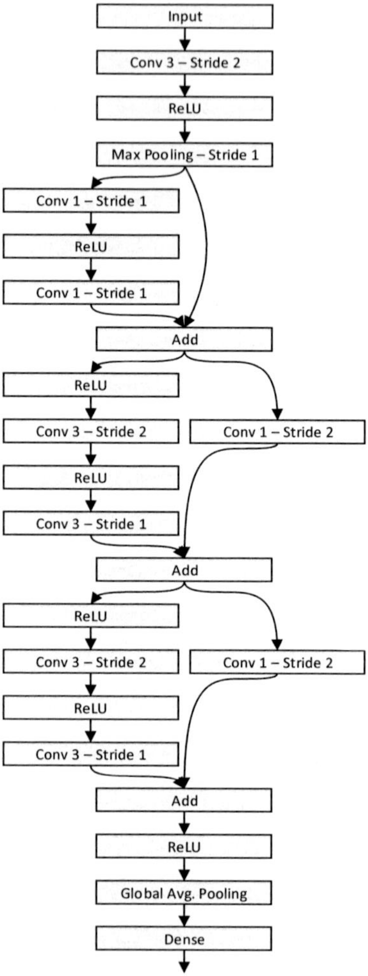

Abbildung A.2: Shallow ResNet

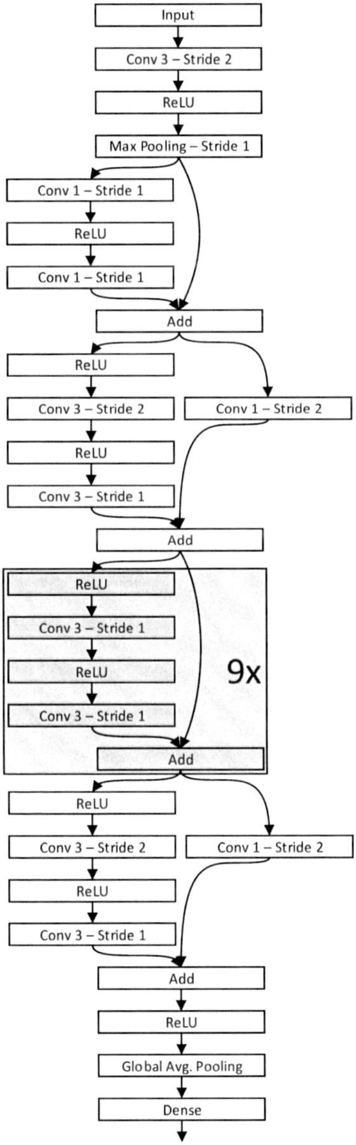

Abbildung A.3: Deep ResNet

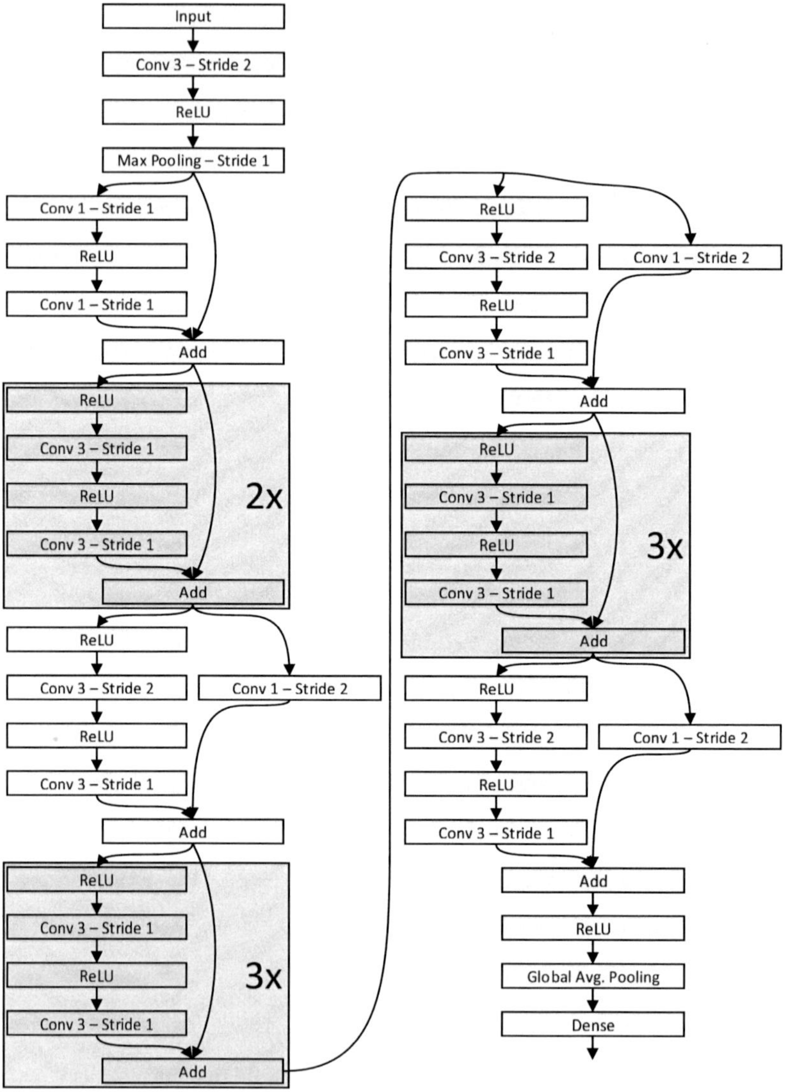

Abbildung A.4: Stretched Deep ResNet

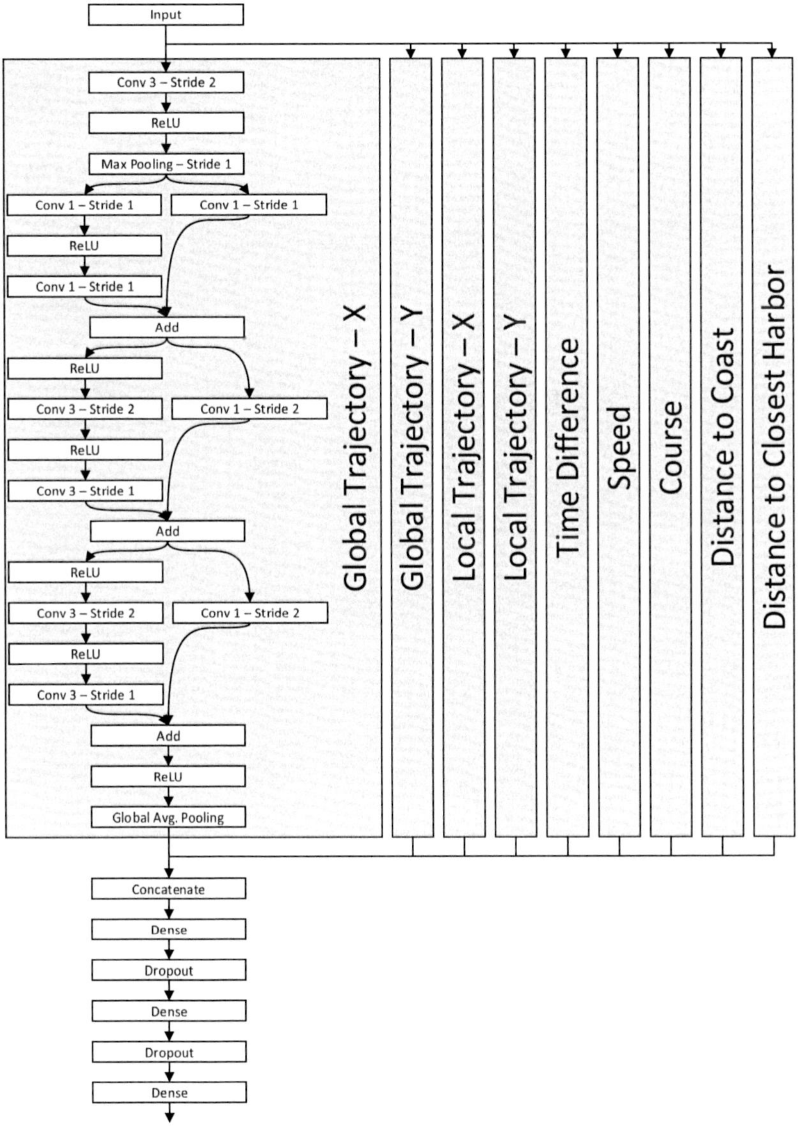

Abbildung A.5: Total Split ResNet

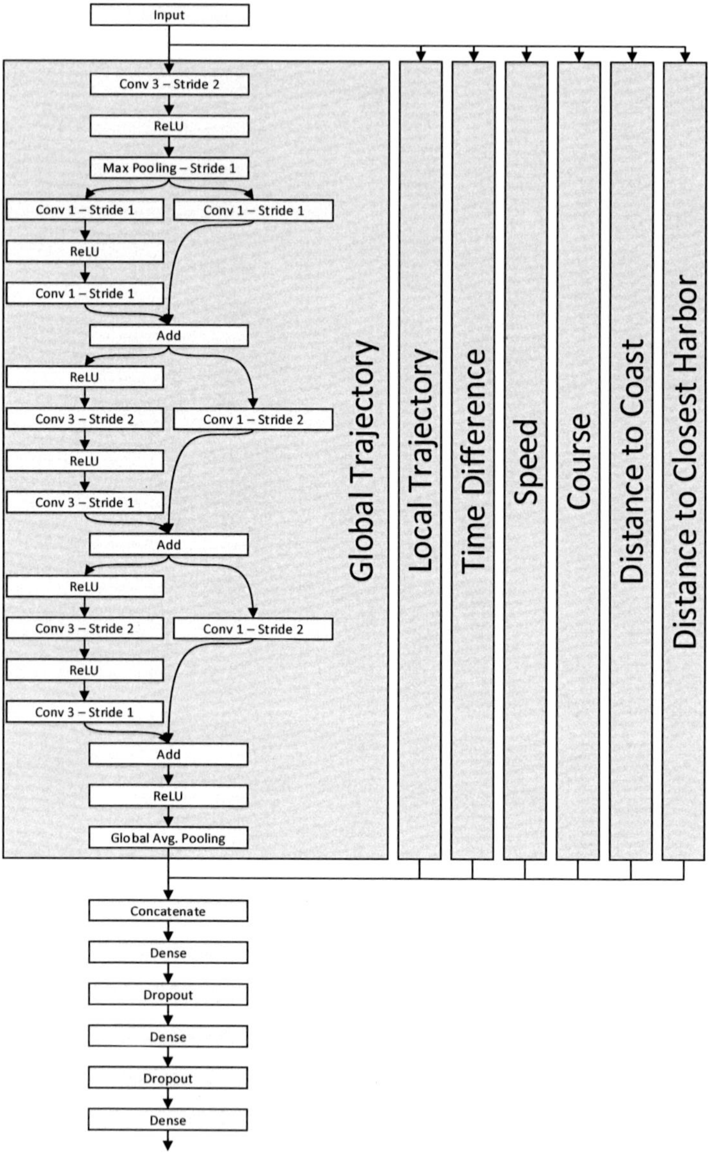

Abbildung A.6: Split ResNet

Karlsruher Schriftenreihe zur Anthropomatik (ISSN 1863-6489)

Band 1 Jürgen Geisler
Leistung des Menschen am Bildschirmarbeitsplatz.
ISBN 3-86644-070-7

Band 2 Elisabeth Peinsipp-Byma
Leistungserhöhung durch Assistenz in interaktiven Systemen zur Szenenanalyse. 2007
ISBN 978-3-86644-149-1

Band 3 Jürgen Geisler, Jürgen Beyerer (Hrsg.)
Mensch-Maschine-Systeme.
ISBN 978-3-86644-457-7

Band 4 Jürgen Beyerer, Marco Huber (Hrsg.)
Proceedings of the 2009 Joint Workshop of Fraunhofer IOSB and Institute for Anthropomatics, Vision and Fusion Laboratory.
ISBN 978-3-86644-469-0

Band 5 Thomas Usländer
Service-oriented design of environmental information systems.
ISBN 978-3-86644-499-7

Band 6 Giulio Milighetti
Multisensorielle diskret-kontinuierliche Überwachung und Regelung humanoider Roboter.
ISBN 978-3-86644-568-0

Band 7 Jürgen Beyerer, Marco Huber (Hrsg.)
Proceedings of the 2010 Joint Workshop of Fraunhofer IOSB and Institute for Anthropomatics, Vision and Fusion Laboratory.
ISBN 978-3-86644-609-0

Band 8 Eduardo Monari
Dynamische Sensorselektion zur auftragsorientierten Objektverfolgung in Kameranetzwerken.
ISBN 978-3-86644-729-5

Die Bände sind unter www.ksp.kit.edu als PDF frei verfügbar oder als Druckausgabe bestellbar.

Band 9 Thomas Bader
Multimodale Interaktion in Multi-Display-Umgebungen.
ISBN 3-86644-760-8

Band 10 Christian Frese
Planung kooperativer Fahrmanöver für kognitive Automobile.
ISBN 978-3-86644-798-1

Band 11 Jürgen Beyerer, Alexey Pak (Hrsg.)
Proceedings of the 2011 Joint Workshop of Fraunhofer IOSB and Institute for Anthropomatics, Vision and Fusion Laboratory.
ISBN 978-3-86644-855-1

Band 12 Miriam Schleipen
Adaptivität und Interoperabilität von Manufacturing Execution Systemen (MES).
ISBN 978-3-86644-955-8

Band 13 Jürgen Beyerer, Alexey Pak (Hrsg.)
Proceedings of the 2012 Joint Workshop of Fraunhofer IOSB and Institute for Anthropomatics, Vision and Fusion Laboratory.
ISBN 978-3-86644-988-6

Band 14 Hauke-Hendrik Vagts
Privatheit und Datenschutz in der intelligenten Überwachung: Ein datenschutzgewährendes System, entworfen nach dem „Privacy by Design" Prinzip.
ISBN 978-3-7315-0041-4

Band 15 Christian Kühnert
Data-driven Methods for Fault Localization in Process Technology. 2013
ISBN 978-3-7315-0098-8

Band 16 Alexander Bauer
Probabilistische Szenenmodelle für die Luftbildauswertung.
ISBN 978-3-7315-0167-1

Band 17 Jürgen Beyerer, Alexey Pak (Hrsg.)
Proceedings of the 2013 Joint Workshop of Fraunhofer IOSB and Institute for Anthropomatics, Vision and Fusion Laboratory.
ISBN 978-3-7315-0212-8

Band 18 Michael Teutsch
Moving Object Detection and Segmentation for Remote Aerial Video Surveillance.
ISBN 978-3-7315-0320-0

Band 19 Marco Huber
Nonlinear Gaussian Filtering: Theory, Algorithms, and Applications.
ISBN 978-3-7315-0338-5

Band 20 Jürgen Beyerer, Alexey Pak (Hrsg.)
Proceedings of the 2014 Joint Workshop of Fraunhofer IOSB and Institute for Anthropomatics, Vision and Fusion Laboratory.
ISBN 978-3-7315-0401-6

Band 21 Todor Dimitrov
Permanente Optimierung dynamischer Probleme der Fertigungssteuerung unter Einbeziehung von Benutzerinteraktionen.
ISBN 978-3-7315-0426-9

Band 22 Benjamin Kühn
Interessengetriebene audiovisuelle Szenenexploration.
ISBN 978-3-7315-0457-3

Band 23 Yvonne Fischer
Wissensbasierte probabilistische Modellierung für die Situationsanalyse am Beispiel der maritimen Überwachung.
ISBN 978-3-7315-0460-3

Band 24 Jürgen Beyerer, Alexey Pak (Hrsg.)
Proceedings of the 2015 Joint Workshop of Fraunhofer IOSB and Institute for Anthropomatics, Vision and Fusion Laboratory.
ISBN 978-3-7315-0519-8

Band 25 Pascal Birnstill
Privacy-Respecting Smart Video Surveillance Based on Usage Control Enforcement.
ISBN 978-3-7315-0538-9

Band 26 Philipp Woock
Umgebungskartenschätzung aus Sidescan-Sonardaten für ein autonomes Unterwasserfahrzeug.
ISBN 978-3-7315-0541-9

Band 27 Janko Petereit
Adaptive State × Time Lattices: A Contribution to Mobile Robot Motion Planning in Unstructured Dynamic Environments.
ISBN 978-3-7315-0580-8

Band 28 Erik Ludwig Krempel
Steigerung der Akzeptanz von intelligenter Videoüberwachung in öffentlichen Räumen.
ISBN 978-3-7315-0598-3

Band 29 Jürgen Moßgraber
Ein Rahmenwerk für die Architektur von Frühwarnsystemen. 2017
ISBN 978-3-7315-0638-6

Band 30 Andrey Belkin
World Modeling for Intelligent Autonomous Systems.
ISBN 978-3-7315-0641-6

Band 31 Chettapong Janya-Anurak
Framework for Analysis and Identification of Nonlinear Distributed Parameter Systems using Bayesian Uncertainty Quantification based on Generalized Polynomial Chaos.
ISBN 978-3-7315-0642-3

Band 32 David Münch
Begriffliche Situationsanalyse aus Videodaten bei unvollständiger und fehlerhafter Information.
ISBN 978-3-7315-0644-7

Band 33 Jürgen Beyerer, Alexey Pak (Eds.)
Proceedings of the 2016 Joint Workshop of Fraunhofer IOSB and Institute for Anthropomatics, Vision and Fusion Laboratory.
ISBN 978-3-7315-0678-2

Band 34 Jürgen Beyerer, Alexey Pak and Miro Taphanel (Eds.)
Proceedings of the 2017 Joint Workshop of Fraunhofer IOSB and Institute for Anthropomatics, Vision and Fusion Laboratory.
ISBN 978-3-7315-0779-6

Band 35 Michael Grinberg
Feature-Based Probabilistic Data Association for Video-Based Multi-Object Tracking.
ISBN 978-3-7315-0781-9

Band 36 Christian Herrmann
Video-to-Video Face Recognition for Low-Quality Surveillance Data.
ISBN 978-3-7315-0799-4

Band 37 Chengchao Qu
Facial Texture Super-Resolution by Fitting 3D Face Models.
ISBN 978-3-7315-0828-1

Band 38 Miriam Ruf
Geometrie und Topologie von Trajektorienoptimierung für vollautomatisches Fahren.
ISBN 978-3-7315-0832-8

Band 39 Angelika Zube
Bewegungsregelung mobiler Manipulatoren für die Mensch-Roboter-Interaktion mittels kartesischer modellprädiktiver Regelung.
ISBN 978-3-7315-0855-7

Band 40 Jürgen Beyerer and Miro Taphanel (Eds.)
Proceedings of the 2018 Joint Workshop of Fraunhofer IOSB and Institute for Anthropomatics, Vision and Fusion Laboratory.
ISBN 978-3-7315-0936-3

Band 41 Marco Thomas Gewohn
Ein methodischer Beitrag zur hybriden Regelung der Produktionsqualität in der Fahrzeugmontage.
ISBN 978-3-7315-0893-9

Band 42 Tianyi Guan
Predictive energy-efficient motion trajectory optimization of electric vehicles.
ISBN 978-3-7315-0978-3

Band 43 Jürgen Metzler
Robuste Detektion, Verfolgung und Wiedererkennung von Personen in Videodaten mit niedriger Auflösung.
ISBN 978-3-7315-0968-4

Band 44 Sebastian Bullinger
Image-Based 3D Reconstruction of Dynamic Objects Using Instance-Aware Multibody Structure from Motion.
ISBN 978-3-7315-1012-3

Band 45 Jürgen Beyerer, Tim Zander (Eds.)
Proceedings of the 2019 Joint Workshop of Fraunhofer IOSB and Institute for Anthropomatics, Vision and Fusion Laboratory.
ISBN 978-3-7315-1028-4

Band 46 Stefan Becker
Dynamic Switching State Systems for Visual Tracking.
ISBN 978-3-7315-1038-3

Band 47 Jennifer Sander
Ansätze zur lokalen Bayes'schen Fusion von Informationsbeiträgen heterogener Quellen.
ISBN 978-3-7315-1062-8

Band 48 Philipp Christoph Sebastian Bier
Umsetzung des datenschutzrechtlichen Auskunftsanspruchs auf Grundlage von Usage-Control und Data-Provenance-Technologien.
ISBN 978-3-7315-1082-6

Band 49 Thomas Emter
Integrierte Multi-Sensor-Fusion für die simultane Lokalisierung und Kartenerstellung für mobile Robotersysteme.
ISBN 978-3-7315-1074-1

Band 50 Patrick Dunau
Tracking von Menschen und menschlichen Zuständen.
ISBN 978-3-7315-1086-4

Band 51 Jürgen Beyerer, Tim Zander (Eds.)
Proceedings of the 2020 Joint Workshop of Fraunhofer IOSB and Institute for Anthropomatics, Vision and Fusion Laboratory.
ISBN 978-3-7315-1091-8

Band 52 Lars Wilko Sommer
Deep Learning based Vehicle Detection in Aerial Imagery.
ISBN 978-3-7315-1113-7

Band 53 Jan Hendrik Hammer
Interaktionstechniken für mobile Augmented-Reality-Anwendungen basierend auf Blick- und Handbewegungen.
ISBN 978-3-7315-1169-4

Band 54 Jürgen Beyerer, Tim Zander (Eds.)
Proceedings of the 2021 Joint Workshop of Fraunhofer IOSB and Institute for Anthropomatics, Vision and Fusion Laboratory.
ISBN 978-3-7315-1171-7

Band 55 Ronny Hug
Probabilistic Parametric Curves for Sequence Modeling.
ISBN 978-3-7315-1198-4

Band 56 Florian Patzer
Automatisierte, minimalinvasive Sicherheitsanalyse und Vorfallreaktion für industrielle Systeme.
ISBN 978-3-7315-1207-3

Band 57 Achim Christian Kuwertz
Adaptive Umweltmodellierung für kognitive Systeme in offener Welt durch dynamische Konzepte und quantitative Modellbewertung.
ISBN 978-3-7315-1219-6

Band 58 Julius Pfrommer
Distributed Planning for Self-Organizing Production Systems.
ISBN 978-3-7315-1253-0

Band 59 Ankush Meshram
Self-learning Anomaly Detection in Industrial Production.
ISBN 978-3-7315-1257-8

Band 60 Patrick Philipp
Über die Formalisierung und Analyse medizinischer Prozesse im Kontext von Expertenwissen und künstlicher Intelligenz.
ISBN 978-3-7315-1289-9

Band 61 Mathias Anneken
Anomaliedetektion in räumlich-zeitlichen Datensätzen.
ISBN 978-3-7315-1300-1

FSC
www.fsc.org
MIX
Papier | Fördert gute Waldnutzung
FSC® C083411

Kolibri 360 GmbH
Ferdinand-Jühlke Straße 7
99095 Erfurt, Deutschland
produktsicherheit@kolibri360.de